给幼儿园园长的50条建议

张春炬　李芳　栗艺文　主编

中国轻工业出版社

图书在版编目（CIP）数据

给幼儿园园长的50条建议／张春炬等主编．—北京：中国轻工业出版社，2019.12（2024.1重印）
ISBN 978-7-5184-2206-7

Ⅰ．①给… Ⅱ．①张… Ⅲ．①幼儿园－管理 Ⅳ．①G617

中国版本图书馆CIP数据核字（2019）第167604号

保留所有权利。非经中国轻工业出版社"万千教育"书面授权，任何人不得以任何方式（包括但不限于电子、机械、手工或其他尚未被发明或应用的技术手段）复印、拍照、扫描、录音、朗读、存储、发表本书中任何部分或本书全部内容，以及其他附带的所有资料（包括但不限于光盘、音频、视频等）。中国轻工业出版社"万千教育"未授权任何机构提供源自本书内容的电子文件阅览、收听或下载服务。如有此类非法行为，查实必究。

责任编辑：吴　红　牟　聪　　　责任终审：杜文勇
策划编辑：吴　红　　　　　　　责任校对：刘志颖　　责任监印：吴维斌

出版发行：中国轻工业出版社（北京鲁谷东街5号，邮编：100040）
印　　刷：三河市鑫金马印装有限公司
经　　销：各地新华书店
版　　次：2024年1月第1版第3次印刷
开　　本：710×1000　1/16　印张：18.75
字　　数：176千字
印　　数：6001—8000
书　　号：ISBN 978-7-5184-2206-7　定价：58.00元
读者热线：010-65181109
发行电话：010-85119832　　010-85119912
网　　址：http://www.chlip.com.cn　http://www.wqedu.com
电子信箱：1012305542@qq.com
如发现图书残缺请拨打读者热线联系调换
232086Y1C103ZBW

本 书 编 者

主编： 张春炬　李　芳　栗艺文

编者： 王惠然　张映霞　王丽娟　赵　征　靖凤琴　黄云峰
　　　　黄建新　李金梅　蒋　卓　程淑华　李春茹　韩天宝
　　　　贾国明　陈爱玲　王立峰　李晓丽　张丽芳　陆　红
　　　　顾连胜　牛立峰　张立华　周瑞颖　付红红　栗彦英

前　言

岁月流逝，细细数来，我担任园长已经有20多个年头了。每当在院子里、教室里、走廊里，听到孩子们甜甜地喊我"园长妈妈"，我的职业崇高感便油然而生。在别人眼中，我已成为一名"资深"园长，一路边走边歌，硕果累累。但只有我自己清楚，多年来在园长这条道路上，我是如何摸爬滚打，勇敢前行。每当回想起自己多年来的成长历程，不免心生感慨。经历了岁月的磨炼，我收获了经验，积淀了财富，对园长这一角色有了更加深刻的理解，对园所管理有了更加清晰的认识和感悟。

园长不仅是幼儿园的最高管理者，也是教师团队的带头人，是园所向前发展的领航人。园长专业化是提高园所保教质量的前提，是为幼儿提供优质教育的保障，是促进教师专业化成长的动力。然而通过这些年与国内、省内的园长进行交流，我发现很多人在幼儿园管理、教师队伍建设、自身素养提高等方面或多或少地存在一些问题，急需有经验的、专家型的园长进行引领。

所幸的是，自2016年起，在河北省教育厅和保定市教育局的支持下，我的三个工作室"春炬园长工作室""张春炬名师工作室""保定市贫困县幼儿园张春炬园长工作室"陆续成立并开始有序活动。通过与其他园长的深入接触，我更加有机会了解来自不同地域、不同园所、不同层级的园长的诉求，并通过各种活动将毕生积累的幼教知识与他人分享。引领这些园长和名师共同学习，共同成长，也是我作为一名"老"园长多年来的心愿。

本书的内容从园长们在工作中容易产生的问题入手，通过实例分析教给园长们在遇到类似问题时最有效的处理途径，非常具有针对性和实操性。书中的建议有的站位比较高，有的则很具体；有的针对幼儿园的全面管理，有的则针对教育教学工作中的某个方面。书中呈现的案例大多数为园所内真实发生的管理实践,每一条建议都附有"温馨提示",我们期望通过这一板块将最精华、最详细的建议留给读者,希望对大家有一定的借鉴与参考价值。

本书致力于从实践中来,再到实践中去。在撰写前,我们向工作室所有的园长都发放了调查问卷,深入了解他们在工作中急需解决的问题;在撰写中,我们和万千教育的吴红老师多次进行沟通,针对书稿内容逐一、细致地进行协商,也正是由于吴红老师不辞辛劳的指导,这本书才得以面世。

另外,我还要特别感谢我的两名助手——李芳老师和栗艺文老师,她们为这本书的完成也付出了大量的时间和精力。此外,保定幼儿师范高等专科学校的王惠然老师也参与了部分章节的文字梳理工作,我对此表示深深的谢意。

希望这本书能够成为您在幼儿园管理工作中的好帮手,希望您无论是新手园长,还是资深园长都能够在阅读本书的过程中有所收获,在阅读案例时产生共鸣,得到解惑的建议。

最后,恳请各位读者批评、指正。

张春炬

2019年5月于保定

目 录

第1条	做教育家型园长	001
第2条	为幼儿园发展指明方向	008
第3条	放下架子,深入一线	014
第4条	人人都是管理者	020
第5条	汇聚合力,做好幼儿园发展规划	026
第6条	从"管理"走向"理管"	034
第7条	用流程细化管理	042
第8条	提升幼儿园执行力	051
第9条	让6S管理常态化	058
第10条	知法懂法,合理维权	063
第11条	危急时刻,非常处理	070
第12条	关心全园师幼的心理健康	076
第13条	有效评估幼儿园的发展水平	081
第14条	幼儿园危机的预防与应对	084
第15条	让幼儿园环境会说话	092
第16条	构建和谐的精神文化	097
第17条	建设人本的制度文化	102
第18条	中华传统文化教育不可丢	106
第19条	让文化活动成为幼儿园的一张名片	111
第20条	和上级领导有效沟通	116
第21条	培养幼儿园中层干部	121
第22条	做好教职工招聘选拔工作	126
第23条	引领教师的专业成长	131
第24条	帮助教师远离职业倦怠	137

第 25 条	塑造优秀的教师形象	143
第 26 条	多管齐下，为教师谋"福"	148
第 27 条	重视新手教师的第一堂课	153
第 28 条	课题研究引领教师成长	158
第 29 条	科学开展绩效考核	164
第 30 条	寻求专家引领，提升教育质量	168
第 31 条	用本土资源突出办园特色	173
第 32 条	开发幼儿感兴趣的幼儿园课程	182
第 33 条	幼儿常规培养有技巧	187
第 34 条	发挥区域活动的有效性	191
第 35 条	切忌让教研活动流于形式	197
第 36 条	用档案记录幼儿的成长	202
第 37 条	学会观察很重要	206
第 38 条	安全工作无小事	210
第 39 条	制定带量食谱，保证膳食安全	215
第 40 条	严控传染病在园内传播	220
第 41 条	后勤人员也是教育者	225
第 42 条	增强家长对幼儿园的信任	230
第 43 条	让家长乐于参加家长会	237
第 44 条	让家长成为幼儿园的好帮手	243
第 45 条	运用新媒体技术打造家园教育共同体	250
第 46 条	善于与媒体打交道	255
第 47 条	警惕隐性的学前教育"小学化"	262
第 48 条	"社""园"携手，共育幼苗	268
第 49 条	运用网络技术提高工作效率	274
第 50 条	勤于自律，做有担当的园长	284

第1条 做教育家型园长

2010年7月29日,党中央、国务院出台了《国家中长期教育改革和发展规划纲要(2010—2020年)》,其中明确提出要"造就一批教育家,倡导教育家办学";同年,时任国务院总理温家宝同志在全国教育工作会议上强调"要倡导教育家办学……一个好校长,可以成就一所好学校;一批教育家,可以影响国家和民族的未来"。

当今时代需要更多优质的幼儿园,也需要更多的教育家型园长。

一、对于教育家的理解

教育家就是通过亲力亲为的教育实践做出重大教育成就,对一定时期、一定范围内的教育思想和实践产生重要影响的优秀教育工作者。

万世师表——孔子

孔子名"丘",字"仲尼"。公元前525年,孔子在鲁国开办私人学校,"弟子三千,贤者七十二"。孔子在中国历史上最早提出"性相近也,习相远也""有教无类"等教育观点,并通过创办私学、广招学生的方式,把受教育的范围扩大到平民,践行"人人都应该受教育"的教育理念。另外,他还主张"学而优则仕",他的教育目的是要培养从政的君子,而君子必须具有较高的道德修养,所以孔子强调学校教育必须将道德教育放在首要地位。

在教学方法上孔子要求教师要做到"因材施教",注重童蒙(对儿童的早期启蒙教育)。他教育学生要"温故而知新""举一而反三""学而知之""学以致用"。这些在实践基础上提出的教育学说,不仅为中国古代教育奠定了理论基础,还对现代的教育教学产生了深远的影响。

孔子毕生都在从事教育活动，他不仅言教，更重身教，以自己的模范行为感化学生；他爱护学生，学生也很尊敬他，师生关系非常融洽。他是中国古代教师的光辉典范。

（改编自百度百科）

人民教育家——陶行知

陶行知原名陶文濬。1934年，他在《生活教育》上发表《行知行》一文，认为"行是知之始，知是行之成"，并从中悟出学习与实践相结合的道理，于是改名为陶行知，并以此自勉。

1939年7月，陶行知在重庆创办育才学校，培养有特殊才能的儿童，并在合川县古圣寺创办了主要招收难童的育才学校；1945年1月，他在重庆创办社会大学并任校长，提出社会大学的办学宗旨是"人民创造大社会，社会变成大学堂""大学之道，在明民德，在亲民，在止于人民之幸福"，同时，提出了"生活即教育""社会即学校""教学做合一"等著名的教育思想。这样的教育思想有力地推动了民主教育的进程。陶行知去世后，被毛泽东主席和宋庆龄等称为"伟大的人民教育家"。

（改编自百度百科）

通过对古今教育家生平的简单了解，可以知道"教育家"这个称谓不是随随便便就能获得的，其必须要长期从事教育实践工作，必须拥有广博的文化基础知识和系统的专业教育技能，要具有系统、成熟或独特的教育思想，拥有被教育界广泛认可的重大教育成果，享有专业声誉，而且应该具有悲天悯人、严谨执着的高尚品格，能够成为社会楷模。

而教育家型园长，关键就在于"教育家"这三个字。要想成为教育家型园长，就必须以教育家的标准来要求自己，并通过不断的学习与探索，让自己朝着教育家的方向努力。

二、教育家型园长的成长路径

一般情况下，园长的成长路径包括资格预备期、角色适应期、胜任期、成熟期、创造期五个过程。只有在创造期，园长才能在自己管理风格的基础上进行创新，形成具有体系的教育思想，并达成追求卓越之目的。在这一过程中，园长的成长轨迹及最终结果会受到外界各种因素（如幼儿园文化积淀、教师团队优劣、社会及区域发展水平等）的影响，但是让园长产生质的变化的主要原因还是园长自身的努力。也就是说，要想成为教育家，要想办好自己的园所，其根本还在于园长自身的努力。

1．制定"自我发展规划"，明确发展目标

俗话说"凡事预则立，不预则废"。作为园长，首先要明确自己的幼儿园教育者、管理者和领导者身份。为了更好地完成这些角色所赋予的职责和任务，园长必须要针对自己的专业发展进行自我设计，形成"自我发展规划"。规划主要包括目标和计划两个方面：目标是自我设计的统帅，计划是自我设计的保障。

某园长的个人三年发展规划

一、个人情况分析

基本情况：1985年毕业于幼儿师范学校，32年来一直在×××县幼儿园工作。

自身优势：对幼教工作有热情；掌握幼教领域的基本知识；对管理工作有锲而不舍的进取精神；致力于构建学习型组织、培育志同道合且充满活力的团队。

自身不足：管理方面偏于感性，缺乏理性思考，工作欠缺长远规划，目标意识差，计划不系统；专业理论薄弱，实际工作中不能很准确地分析教育现象、到位地指导教师，不能及时给幼儿提供支持与帮助；科研与写作能力差。工作中多凭经验、感觉做事，少科学的指引与理论的支撑；人际协调能力严重不足，由于自身性格偏内向，有时不能与外界和谐共融，导致内心焦虑、园所受挫。

二、发展目标

站位高，开阔视野；专业精，管理科学；突出特色，能研会写；关怀自我，和谐人际。

三、具体措施

1. 积极参加园长工作室的活动，坚持做记录、写感想。

2. 勤读书，常学习。

每天保证1小时的读书时间，每周至少写1篇读书笔记，每月与同事分享交流1次，每学期至少阅读1本管理类图书、1本学前专业图书、1本文学类图书。

3. 躬身一线。

合理规划时间，处理好事务性工作与专业活动的关系。每天不少于1小时深入一线，并学习写观察记录、学习故事，每周至少1篇。

4. 课题研究。

申报课题"在幼儿园推广阅读的实践研究"，邀请专业人员指导，规范操作。每年完成1篇论文，争取在省级刊物发表。

5. 增进交流。

采用日常个别交谈、邀约活动等方式，有意识地增加和同事、朋友、姐妹园园长、相关人员的沟通与联系。每月至少和每位教师交谈1次，每次10分钟以上。每周查看联系簿，问候朋友、亲人并建立联系。

6. 个人成长与园所发展相协调。

三年内，认真完成市局交给的任务，带领"园长之家"的姐妹共同进步，争取早日晋升为省级骨干教师，并努力向省级特级教师的标准迈进，早日成长为专家型园长。

（保定市安新县机关幼儿园　陈爱玲）

通过以上规划，可以了解到园长自我发展规划大致包括哪些方面的内容。另外，园长在制定自我发展规划时还要关注以下问题：①要考虑到与个人成长相关的影响因素，如社会形势、园内环境等；②要以幼儿园、教职工和幼儿的整体利益为基础，在维护他们的整体利益中求得自我成长，实现共同发展；③要有长远眼光，园长的职业发展定位应指向好园长、专家型园长、教育家型园长。只有树立了远大的目标，才能做出实实在在的成绩，干出一番事业，无愧于园长的神圣使命。

2．加强自主学习，提高专业化水平

《幼儿园园长专业标准》为园长的专业发展提供了方向。园长要想成长为教育家型园长，就必须实现专业化。园长达成专业化的途径有很多，如观摩、培训、研讨等，但自身的学习是基础和基本功，是园长不断提升素质最重要的、最根本的因素。

园长的自主学习一般包括读书和园本学习两个方面。其中读书对园长的专业成长所产生的作用不言而喻，而园本学习必须基于本园的实际情况，基于幼儿园的发展、改革，基于对幼儿园保教工作的研究，是园长进行反思性学习的重要方式。

我们的观点是：教育家不是培训出来的，更不是命名的、自封的。教育家型园长主要是自主学习的成果。

3．努力开展课题研究，做教育"研究者"

教育家办园最为突出的特征就是"研究性"，即教育家型园长善于从园内保育、教育工作的方方面面着眼，开展课题研究，善于进行文著撰写（包括论文、著作、文章、报告、叙事、总结等的撰写）。园长必须扮演好"研究者"的角色，通过实践研究来提升自己的专业化水平。

课题研究一般包括理论研究和实践研究两个方面。因为园长也是从事教育实践的一线工作者，所以我们更倾向于开展实践研究，也就是说，园长研究的目的是指向幼儿园面临的实际问题，指向幼儿园保育、教育活动的实践流程，而非教育理论的建设。如果需要进行理论方面的研究，园长最好能够借助于外部的力量，与园外的专家学者、相关人员进行合作，以便把研究做好。

这里需要特别强调的是，文著撰写是园长走向成功的必由之路。文著撰写不仅能够提升园长的学养，而且可以让园长在撰写过程中对自己的思想或做法不断地进行反思、总结，最终形成自己的教育理念，从而向教育家型园长迈进。

4．积极开展办园实验，形成自己的教育思想

教育家型园长与其他优秀园长的区别就在于其对教育有自己的主张并且践行着自己的选择，最终能够为社会所认可。而这样的主张即园长的独特办园思想不是一朝一夕就能形成的，它需要由生动的直观上升到抽象的思维，再由抽象的思维回到实践，它需要进行长期的办园实验和探索，需要历史的检验。

教育家型园长——陈鹤琴

陈鹤琴是我国著名的儿童教育家、儿童心理学家、中国现代幼儿教育的奠基人。1920年，陈鹤琴的长子出生，在妻子的协助下，他开始对儿子从出生起的身心发展进行连续跟踪观察和记录并做系统研究；1923年，陈鹤琴在南京开办鼓楼幼稚园，试验科学化、中国化的幼稚教育；1925年，陈鹤琴邀请张宗麟到鼓楼幼稚园协助开展全面实验，同年，他出版了《儿童心理之研究》和《家庭教育》等论著。

陈鹤琴先生将鼓楼幼稚园作为理论研究的实验园地。基于长期的实验研究，他提出"活教育"理论，总结出"发现小孩""了解小孩""解放小孩""信仰小孩""变成小孩"等一套完整的儿童教育原则，他还提出了"做中学，做中教，做中求进步"的教育方法，促进了当时中国学前教育的发展。

（改编自百度百科）

由上述案例可知，实验性课题研究是园长走向教育家型园长的捷径。通过实验性课题研究，园长能够投身于保育、教育等改革发展的火热实践中，从而在实践中获得感悟，有所收获，取得成就。

随着时代的进步，人们对教育的要求也越来越高。俗话说得好，"时势造英雄"。在经济与思想高速发展的今天，园长要想让自己的园所立于不败之地，就必须满足高品质教育的要求。要想成为一名教育家型园长，就必须不断地完善自己，让自己长成一棵大树：让教育的理性深扎根，让教育的情感长成干，让教育的灵魂枝繁叶茂。只有不畏艰险的佼佼者才能成为成绩卓著的教育家型园长。

【温馨提示】

1. 办教育不同于办企业，因为教育承担不起失败，幼儿的成长无法从头再来。陶行知曾经说，"整个的学校应当有整个的校长，一个人干几个校长，或几个人干一个校长都不是整个的校长。为了国家教育大计，为个人精力计，一个人只可担任一个学校的校长"。校长只有做好"整个校长"，园长也只有做好"整个园长"，才可能真正成为教育家。

2. 反思是教师专业化成长的必由之路，也是园长专业化成长的重要途径，要想成为教育家型园长，就必须学会反思，善于反思，并经常反思。

3. 教育家型园长需要回归教育的本原，不应只是抬头看天，更要关注每一名教师和幼儿的成长。

第 2 条　为幼儿园发展指明方向

办园思想是幼儿园发展的指导思想，涵盖办园目标、育人目标、园训等一系列内容；这些内容是办园思想的进一步诠释和具体化。办园思想不是一成不变的，会随着时代的步伐、人们理念的改变而发生相应的变化，它既是幼儿园发展历史的传承，又代表了新时期教育观念的创新。因此，办园思想既应该尊重本园的历史，又应该遵循教育规律，响应时代号召。

一、踏着历史而来

《旧唐书·魏征列传》提出，"以古为镜，可以知兴替；以人为镜，可以明得失"。中华民族在发展历程中形成了代代传承的美德，如敬业乐群、公而忘私，自强不息、艰苦奋斗，鞠躬尽瘁、死而后已，厚德载物、舍生取义等。那些历史悠久、积淀深厚的园所在其成长的过程中，更是沉淀出自己的办园思想。

传承历史文化的鼓楼幼儿园

江苏省南京市鼓楼幼儿园前身为鼓楼幼稚园，是由我国著名教育家陈鹤琴先生于1923年创办的，也是中国历史上第一所开展教育科学研究的幼儿园。

在办园过程中，鼓楼幼儿园一直承袭陈先生提倡的"探索适合中国国情的、科学化、大众化的幼儿教育道路"理念，运用陈先生"活教育"的思想来开展教育科学实践。

其校训是"一切为儿童"；其办学定位为"教学科研并重、内外交流广泛、教育改革领先的现代化幼儿园"；其教育理念包括三大纲领"目标论：做人，做中国人，做现代中国人；课程论：大自然、大社会，都是活教材；方法论：做中学、做中教，做中求进步"；其管理原则为"规范、自主"；其人才理念为"敬业、乐业、专业、创业"；其质量理念为"现代中显古朴，热闹中显韵味，展示中显思想，活动中显儒雅"；其行为准则为"爱心播撒，真心关爱"。

（改编自百度百科）

陈鹤琴先生一生致力于开创性的幼儿教育研究与实践，形成了自己的教育思想。如：案例中提到的"活教育"的目标是"做人，做中国人，做现代中国人"；传统教育的课程内容是固定的，教材是呆板的，唯有到大自然、大社会中去寻找"活教材"，才能让儿童在与自然和社会的直接接触中、在亲身观察中获取经验和知识等。这些教育思想不仅适用于鼓楼幼儿园，更适用于整个社会。因此，鼓楼幼儿园的管理者以"挖掘、继承、发扬、创新"为办学精神，将陈先生的活教育理论融入现代幼儿园管理中，通过不断的改革与创新，让中国传统教育理论与世界先进教育理论相结合。

当然，鼓楼幼儿园在中国只有一所，其办园思想不能复制。而其他园所如果有历史渊源可以探寻，也可以采用以下方法对之前的办园思想进行借鉴。

（1）搜集以往资料。园长应该通过各种方式搜集园所自开办之初到现在的历史资料，通过查找、对比，发现园所在不同阶段的办园思想，以及它们的变化等。例如：某园在20世纪40年代办园初期的办园思想为"把孩子们教育成聪明活泼、勤劳朴素的新中国的小主人"，从而"不仅教育孩子们知道动植物发展的情形，更进一步加强他们的阶级意识"；但是到了20世纪70年代，其办园思想就改为"向幼儿进行体、智、德、美全面发展的教育，使其身心健康活泼地成长，为入小学打好基础"；到了21世纪，其办园思想又更新为"育人为本，服务为先；继承发展，与时俱进；张扬个性，特色鲜明"。

（2）与老教师座谈。"人既是发展的第一主角，又是发展的终极目标。"在提炼本园办园思想的过程中，园长一方面可以邀请幼儿园中的老教师针对办园思想进行座谈，寻找、总结出园所之前办园的经验和线索；另一方面，园长也可以与园内先进教师进行座谈，让优秀教师关注幼儿园未来的规划与发展。

（3）与业内专家座谈。幼教专家的建议能够让我们更清楚地为自己定位，找到发展的方向。

二、创新由心而生

办园思想对外树立的是幼儿园的旗帜；对内是幼儿园一切保教工作的行动指南，并对全园教职工起着增强凝聚力和号召力的作用。因此，办园思想坚持正确的方向尤为重要。

被推向市场的改变

某园在20世纪90年代以前是公办园，随着市场经济体制改革，本地教育局根据当时的情况，将此园作为试点园，将其推向市场。

园长在听取了园内教职工的建议后审时度势，将办园思想进行了如下修改：一是提出了面向市场的"四自"方针——自筹经费、自负盈亏、自主办园、自我发展，并在此指导下，以市场为导向，考虑到大部分家长属于工薪阶层的实际情况，制定了合理的收费标准，从而提升了园所的市场竞争力；二是提出了服务社会的办园宗旨——为幼儿服务、为家长服务、为社会服务，并在此基础上提供了全托、临时全托、钟点托、假日托等多项服务，以解除家长的后顾之忧。此外，他们还根据社区的需要，将入园幼儿的年龄限制下调。在这样的办园思想指导下，幼儿园不仅没有受到市场的冲击，还拥有了更为广泛的社会生源。之后，幼儿园不断创办分园，形成集团化管理模式，将园所带上了一条更好、更强的发展道路。

（保定市青年路幼儿园　徐晶）

本案例中，幼儿园园长根据园所所处环境的变化，对办园思想进行了重新定位和创新。从实践上来说，这样的改变是适宜的，也是必需的。

任何办园思想都要在思考幼儿教育中的"儿童观、教育观与幼儿园观"等基本问题的基础上，明确体现本园办园的远景问题，再联系自身办园实际进行反思提炼，最终以富有感召力的文字表述出来。针对其创新问题，园长可以从以下方面进行思考。

（1）理念的创新。长期以来，社会上的一些园所由于受固有思想的束缚，以及迎合家长"不让孩子输在起跑线上"的功利心理，在办园理念上存在一些误区，如小班幼儿只注重"保育"而忽视了"教育"，大班幼儿只注重"学习"而忽视了"发展"等，这些都是违背幼儿全面发展理念及终身教育精神的，是不可取的。园长一定要从自身做起，持有正确的教育理念，不受其他社会因素的影响，这样才能保证办园思想的正确。

（2）服务的创新。2016年教育部颁布的《幼儿园工作规程》，将之前文件中的"幼儿园同时为家长参加工作、学习提供便利条件"改为"幼儿园同时面向幼儿家长提供科学育儿指导"。通过这样的表述，大家可以清晰地了解到，针对家长服务这一方面来说，幼儿园最需要完成的是为家长"提供科学育儿指导"，需要用自己的专业性知识去帮助家长提升家庭教育的理论、方法和策略，为实现家园共育打好基础。

（3）管理的创新。在幼儿园管理中，很多园长已经认识到"公平、开放、公正、民主"的重要性。只有让教师真正成为幼儿园的主人，才能激发教师的创新热情，提高其创新能力，激发他们爱岗敬业的精神，使他们能够在正确的指导思想下成长为合格的幼儿园教师。

三、优势持续发展

综观目前社会上的园所，特色鲜明、办园成绩显著的幼儿园，其办园思想都比较明确、具体。其办园思想都精心地描绘了自身办园的远景蓝图，慎重地回答了"办什么样的幼儿园""怎样办幼儿园"的问题。这些问题是园长在自身理性认识的基础上对办园实践的积极规划,是对幼儿未来要达到某种目标的设想和愿景,也在一定程度上体现了对幼儿教育事业持续发展的深入思考。

传承优势的广州某园

广州市某幼儿园创建于1956年,是广东省一级幼儿园。60多年中,该幼儿园坚持"科教兴园"的战略,开拓进取、以人为本,整合教育资源,确立了"真、善、美"的核心价值观,培育了一支学历高、素质好、有爱心、业务精、求实创新的教职工队伍。这所幼儿园始终把孩子的健康放在首位,在一代又一代教师的辛勤耕耘下,在延续健康教育特色"赤足和三浴锻炼"的基础上,积极探索实施本土文化特色教育,在教科研和健康及本土文化方面逐渐形成了自己的办园特色。该园先后荣获"广州市巾帼文明岗""广州市教育系统实打实服务教职工先进单位""广州市教育系统优秀团支部"等荣誉称号;园长也被评为"广州市优秀教育工作者",多名教职工获得"广州市优秀教师""广州市技术能手""天河区好园丁"等光荣称号。该园成为具有一流管理水平、一流教育质量、一流师资队伍的乐园式幼儿园。

(保定市育德幼儿园　靖凤琴)

案例中的广州市某幼儿园立足于本园健康教育特长,以此为优势,树立"孩子健康为首位"的办园思想,并在此基础上探索本土文化特色,收到了良好的效果。

办园思想应该是园长在对幼儿教育基本问题进行深层思考后,再基于对本园实践的切实把握提出的。

首先,园长要思考自己园所的优势和特长是什么。如有些园所一直在探索幼儿艺术教育、文化教育、礼仪教育等,园长就可以在总结这些经验的基础上,对优势做法进行传承,这样更有利于园所的长远发展。

其次,园长要思考自己园所未来的发展方向。园长的定位决定着园所的发展,因此,园长一定要考虑清楚未来的园所应该是什么样的,并将幼儿园的优势加以发扬,对劣势进行改善,让基础的、永恒的主题得以发展,摈弃不符合时代的因素。

总而言之,园长是幼儿园管理的决策者和组织者。要明确幼儿园的办园思想,关键是园长要明确自己的办园思想。这要求园长必须要有正确的教育理念,再利用本园的优势,发展并形成自己的教育信念,只有这样才能形成自己园所独特的办园特色。可以说没有特色的园长很难办出有特色的幼儿园。希望每个园长都能根据幼儿园的实际和特点,大胆地提出自己的办园主张,找到办园的优势和突破口,确定属于自己园所的办园思想。

【温馨提示】

1. 在确定办园思想时,园长可以多参考一些优秀园所的办园思想,给予自己一些启发。

2. 办园思想的确定不是园长一个人的事,园长要广泛听取教职工的意见,使其更加符合幼儿园实际,符合大家的期望。

第3条　放下架子，深入一线

孔子说"学而优则仕"。当下，在幼儿园里担任园长一职的管理者大多是从教学岗位上成长、提拔起来的，他们中有很多是当地的特级教师或名师，教育教学经验非常丰富。但是很多园长在担任了领导职务后，多数时间里都忙于传达文件、接待参观、做报告、签字等行政事务，根本没有或者很少有时间深入一线，从教育者变成了"行政领导"。

也许有的园长会觉得很委屈，日常事务太多、太烦琐了，自己根本没有时间深入一线；另外，有的园长会觉得园所的一把手就应该"抓大放小"，像"深入一线"这样的工作完全可以由中层干部去做，自己没有必要亲力亲为。

园长们的这种想法看似合理，其后果却非常可怕。人们经常说当今的领导有两种，一种是重视思想的领导，另一种是重视行政的领导。重视思想的领导会根据幼儿园的实际来确定其发展方向，会用自己的思想来潜移默化地影响教师；重视行政的领导更看重幼儿园中的人、财、物，也更迷信职务赋予自己的行政权力。毋庸置疑，一线教职工肯定更希望自己园所的管理者是重视思想的领导，而不是只会坐在办公室的"官"。如果园长只是一味地把自己定位在办公室的那把椅子上，做不了解民情、不懂得民意的"官老爷"，又怎么能带动教师成长、园所进步呢？因此，对于园长们来说，放下架子，深入一线尤其重要。

一、参与教学，熟谙教育之道

"如果你想成为一个好校长，那你首先就得努力成为一个好教师、一个好的教学专家和好的教育者"。虽然我们经常说"教无定法"，但是毕竟"教学有法"。因此，园长应该有扎实的教育理论知识，并不断学习接受新的教育理念；在课堂上，园长可以像苏霍姆林斯基那样为教师上示范课，与此同时，园长还要善于处理和分析教育教学中的突发事件，并从中获得教育契机。

带班获得的启示

2016年，××县教育局领导提出"全面提升教育质量，鼓励园长进课堂"的倡议。县幼儿园的李园长积极响应号召，承担了园内大一班的班主任工作，每周有两天的固定时间到大一班带班，她在班级里开展了一项"我的故事课堂"主题活动。

一天活动中，班级的凡凡小朋友对李园长说："园长老师，我特别喜欢听你讲故事，你能给我们讲一个长长的故事吗？"原来，凡凡不仅喜欢听故事，还特别喜欢讲故事，他想一个人给大家讲一个长长的故事。李园长知道了他的想法后，就有意识地让凡凡来给小朋友讲故事。经过了一段时间，李园长发现凡凡的想象力特别好，他能续编故事，并把自己想象的东西融入故事。为此李园长将故事课堂进行了改革：由教师主讲变成幼儿主讲，由幼儿自由讲故事变成故事奖励、故事征集和故事比赛，由幼儿单人讲变成小组合作讲。通过这样的方式，李园长不仅锻炼了孩子们的口语表达能力，还促进了幼儿之间的交流与互动，增强了他们的自信。

之后，李园长将自己带班时的做法及体会与其他班级的教师分享，并与他们共同商讨如何在班级活动中多给孩子锻炼的机会。通过讨论，大家集思广益，提出了更多的途径与方法，如在班级管理中让幼儿自己组织游戏、自己签到、自己照料日常生活等。经过一段时间以后，园内孩子们的自主性得到了很大的提高，很多孩子由"被管理者"变成了"自我管理者"。

（保定市阜平县幼儿园　李金梅）

上述案例表明，"园长进课堂"不仅可以拉近自身与幼儿之间的距离，还可以把握师幼教与学的第一手资料，最大限度地掌握幼儿园教育教学的真实情况，有利于今后制定更为科学合理的办学方案，从而增强园所教育教学改革的有效性和针对性。

二、发现问题，提升工作水平

美国通用电气公司前任董事长兼首席执行官杰克·韦尔奇说："在你成为领导之前，成功只同自己的成长有关；在你成为领导之后，成功同别人的成长有关。"作为幼儿园的最高管理者——园长，要想成功领导幼儿园的发展，就必须促进幼儿园全体教职工的进步，其中不仅包括班级教师，还应该包括更广泛的后勤人员。

厨师的早餐

某园张园长每天都会到园内一线场所进行巡视。一天早晨，张园长像往常一样在幼儿园内巡视。她走到伙房时，正好碰到到伙房打开水的刘老师。刘老师看到张园长，就说："你不是说老师们不许吃孩子们的东西吗？你看师傅们都在吃早饭呢！"张园长走进伙房，只见两位厨师确实都坐在桌旁吃早餐。张园长马上询问他们吃的早餐是哪里来的，两位厨师支支吾吾半天，才说是吃的幼儿园的。张园长严厉地批评了两位厨师。

事后，张园长通过与后勤主任谈话，了解到事件的原因：当事的两位厨师住所离幼儿园都比较远，当天两人又都上早班，需要在6点前上岗，由于出门早没来得及吃早饭，看到幼儿的早餐剩下不少，就拿了一些来吃。

知道了事情的缘由，张园长觉得这件事情仅仅停留在对教职工的教育方面还是不够的，如何避免以后类似事件的发生才是根本。

为此，张园长专门将这件事拿到领导班子会上进行研讨，经过领导成员的表决，最后集体做了如下决议：今后，伙房上早班的工作人员可以在园内吃早饭，早饭每顿收3元成本费；幼儿园会在伙房中单独划出一间做教职工餐厅，工作人员需在指定餐厅用餐，严禁在幼儿食堂中进餐。

（保定市曲阳县永宁幼儿园　石静霞）

良好的秩序是工作正常运转、教育教学质量不断提高的重要保证。幼儿园的工作人员比较多，其工作性质各不相同，无论哪一个环节出了问题，都会引发工作秩序的改变，出现各种各样的问题。上述案例中，厨师由于客观原因违反了幼儿园"不许吃孩子们的东西"的规定，如果园长不加以处理，势必会引发其他教师的不满；而由于客观原因让厨师饿着肚子工作又是不近人情的。因此，园长与领导班子集体讨论并确定了比较科学、合理的解决办法，不仅细化了工作要求，还帮助厨师和后勤管理者提高了工作认识。

俗话说"幼儿园无小事"。任何小的疏忽都可能造成工作的失误，给幼儿园带来不良的影响。因此，园长必须重视小事，不断完善园所的管理。

三、用心沟通，拉近心理距离

也许是出于习惯，很多园长往往会选择在办公室里与教职工进行沟通。这种正襟危坐的交谈从形式上来说是严肃的，会让教师感到紧张和压迫，也势必会让教师在交流中对自己的想法有所保留，使沟通效果大打折扣。

我们更期待园长能够深入教学一线与教职工谈心、谈话，在教师熟悉的环境里，用随和的语言引导教师多思考、多发言，在提升教师专业化的同时，拉近管理者与教师之间的心理距离。

情绪激动的赵老师

某园刘园长在转班的过程中，听到老师们提起本园大二班的赵老师，他们说总能听到她在班级里训斥小朋友，甚至有时候还能听到赵老师近似疯狂的大声斥责。刘园长觉得这是一件很严重的事情，马上来到大二班，想和赵老师做一次深入的谈话。

走到班级门口，刘园长发现赵老师正在组织午点活动。班级的小朋友们排队逐一拿取自己想吃的午点，赵老师正坐在小椅子上为几个女孩梳头。一切井然有序，并不像其他老师所描述的情形。

这时候，一个穿着蓝色背心的男孩喝完了水，他径直插到取午点的队伍当中，后面的小朋友不乐意了，他们马上向赵老师告状："奇奇又插队啦！"赵老师抬起头，对奇奇说："奇奇，站到队伍后面去。"奇奇就像没有听到一样。赵老师又说："听到没有？奇奇到后面去，不要插队。"奇奇噘着嘴，慢慢走到队伍的后面。然后，他抓住前面一名小朋友的胳膊，使劲地往前一推，最前面的几名小朋友被推倒，身体撞在装满饼干和水果的托盘上，饼干和水果撒了一地。

赵老师见状，气得满脸通红，她一下子从小椅子上站起来，快速走到奇奇身边，准备对其进行严厉的批评。

刘园长赶紧走进活动室，她首先让班级中的另一位老师来组织幼儿收拾地上的食品，然后将赵老师拉到寝室，和赵老师一起讨论教育、指导奇奇的方法。

交谈中，赵老师说了自己的想法，刘园长也谈了自己的意见。她提议，针对像奇奇这样不能遵守班级规则且攻击性强的小朋友，班级里是不是可以设置一个"预备椅"，当他们出现一些问题行为时，可以先让其在"预备椅"上安静地坐一会儿。这样既可以约束他们的错误行为，也可以给教师留出冷静思考的时间。另外，刘园长也在肯定赵老师工作付出的基础上提出了更高的要求，她请赵老师以后在工作中要注意控制自己的情绪，尽量用轻柔的声音对待每一个幼儿，遇到幼儿之间发生问题时，要在心里数10个数再去处理，以免由于情绪激动而做出不恰当的举动。

听了刘园长恳切的话语，赵老师在感动之余觉得很受益，她决心朝着刘园长所期望的方向努力，让自己变成更加优秀的教师。

（保定市青年路幼儿园　李芳）

本案例中，刘园长在知晓赵老师对待"问题儿童"的态度后，并没有直接批评，而是与赵老师一起静下心来研究对待"问题儿童"的教育策略，并在自己的经验基础上给予赵老师正确的提示。因为刘园长知道接受提示比接受谴责要容易得多。

俗话说"业精于勤荒于嬉"。园长虽然日常事务繁忙，但是不要忘记教学一线是保证幼儿园教育质量的根本，要善于在一线工作中发现问题、解决问题，多体验、多了解，用事实说话，用理论管理，只有勤学多思，扬长避短，才能发扬好的经验，让园所及师幼获得更好的发展。

【温馨提示】

1．园长走进一线，不要局限于班级，还要涉及园内的各个部门和处室。

2．园长走进一线，不仅要观察教师的言行，还要关注教师的内心；不仅要观察幼儿的行为，还要了解幼儿的想法。

3．园长走进一线，不仅要善于发现问题，还要善于发现教师或幼儿身上的闪光点，及时给予鼓励，促进他们的成长。

4．在工作中，园长要将与教师常沟通、常联系作为主要内容，只有这样才能了解教师的想法，做到工作有的放矢。

第4条　人人都是管理者

在大多数人的观念里，幼儿园的管理者应该是中层以上的领导干部，教师和其他工作人员都是被管理者。其实，这样的观点从根本上说是不正确，也是不科学的。

管理学大师彼得·德鲁克曾经提出"人人都是管理者"的理念，在幼儿园场域下，这句话的意思就是要让每个教职工都参与到管理工作中来，让每个教职工在管理好自己的同时，还能从管理者的角度考虑问题，将园所的事情当成自己的事情，主动去做、去思考，充分发挥每个人的主动性、积极性。

那么，园长应该通过什么方式让每个教师都参与到幼儿园的管理中来呢？

一、尊重教师的主体地位，让教师成为幼儿园的主人翁

山东省杜郎口中学的校长崔其升说："我有一个基本信念，那就是相信教师、发动教师、利用教师、发展教师。"园长应该秉持这种理念，相信幼儿园里的每个教师都是有思想、有感情、独立、鲜活的个体，要相信他们都是幼儿园不可或缺的、重要的一分子。只有充分尊重教师的权利和人格，才能调动他们在工作中的能动性和创造性。

1. 园长要对教师有赏识之心

幼儿园教师和幼儿一样，都具备自己独特的气质和能力，也各有优势和不足。园长要学会多发现他们的优势，多从教师的闪光点出发，肯定他们独特的才干，提出适宜的期望，以帮助他们明确目标并提高他们的自我管理能力。

有个性的肖老师

某园的肖老师是位个性鲜明的男教师，他擅长绘画，就是性格不太成熟，

比如：他喜欢独来独往，不太善于和同事进行交流；对自己感兴趣的事情不怕付出，对没有兴趣的事情不喜欢参与……这些做法导致很多同事逐渐与其疏远。

张园长发现了肖老师的这种状况，根据他的这些特点，采取了"扬其所长，避其所短"的管理思路，根据他的绘画特长，聘请他利用业余时间担任幼儿园少儿绘画社的社长，并带领一帮同样感兴趣的教师开展绘画研讨。

这样的方式增加了肖老师与同事之间的交流，在充分发挥其特长的同时，也让更多的教师了解他，从而包容他的一些缺点和不足，让其感受到幼儿园大家庭的温暖。

（保定市青年路幼儿园　张艳荣）

案例中的肖老师是比较有个性的教师。通常情况下，这样的教师是不容易融入教师群体的。但是张园长充分发挥其特长，为其找到适宜的平台，使肖老师感受到同事的温暖，增强了他的自信，也改变了他与同事之间的关系。

2. 园长要关注园内的明星教师

园长要多花费一些时间在园内的明星教师身上，这不仅是提升幼儿园管理水平的有效方法，也是园所追求卓越的良好途径。

上岗时间需要修改吗？

胡老师是某园的省级特级教师和学科名师，工作20多年来获奖无数，还带领老师们出版过若干本幼教书籍。

王园长非常敬重胡老师，经常会深入胡老师所在的班级，询问有关班级环境创设、教育教学组织等问题。每次胡老师都尽自己所能，尽心尽力地解答。通过与胡老师的沟通，王园长感到自己收益颇丰。

一次，园内有些教师提出修改"所有工作人员需要提前5分钟上岗"的幼儿园制度要求。王园长就此事与胡老师进行了沟通。胡老师说："对教师这个职业，应该比对社会上的其他职业有更高的要求。班级教师如果按照正常时间上岗,就几乎没有时间做好幼儿来园之前的准备,我认为还是提前5分钟上岗更有利于工作的顺利开展。"

王园长听取了胡老师的意见,她通过组织班组长研讨的方式,引导教师从"有利于班级工作开展"的角度出发重新思考这个问题。最终大家达成了与胡老师一样的共识。

(保定市青年路幼儿园 赵景梅)

案例中的王园长能够客观地看到园内明星教师的优势,并通过与明星教师的对话增强自己对一线工作的了解,这样不仅体现了管理者大度的心态,而且拉近了其与明星教师之间的距离。

运用这样的方法,园长还可以通过与明星教师的沟通,了解园所内其他教师的工作状态,调研园中还存在哪些不利于管理的因素,总结自己还可以吸取哪些优秀的管理经验等。园长可以借此获得教师对管理者的第一手评价,从而从教师的角度去反思管理中存在的问题,以确保管理方向的正确性。

3. 园长要打造"家文化"的基础

要想让教师成为幼儿园的主人翁,就要让他们将幼儿园当作自己的"第二个家"。园长一方面要创设家庭的氛围,将园内所有的教师当作家人来看待;另一方面可以通过各种活动,如业务培训与技能比赛、文化体育活动(征文、演讲、书画、摄影、棋牌)、团体活动(拓展训练、球类比赛、军训)、重大节假日、生病住院走访慰问等,在提升员工综合素质、丰富其业余生活的同时,增进同事彼此之间的情感,提高团队合作意识,给予员工关心和关爱,提高员工的幸福指数。

二、吸引教师参与园所管理,让教师成为幼儿园决策的参与者

如果想真正实现"人人都是管理者"的理念,园长就要正视教师参与决策的必要性,幼儿园里的重大变革或事务,都应该让教师参与其中,充分听

取教师的想法和建议，真正让教师的事情由教师做主。

1. 邀请教师参与管理制度的制定

"以人为本"是管理的根本指导思想。在幼儿园各项制度的制定过程中，园长应为每位教师提供参与的机会，使其对幼儿园产生强烈的归属感。

制度制定靠大家

某园在制定幼儿园工作流程的过程中，采用了两种方法来广泛搜集来自教学一线的建议：①无论是制定新流程还是修改旧流程，都将征求意见稿发放给每个处室、班级，设置"流程征集提案栏"，搜集大家的意见和建议；②在学期末向全园教师发放"流程使用调查表"，对教师们的意见进行统计、分析，并对流程存在的不足进行修改和完善。实践证明，这两种方法都很有效。

（保定市青年路幼儿园　张艳荣）

案例中的幼儿园在制定制度的过程中，用不同的方法搜集来自教师们的建议，这种方式不仅体现了对教师的尊重，也让各项制度更人性化、更合理，更有利于今后制度的落实与执行。

2. 广泛征求教师对园所管理的意见

幼儿园的管理不应该是园长一个人的事，而应该是幼儿园教师整个群体的事。因此，当幼儿园遇到问题、遭遇挫折时，园长应该听一听来自一线教师的意见，或许就能找到解决问题的方法。

赢在最后十分钟

香港东方文华酒店开业初期生意很差，在开业后的第一个正月十五时，酒店将行业例行的半小时燃放烟花活动延长了10分钟。就是这10分钟让更多的人记住了东方文华酒店，他们的生意也红火了起来。在2010年，该酒店还被《福布斯》评为"中国十家最佳酒店"。总裁回顾酒店的成功时说，这是员工的功劳，在无路可走时，他广泛征求员工意见。搜集起来的建议有上百条，他只不过从中选择了这一条——多放 10 分钟烟花。

（改编自百度百科）

"我们遇到难题、陷入困境时，不妨倾听底层员工的意见。"因为员工最清楚本岗位工作改善的突破口，他们才是流程持续改进的主体。

3. 慎重对待关乎教师利益的重大变革

在幼儿园里，遇到像岗位聘任、职称评定、外出学习、荣誉推荐等关乎教师根本利益的重大决策时，园长一定要广泛征求教师的意见，让教师和管理者一起想办法、找出路，制定让大多数人感到满意的措施和方案。

另外，每当相关决定出台时，园长一定要将相应的内容向全园教师公示，让所有教师参与监督，在提升同事之间信任度的基础上，让教师找到与他人之间的差距，以便做好"树标对标"，从而在专业化的成长道路上走得更远。

三、加强群众监督力度，让教师成为园所制度的执行者

制度制定完成后，如果不认真执行，就只是一句空话。任何制度在落实过程中，如果没有检查与监督，就不能保证有效执行。检查与监督在制度执行过程中起着举足轻重的作用。

一般情况下，幼儿园制度的检查与监督具有多种形式，如上级部门的检查与指导、部门与部门之间的监督与检查、班级与班级间的观摩与评价等。无论运用哪种方法，管理者一定要注意参与监督的人员要广泛，既要有中层以上的领导干部，也要有一线的工作人员，这样才能体现公平公正、充分发扬民主。

全园参与的卫生检查

某园为了提高全园的卫生水平，明确提出了"每月卫生大检查"的要求。

在以往的检查中，检查小组成员由中层以上领导和保健医生组成。有的班级教师对检查结果颇有微词，觉得自己就是被检查者，没有自主权。

园长为此专门组织了教师代表大会，听取了全园教职工的意见，并制定了《××幼儿园卫生检查制度》。制度规定，定期用推选的方式从班级和各处室中甄选出9名一线教师作为卫生检查人员，并将其纳入卫生检查小组。这9名教师分别与中层以上领导、保健医生自由结组，轮流负责幼儿园的卫生检查工作。这样做不仅保证了检查结果的公平性，同时也让教职工找到了自己与其他同事之间的差距，有利于其后期的改进与提高。

（保定市青年路幼儿园　李海涛）

案例中的园长运用不同人员组合参与的方式，开展园内的卫生检查工作，充分体现了尊重教师、公平客观的原则，这样的方法在其他制度检查工作中也同样适用。

总而言之，要让教师的工作变得有效率、幼儿园的管理产生良好的结果，就要保证与此相关的每个人都参与进来，促使他们在管理好自己的前提下，还能从管理者的角度来考虑问题，帮助管理者纠正工作中不断出现的问题，预防尚未发生的问题。这应该就是幼儿园管理的最高境界！

【温馨提示】

1. 在幼儿园管理中，园长可以通过发放调查问卷、召开教师代表大会、设置意见箱等方式，给予教师充分发表自己意见的机会。

2. 在幼儿园所有制度的执行过程中，园长一定要做到一视同仁，只有这样才能让管理有效。

3. 幼儿园各项管理规定一旦确定就不能随意变更，一定要避免以言代规、言大于法的现象。

第5条　汇聚合力,做好幼儿园发展规划

幼儿园发展规划是幼儿园的行动纲领,是园长办园理念的集中体现,更是幼儿园适应社会发展、实施教育教学、促进教师成长、推动幼儿发展的重要依据。优秀的幼儿园发展规划,不仅体现出园长站在新的高度、全面地、深刻地思考办园方向和目标,还凝聚着幼儿园每一位教职工对幼儿园发展的渴望,体现着幼儿园教师群体的教育价值取向,并能为幼儿园的发展提供切实可行的保障。

幼儿园发展规划按照内容分,有全面性发展规划、专题性发展规划和渐进性发展规划等;按照时间段分,有三年、五年、十年等发展规划。由于其辐射的范围及时间段不同,所涉及的发展目标和内容也不同。但无论哪种发展规划,在制定的时候,园长都要把握好"以人为本"的原则,发挥全园教职工的合力,共同把幼儿园的发展规划好。

一、幼儿园发展规划的主体内容

幼儿园发展规划的撰写没有统一、固定的模式,这给规划的制定提供了创新的空间。但不论怎样制定,发展规划的内容都要完整、全面,其中最基本的要素不可缺少。

某园的五年发展规划(2016—2020年)

一、背景分析

1. 园所概况。

××幼儿园创办于19××年,是一所历史悠久的全日制公办幼儿园。现占地面积为××平方米,建筑面积为××平方米。全园共有××个班级,

在园幼儿××名，教职工××人，其中专任教师××名，大学专科及以上学历教师占教师总数的×××%，拥有学前教育教师资格的教师占比为×××%，保健医生和保育员均具备上岗资质。

2. 发展优势。

一是确立了"×××"的办园愿景和"×××"的办园宗旨，积极践行"×××"的办园理念，通过营造自然生态的园所环境，建构舒展生命天性的"××课程"，促进幼儿生动和谐地发展；二是切实转变教师的教育观念和保教行为，通过个人自学、专家导学、同伴研学，使《3—6岁儿童学习与发展指南》的精神入脑入心，并内化为教师科学保教的专业素质。幼儿园坚持保教并重的原则，保育工作和教育工作相辅相成，保教质量稳步提升，办园绩效日益彰显。

3. 存在的问题及挑战。

一是教师队伍年龄结构失衡，年长教师偏多，青年教师不足，后备力量缺乏；二是园本课程虽已初具雏形，但尚不丰富、完善；三是幼儿园保教管理质量与先进地区相比仍有很大差距；四是基于文化建设的理念有待进一步加强，室内外环境设计与工程的整体性、融合性、标准性等有待进一步加强。

二、发展思路

1. 指导思想。

深入贯彻落实《国家中长期教育改革和发展规划纲要（2010—2020年）》和《关于当前发展学前教育的若干意见》，依据《幼儿园工作规程》和《3—6岁儿童学习与发展指南》，切实遵循学前教育规律和幼儿的成长规律，以"办普惠优质的学前教育"为目标，恪守"×××"的办园宗旨，坚持"×××"的办园策略，促进幼儿园又快又好地发展。

2. 办园思想。

（略）

3. 发展目标。

今后三年，全园上下将凝心聚力，努力践行"×××"的教育价值取向，将幼儿园建设为"花园、乐园、学园"，努力使其成为省内知名的示范性幼儿园。

（略）

三、实施策略

1. 队伍建设。

深入学习《幼儿园园长专业标准》，并将其作为衡量和提升管理者管理能力和专业素养的标准。以德为先，能力为重，立足终身学习，以先进的管理思想和育人理念影响并引领教师专业发展。重团结、讲原则、敢担当、有大局观念，努力成为幼儿园精神的领路人、文化的引航人、生命的守护者。

（略）

2. 保教常规。

培养幼儿良好的生活、卫生、学习、劳动习惯，注重研究幼儿生长规律、学习规律和教育规律，立足儿童敏感期，尊重、观察、支持、促进儿童有个性地发展。

（略）

3. 教育科研。

（略）

4. 家园共育。

（略）

5. 后勤管理。

（略）

四、保障机制

1. 组织保障。

成立以园长为组长的幼儿园规划领导与管理小组，坚持园长负责制，各分管领导具体落实,全员参与,分工合作。

2. 制度保障。

坚持依法办园,建立健全各项规章制度,建立目标达成责任制,定期听取教师代表大会以及上级部门、督导部门对幼儿园发展的指导。

3. 资金保障。

积极筹措教育资金,充分挖掘教育资源,不断改善办园条件,努力为幼儿创设良好的教育环境。

鉴于上述案例,我们可以将幼儿园发展规划的内容大致总结为以下几个方面。

1. 背景分析

此部分是发展规划的第一步,是提出总体目标的基础。园长要全面、客观地回顾本园的办园历程,明确优势和弱势所在。对于做得好的地方,要总结经验,归纳提炼;对于做得不好的地方,要找出原因,并反思制约发展的"瓶颈"。

"园所概况"需要在全面、系统地分析园情的基础上,客观、简要地描述幼儿园的发展历史和整体概况,如幼儿园的成立概况、发展现状、幼儿园教师和幼儿的基本情况等。

"发展优势"要对幼儿园的优势进行全面分析,如:幼儿园的硬件、软件配备,园所所处地理位置、师资结构、生源情况等硬性指标;幼儿园领导班子建设、教师队伍建设、教育教学状态等软性指标。

"存在的问题及挑战"主要分析的是幼儿园在队伍建设、课程设置、管理架构、文化建设、园所环境等方面存在的问题及挑战,每个方面都需要进行概述与分析。如案例中教师队伍年龄偏大、活力不足等。一般情况下,此处列举几个最主要的问题或挑战即可;对于凭借幼儿园自身力量无法改变的问题,简要提及即可。

2．发展思路

此部分是幼儿园发展规划的灵魂，是总体设计的思路。其中，"指导思想"是整个规划的政策与思想依据，可如案例中所示表述为：深入贯彻落实《国家中长期教育改革和发展规划纲要（2010—2020年）》……依据《幼儿园工作规程》……

"办园思想"是办园的灵魂，是内化了的理论，可以分为办园宗旨、办园理念、园风、园所特色等内容，办园思想要有前瞻性、预见性，紧跟时代发展步伐。

"发展目标"是几年内幼儿园要达到的状态或程度，可从幼儿园、幼儿、教师三个维度撰写，可以简单描述幼儿园要向哪个方向发展、要培养什么样的幼儿、要培养什么样的教师。在表述时，目标要尽量具体些。

另外，在确立了总体目标后，需要对其做进一步划分，通过阶段目标的实现逐步接近总的发展目标。目标分解一般有两种：一种是年度分解，即分解时间与学年一致；另一种是阶段分解，即根据完成目标需要的时间灵活决定长短，但是要标明大概完成的时限。

3．实施策略

此部分是针对幼儿园的优势、劣势及问题，结合幼儿园总体发展思路，制定的一系列具有可操作性的策略与方法。具体内容可以从队伍建设、保教常规、教育科研、家园共育、后勤管理等方面进行阐述。

"实施策略"是发展规划的主体部分，在撰写过程中要尽量翔实，可以以三年或五年为时限，从背景、意义方面进行系统阐述并罗列具体的实施策略，具体可以细化到由何种岗位、通过什么方法、达成什么效果等。具体的实施策略要与幼儿园发展劣势或存在的问题相对应，要能有效地解决相关的问题，具有针对性。

4．保障措施

此部分是幼儿园发展规划顺利实施的保障内容，包括组织、制度及资金的保障。在撰写本部分内容时,园长一方面要考虑到本地教育主管部门的人事及财政政策是否允许一些策略的落实;另一方面还要建立相应的监控机构与制度以及相应的监控措施,进而形成有序的监控机制。

二、制定幼儿园发展规划的注意事项

《幼儿园园长专业标准》中明确指出,要"组织专家、教职工、家长、社区人士等多方力量参与制定幼儿园发展规划"。因此,在幼儿园发展规划制定的过程中,园长要善于借助于外力来整合外部资源。

1. 整合力量,分析园情

幼儿园发展规划的制定属于园本工程,必须立足于本园实际和长远发展。园长要紧密结合本园的实际情况,广泛征集幼儿园相关人员的意见和建议,全面、具体地分析本园在管理工作、保教质量、教职工队伍建设以及办园条件等方面的优势与不足,从而为确定总的办园管理方向和目标奠定基础。

(1)园长需牵头成立"幼儿园发展规划管理委员会",树立开放的资源观,与园内的中层干部及工作经验丰富的教师共同讨论、调查,列出与幼儿园相关的领导部门、社会组织等各类资源清单。

(2)从资源清单中梳理出对幼儿园有影响的重要相关因素,并根据其级别、程度进行区分。如"高影响力、高重要性""高影响力、低重要性""低影响力、高重要性""低影响力、低重要性"等,筛选出对幼儿园影响力及重要性级别都高的资源。

(3)将对幼儿园影响力及重要性级别高的资源进行分类,分批召开相关人员的会议,如园内已退休教师会、班组长会、后勤人员会、家长代表会等。利用座谈、讨论、问卷等形式,对幼儿园发展规划的具体内容进行研讨,产生思想碰撞。

(4)广泛征求上级领导和当地幼教专家的想法和意见,并将其中好的建议吸纳到发展规划中。一方面,上级主管领导比较了解幼儿园当地的政策;

另一方面，幼教专家能够站在理论层面为幼儿园的发展把脉，借助于这些有利资源，园长能够为幼儿园的发展凝聚最大的合力。

2．凝神聚气，形成思想

指导思想是在一定时期内的工作中占主导地位的思想，既要体现依法办园和上级的指示精神，又要结合本园实际，简明扼要地反映园长办园的主要意图，还要落实到教育对象的发展上。

如，上海市某园在三年发展规划中提出的指导思想为：坚持科学发展观，以《3—6岁儿童学习与发展指南》和《上海市幼儿园保教质量评价指南》等配套文件为指导，在"提升每一个幼儿的学习生活品质"教育理念和"互、联、网"办学思想的引领下，以"调结构、强技术、重文化"为路径，实施"三化一强"创新驱动转型战略，全面推进教育现代化和教育强区建设。从队伍专业化水平提升入手，不断地提升办园品质。

园长要分析园内现状、把握发展前景，以尊重幼儿身心发展为前提，逐步形成自己园所的发展思路，凝练出指导思想。

3．深入思考，明确目标

幼儿园发展规划既要面向未来，又要以客观现实为基础；既要重视现实可行性，脚踏实地、量力而行，又要高瞻远瞩。其中发展目标和教育目标的制定尤为重要。

发展目标是幼儿园制定的战略和战术目标，内容要涵盖幼儿园管理的全部，既要符合本园实际，又要体现一定的质量标准。发展目标既不能过高，也不能过低，应是经过一定努力能达到的目标。为了能够实现总的发展目标，还要有具体的项目目标和任务。项目目标和任务所涵盖的内容也要全面。

例如，上海市某园在三年发展规划中提出的发展目标是："以先进的教育理念、科学的管理机制、良好的师资队伍、整合的课程体系、优化的学习环境，使我园成为享有良好声誉的、家长称心满意的、具有环保教育特色的、教职工认同的优质幼儿园。"

教育目标是培养受教育者的总目标。我国现阶段的教育目标是"培养青年、少年、儿童在品德、智力、体质等方面全面发展，成为有理想、有道德、有文化、有纪律的建设人才"。幼儿园教育目标的制定要以《幼儿园工作规程》和当地的教育法规为依据，并结合本园实际情况，明确各年龄班的学期教育目标。

又如，上海市某园在三年发展规划中提出的教育目标是：以幼儿发展为本，培养"身心健康享快乐，热爱生活重环保"的全面和谐发展的儿童。

总之，一份优质的幼儿发展规划凝聚着全园每一位教职工对幼儿园发展的渴望，体现着幼儿园群体的教育智慧与价值取向，能为幼儿园提供切实的发展保障。对于园长来说，制定发展规划的过程不仅是了解幼儿园的过程，也是带领教师团队反复思考、达成共识的过程。发展规划制定完成后，园长不仅要组织教职工进行全面、深入、反复的学习，而且要建立落实机制，以保障发展规划的具体实施。

【温馨提示】

1．幼儿园发展规划的制定不是园长一个人的事情。园长要在调查、访谈的基础上全面梳理园所的办园条件、历史、经验，并找出存在的问题，再寻求解决的策略。

2．幼儿园的发展是一个连续不断、承上启下的过程，幼儿园的发展规划也是动态的，如果制定得过高或过低，可做必要的微调。

3．新手园长在撰写幼儿园发展规划时，可以参考借鉴其他园所的优秀发展规划。

4．为了更好地完成幼儿园发展规划中提出的目标，园长可以将几年的发展规划进行分解，或制定"年度实施计划表"，明确所涵盖的领域和内容，明确责任部门和责任人，以便将目标落实到部门、到个人。

第6条 从"管理"走向"理管"

从字面来讲,"管理"一词源于两个不同的概念。所谓"管",在古代指钥匙,可引申为"管辖、管制"之意,是依靠制度规范行为,体现着权力的归属;所谓"理",在古代指雕琢玉器、整治土地、治疗疾病,可引申为"疏通、引导、治理"之意。不难看出,"管"强调执行,而"理"强调规律及人的主观能动性。

现实中并不缺乏强调"管"的园长,缺乏的恰恰是关注"理"的园长。"管"性园长们看到的往往是制度和权责,而忽视了"理"本身所具备的育的力量,忽视了园所文化在培养教职员工乃至幼儿中应起到的作用。幼儿园管理与其他管理一样,通常会存在以下误区:如"管而不理",即教师必须按照园长的命令,按照规章制度执行,只能老老实实服管,不许有其他的声音;又如"重管轻理",只重执行及结果,而不看其过程,导致强权专断,压制教师的主观能动性,管理达不到应有的效果。

突如其来的任务

寒假结束,新的学期开始。某幼儿园接到通知,下周将有外省专家团来园参观。园长对此非常重视,立刻开会部署工作,要求这两天班级重点布置环境,要以最好的状态来迎接参观。可是,刚过完寒假,班级环境还都是与新年主题相关,作业也相对陈旧。按照要求,要全部撤掉重新布置,而且要在短短几天内完成。

老师们虽然嘴上不说,但觉得很无奈。主题墙展示的是班级主题开展的轨迹,需要在过程中不断完善,这样一下子就全部换新,完全是形式化的造假。大家都清楚,以园长的管理风格,她的命令不容反对,只能执行。于是,各班开始突击布置环境，孩子们每天按照要求绘制作业，无法正常进行其他领域的课程学习，也没时间进行户外活动。班级教师们也是没日没夜地加班，甚至模仿孩子的笔触绘画。终于，通过几天的突击筹备，园所内外焕然一新。当专家团参观时，园长满意地对专家们介绍，可真正的教学质量，相信不仅孩子们清楚，老师们清楚，明眼的专家也清楚。

（保定市清苑区第一幼儿园　王霞）

上面的案例并不是特例，相信很多园所都发生过。领导为接待参观或迎接检查，命令教师突击准备，布置环境或者撰写案头作业；教师则为了完成任务，加班加点疲于应对，甚至伪造幼儿作品，伪造教学过程。这种管理虽达成了一定结果，但违背了教育规律，同时给教师错误的工作导向，失去了管理的意义。

如果该案例中园长的"管理"变为"理管"，又会是何种结果呢？让我们再来看看下面案例中园长的做法。

推不掉的来访

某幼儿园是当地非常有名的园所，之所以有名，并不是因为其校舍多豪华、硬件多先进，而是因为其独有的育人文化和优质的课程特色。园内环境丰富，材料多样，随处可见孩子活动的痕迹。园所声名在外，自然吸引了很多同行前来参观。刚开学，园里就接到一个重要的接待任务。可是刚经历了一个假期，环境已经略显陈旧，新主题还未丰富，不能呈现出环境最好的状态。教学主任有些担忧，问园长："园长，咱们是不是让老师加班重新创设一下环境？"园长思考了一下回答说："每个阶段有每个阶段的状态，幼儿园刚开学就是这样，班级一切按部就班即可。"虽然领导没有安排教师加班加点，但开学初的班级工作还是紧锣密鼓地展开了。孩子们将假期的见闻画出来展示，和老师一起讨论新主题的开展；主题墙虽然还是旧主题，但已有新的内容，自然过渡。来访者在参观中看到了一段时间内园所教学开展的轨迹，看到了教师和幼儿的学习情况，对园所管理表示认可。

（保定市青年路幼儿园　樊继英）

同样是接待参观来访，园长对管理的认识不同导致行为结果的不同。第一个案例中的园长注重行为和结果，确为"管理"；而第二位园长注重过程与规律，实为"理管"。幼儿园园长要转变管理思维，变"管理"为"理管"。

一、"理"幼儿教育的客观规律

作为园长，首先要理清、理顺幼儿教育的客观规律。园长是否懂幼儿教育对园所管理的过程与质量有重要的影响。幼儿园管理一定要以尊重幼儿的身心发展水平为前提，促进其德智体全面发展。

雾霾天的室内运动

近几年，北方城市雾霾严重。特别是一到冬天，空气经常重度污染，幼儿园的孩子们就只能待在教室里，无法进行户外运动。孩子们问老师最多的就是"今天出去玩吗？"。

原本每天2小时的户外活动时间一下子没有了，孩子们干什么呢？一些幼儿园增设了一些课程学习，如蒙氏操作、纸张练习、绘画课程等；还有一些幼儿园将户外活动变为区域活动，幼儿自主游戏。而某幼儿园却有了大动作。园长将大厅、多功能厅以及一些宽敞的专项室进行了班级划分，填充了一些室内体能游戏材料，要求班级将户外体操改为室内律动操，将户外活动改为室内体能游戏，孩子每天在园都要坚持运动。

这样一来，孩子们可高兴了。上午音乐一响，每个班的幼儿都在教室里跟着老师一起跳操，大厅、多功能厅充满了孩子们运动的身影。这个冬天，幼儿园的出勤率明显高于往年，孩子们明显变高变壮了。

（保定市青年路幼儿园　刘凡）

《幼儿园工作规程》中明确规定，幼儿户外活动时间在正常情况下每天不得少于2小时，这一规定是为了满足幼儿生长和发育的需要。幼儿的身体发育和功能正处于快速发展时期，同时这也是他们形成安全感和乐观感的重要阶段。发达的身体、愉快的情绪、强健的体魄、良好的生活习惯和基本的生活技能，是幼儿身体和心理健康的重要标志，也是幼儿园教育的培养目标。幼儿园五大领域要均衡发展，健康是五大领域之首。园长要深谙这些幼儿教育目标和规律，并以此指导自身的管理行为。雾霾天，幼儿无法在户外活动，园长为幼儿创造条件，提供室内运动的环境，满足幼儿健康发展的需要，正是"理管"的最好体现。

二、"理"科学的管理理念

幼儿园管理需要科学管理理念的支撑。园长的管理理念和思维方式在很大程度上影响甚至制约着每一位教师，制约着幼儿园的发展。除了通常管理学的一些理念外，园长还应具有专门针对幼儿园管理的科学理念，如以人为本的理念、文化立园的理念、家园共育的理念等。在本书的其他章节，我们对以上理念都有阐述。在这里，笔者选取"教师的发展先于幼儿的发展"这一理念进行阐述。

《幼儿园教育指导纲要（试行）》中提出，"教师应成为幼儿学习活动的支持者、合作者、引导者"。这一提法既表明了幼儿在学习发展中的主体地位，同时也意味着教师要能够为幼儿的学习发展提供有效的支持。只有教师走向专业化，才能将教育落实到位。园长要能够认识到教师发展的重要性，树立"教师的发展先于幼儿的发展"这一理念。

模样相同的"妈妈"

这天园长转班,看到中一班的陈老师正在组织孩子们的美术活动——绘画"我的妈妈"。园长走近一名幼儿,仔细看他的作品,画得真不错!大大的眼睛、长长的卷发,耳朵上带着一副大耳环,很形象!再瞧旁边小女孩的作品,也是大大的眼睛、长长的卷发,耳朵上带着一副耳环。园长环视一圈,孩子们画的妈妈都是一个模样。看到前面陈老师的范画,园长立刻明白了。她把陈老师叫到一旁,语重心长地说:"孩子们的绘画技巧掌握得不错,看来日常你下了不少功夫。但既然是画自己的妈妈,为什么长得都是一个样子呢?相信每个妈妈都有自己的特点,我们是不是应该引导孩子发现妈妈的特征,并把特征表现出来呢?那样的话,作品会更有价值!"陈老师立刻明白了园长的意思,认可地点了点头。

(保定市涞水县其中口乡西角幼儿园 张春静)

园长是园所的管理者,也应该是教师专业成长的引领者。园长要让教师意识到其职业价值,认识到幼儿的发展是其职业价值的体现。园长要站在促进教师专业化成长的角度去进行管理,将教职工看作主人,承认其主体价值。同时,管理还要从对教师生命价值的人文关怀出发,尽可能为教师的发展创造条件,让教师在教育和教学活动中有自我表现和自我发展的机会,满足他们正当合理的发展需要。只有当教师真切地感受到管理者在乎他们的发展、关心他们的发展、支持他们的发展时,他们才能坚持不懈地追求教育真理,从而达成自我完善、自我实现、自我成长。

三、"理"育人环境

创建育人环境是管理的重要部分。这里的育人环境,不仅指对幼儿的发展,还指对教师的发展有影响作用的所有外部条件的总和。按照环境的组成要素，通常育人环境可分为物质环境、管理环境和心理环境三类，具体包括硬件设施、内部环境、管理制度和流程、师资队伍、学习及工作氛围、校园文化、口碑与影响力等。园长不仅是育人环境的参与者，同时是环境的影响者、主导者。园长要能够依托育人环境做管理，用"环境"作用人、影响人。

马不扬鞭自奋蹄

某幼儿园在社会上有着良好的口碑，这不仅得益于其悠久的办园历史、独有的园所文化，更得益于多年来老园长打造的过硬的教师队伍。所谓"过硬"，并非教师队伍学历多高，技能多强，而是他们团结、积极向上，用一句话形容即"马不扬鞭自奋蹄"。

园所本学期计划在5月召开亲子运动会，教学部门将计划告知班级后，各班早早就摩拳擦掌地开始了准备工作。班务会上，各班班长将此项工作统筹部署，开始在日常教学中融入各个项目的练习。"孩子的队列由我负责""我来组织家长委员会成立安全督导小组，做好后勤保障""咱们班孩子的跳绳水平还有待提高，日常需多加练习""网上有一些亲子游戏特别好，我们可以借鉴"……不用领导部署，教师们已经开始筹划准备。

曾经有其他园所的老师问："为什么你们的干劲儿这么足？是不是你们的领导太严厉？"该园的老师有些纳闷："难道你们不这样工作吗？我们全园上下都是这样干，而且感到特别充实、有价值！"

（保定市青年路幼儿园　刘玉）

从上面的案例可以看到，管理可以打造育人环境，育人环境同样会影响管理。因此，建立良好的育人环境，先理后管，会大大影响管理的效率。一所优质的幼儿园不能仅仅盯着指标要求来办学，更要注重环境氛围的创设，关注打造有凝聚力的团队。这样的"理管"才是真正的以人为本，才能做到和谐高效。

四、"理"教师共同愿景

"愿景"这一概念源于美国麻省理工学院彼得·圣吉教授在其著作《第五项修炼》中提出的"建构共同愿景",他认为共同愿景就是团体成员发自内心的意愿,具有强大的驱动力和创造力。通俗地说,幼儿园愿景即幼儿园成员所追求的理想蓝图,体现了园所未来发展的目标,是幼儿园全体员工的共同愿望,具有未来性和指导性。

共同愿景能够凝聚共识并指明幼儿园的发展方向,能够产生巨大的凝聚力并保证教育实践始终朝着既定的方向前进。愿景包含三个要素,分别是价值观、使命和目标。园长要能够在价值多元化的背景下,倡导和确立正确的办学理念,统一教师的教育观和儿童观,明确使命和目标,协调个人愿景与组织愿景的矛盾,带领全员为实现共同的蓝图而努力。

个人三年发展规划

提到个人三年发展规划,某幼儿园的老师并不陌生。因为自从张园长上任,园里的老师每隔三年都会制定一份三年发展规划。从一开始的排斥和不理解,到如今的主动参与、积极落实,老师们的思想意识发生了质的转变。

又到了新的三年,在全园会上,张园长首先对幼儿园过去三年的工作和成绩进行了总结,同时对幼儿园新的三年规划进行了汇报。每位教师会后都对自己这三年的规划进行了认真的思考。在接下来召开的规划交流会上,老师们自信满满。"这个三年我要多承接公开课,完成本科学习,取得学士学位。"年轻教师小李还有些腼腆。"过了这个三年我就要退休了,"老教师苏老师笑着说,"我要完整带完这拨孩子,带教好班级这两名年轻教师。发挥自己的音乐特长,争取培养两名幼儿在歌唱方面取得成绩。"一位班长在规划中这样写道,"新的三年,我要和课题组成员一起完成市级课题的结题工作,形成课题成果发表并推广实践"……每个人都在全园规划的指引下,切合自身实际制定了具体可行的目标。

（保定市新华幼儿园　霍若茜）

　　由上述案例可见，园长首先要对园所的发展现状有客观科学的分析，能够结合园所实际，明确园所的发展使命，构建共同愿景，制定出科学可行的发展规划。有了好的规划，还要让每位教师理解，渗透到血液之中。要让大家明确，共同愿景与每个人息息相关，同时也是专业发展的动力。园长要用共同愿景去点燃每位教师的工作热情，推动管理工作。用共同愿景去助力管理，是"理管"的又一有效途径。

　　综上可见，作为园所的管理者，园长要善于让"管理"变为"理管"：不去强硬命令，而是注重规律；不只去关注结果，更要注重过程。当"理"在"管"之前时，就会收到更好的效果。

【温馨提示】

1. 管理者之"管"指的是管人，而管人并不是把教师进行简单的分类或者筛选，而是训练人和使用人的艺术。

2. 管理者之"理"指的是理事，而理事不等同于简单的指挥和命令，其更多的应该是对已有经验的总结和梳理。

第 7 条　用流程细化管理

目前很多幼儿园都在运用或尝试运用流程管理。其实"流程管理"这个词语来源于企业，其定义为：一种以规范化的构造端到端的卓越业务流程为中心，以持续地提高组织业务绩效为目的的系统化方法。现代管理学认为，无论大公司，还是小单位，加强和改进整个流程的管理工作是规范管理过程、提高管理效率的一条捷径。"战略管理可以使幼儿园明确工作方向，做正确的事；而流程管理却可以使幼儿园在工作过程中找到最佳的工作方法，把事情做正确。"

一、幼儿园流程管理的界定

通过对企业流程管理的论述，我们可以清楚地认识到流程管理的本质就是对各块工作流程进行管理。管理的对象是工作流程，其中应该包括流程设计、流程目标体系（绩效指标）的建立、流程问题库的建立、流程监督评价体系的建立与实施等。

它们是流程吗？

某园园长在了解了流程管理的重要性后，准备在本园内进行流程管理。她召集了各个部门的管理者和教师代表，准备根据工作实际设置一些必需的工作流程。在进行充分研讨后，大家对什么是"流程"、什么是"程序"的概念感到困惑。

例如，幼儿在进餐前需要教师进行组织、指导，同时幼儿也需要按照"七步洗手法"洗手，这两项工作涉及了不同活动的先后顺序。

餐前准备工作有：保育员需要先提醒值日生值日，内容包括擦桌子、发盘子、摆餐具、检查同伴洗手情况等；教师需要组织洗完手的幼儿开展安静的活动；幼儿洗手结束后，保育员要去伙房打饭，打饭回班后，教师要组织幼儿朗诵"感恩词"，向保育员表示感谢；保育员要介绍饭菜的名称和营养。而幼儿洗手的步骤有：挽好袖子，打开水龙头；用水淋湿手，关上水龙头；用肥皂搓手，手心、手背、手指缝、手腕都要搓到；打开水龙头，冲手；关上水龙头，甩手三次；用自己的小毛巾擦手。

参加研讨的教师都认为这两项工作是很重要的活动，班级需要根据一定的步骤进行统一要求。同时，他们又觉得这两项工作具有不同之处：餐前准备工作是需要不同人员来完成的，存在着环节的交接；而洗手步骤是由一个人来完成的，只存在活动的先后，不存在环节的交接。为此大家经过反复讨论，最终确定餐前准备工作可以设置为工作流程，而幼儿洗手步骤不能作为流程，可以用程序的方式进行要求。

（保定市青年路幼儿　刘雅楠）

本案例中，分歧的焦点就是流程的概念界定问题。流程的定义是：多个人员、多个活动有序的组合。它关心的是谁做了什么事、产生了什么结果、传递了什么信息、这些信息传递给谁。由此可以看出案例中教师的讨论结果是正确的，一个人就能完成的洗手活动不是真正意义上的流程，而是非流程的程序或步骤。由此，大家可以清楚地了解到，针对幼儿园的其他工作，也可以运用这样的形式进行思考，把工作流程确定下来，以便更好地开展流程管理。

二、幼儿园工作流程的建立

流程是某项工作的具体操作程序，一般情况下，人们会用流程图的方式，通过适当的符号记录工作中的全部事项，用以描述工作活动的流向与顺序。如图7-1呈现的就是某园的教师带教工作流程，大家可以通过图示清楚地了解这个园所教师带教工作的开展步骤。如：由幼儿园的教科研室出具并公示带教方案；由带教教师和被带教人员遵循自愿的原则，填写"双向选择表"，进行双向选择；带教结对情况由教科研室根据"双向选择表"进行核对、微调并做最后确定；带教层次确定后，双方带教关系已经形成；由教科研室对所有带教教师提出带教要求，其中包括每学期带教次数、带教目标要求、内容要求等相关内容；带教教师开展带教活动，如听课、指导、培训等并填写相关的带教记录；学期末，带教工作的相关资料要上交教科研室，管理人员会根据带教人员带教工作的开展情况做出适当奖励。

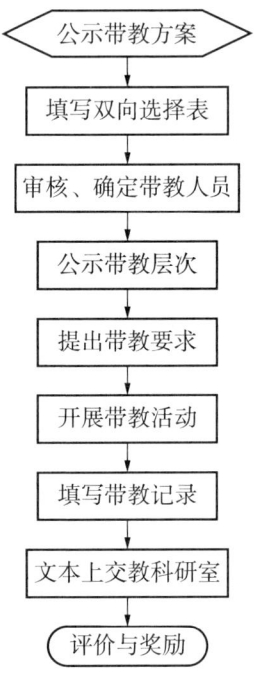

图7-1 教师带教工作开展流程图

由于工作流程图具有简便、清晰、易懂的特点，现在很多幼儿园将各块工作用流程图的方式进行展示并粘贴在相关的部门，让教师熟悉各块工作的走向，更利于工作的验证和落实。

针对幼儿园的工作实际，我们简单对各部门使用的流程进行了统计，大致内容参见表7-1。

表7-1 某园工作流程统计表

工作部门	工作类别	流程名称
教育教学	保教管理	家长开放日组织流程、家长会组织流程、外出活动管理流程、教师带教工作开展流程、公共教室使用流程
	班级管理	教师上岗流程、保育员上岗流程、教师交接班流程、户外活动组织流程
	教科研管理	园本教研流程、课题申报流程、课题结题流程、课题会议组织流程
行政后勤	办公室管理	公文管理流程、值班工作流程、评先评模工作流程、招生工作流程、幼儿出入园流程、会议组织流程、使用公章流程、重大活动接待流程
	总务室管理	固定资产上报流程、固定资产检查流程、固定资产报损流程、固定资产退库流程、物品申购流程、物品验收流程、物品入库出库流程、伙食管理委员会组织流程
	医务室管理	接诊流程、幼儿全面体检工作流程、新生预防接种工作流程
	门卫室管理	家长接送幼儿进园流程、接送卡办卡流程、接送卡补办流程、无卡家长进园流程、外来人员进园流程、物品收发流程、隐患排查工作流程
	幼儿食堂管理	食品留样记录流程、幼儿食谱制定流程、食堂采购验收流程、食堂开放性活动流程、食堂库房管理流程

通过对以上表格的观察,大家可以了解到幼儿园各部分工作的流程还是比较多的。作为园长,如何根据本园的实际情况来建立流程管理体系呢?我们为大家提供以下两个方面的参考。

(1)根据园所的规章制度来制定流程。一般情况下,园长会根据本园的工作实际制定相关的规章制度,所以,可以针对基本管理制度、业务制度、行为规范、日常工作程序四大类来分别制定相应的工作流程,使流程和制度相匹配,实现"凡制度之下必有流程"。

(2)根据科室的类别制定流程。幼儿园设置的科室、部门,在本园的管理工作中承担着不同的责任和使命。例如:办公室主要负责招生、宣传计划与总结统筹、考勤、接待等工作；医务室主要负责幼儿体格测查、卫生保健督导、幼儿营养指导、疾病防控管理等工作；教务处主要负责幼儿保教管理、教师管理、家长工作、教师带教工作；党办室主要负责党员的申请、检验与转正等工作。各处室的职责和任务不同，业务活动内容不同，相应的工作流程也不同。从科室管理范围的角度来建立流程，是使流程管理清晰化的良好途径。

三、幼儿园工作流程的落实

俗话说得好，"没有规矩，不成方圆"。对于幼儿园来说，如果没有制度和流程的规范和制约，工作中就很容易出现管理无序、效率低下的现象。只有全体教师共同执行制度，按照工作流程去完成各项任务，才能不断提高工作效率，提升幼儿园综合竞争力。

1. 工作流程的执行

工作流程是幼儿园各种工作成功开展的重要保证，科学工作流程的建立能够降低"风险"，坚持"勤政"，促进"发展"。因此，当工作流程确定下来以后，作为幼儿园的员工，无论是管理者还是教师，都应该按照工作流程去执行，以便提升工作效率，提高本园的教育教学水平。

（1）管理者要带头执行流程。"善为人者能自为，善治人者能自治。"一个优秀的幼儿园必然有完善的制度和流程，这些是约束教师行为的规范，也是园长与教师共同遵守的标准。

鼠标坏了以后

崔园长是某县实验园的园长，她的同学在当地市级幼儿园做管理工作。在一次到同学园所参观的过程中，崔园长发现同学园所里的各个班级和处室都张贴了相应的工作流程。听了同学的介绍后，崔园长觉得运用流程进行财、物、人的管理很好，决定也在本园实施。

回到自己的园所后,崔园长立即召开领导班子会,并把自己的想法告诉所有的管理者,引导各部分工作人员对自己的工作进行流程设计。经过一段时间以后,各部分的工作流程已经初具雏形并且开始实行。

一天,崔园长使用的台式计算机的鼠标坏了,没有办法继续使用。于是她按照"物品申购流程"填写了申请购买的表格,并按照流程开展工作。如:询问库管员园内的资源里有没有;如果没有,由电教人员询价、采购员购买、库管员入库、使用人领取并登记等。同办公室的保教主任感到很好奇,说:"作为园长,连这点事都不能做主。鼠标坏了,跟总务主任说一声,不就解决问题了吗?何必要找麻烦填申请表,还要等一段时间才能用,多耽误事呀!"但是崔园长认为,既然流程已经制定并且实行,幼儿园的所有人员就都要按照流程办事,不能因为职务而享有特权。

(保定市青年路幼儿园 李海涛)

案例中的崔园长从自己做起,严格遵守工作流程,这样的做法不仅保证了工作流程的严肃性,还为他人树立了良好的榜样。

正所谓"己所不欲,勿施于人"。园长一定要意识到:要求教师做到的,管理者必须首先做到;要求教师不能做的,管理者首先不去做。这样,不但可以正确引导教师执行流程,也能给那些不按照流程办事的教师施加一定的心理压力。

另外,各级管理者在执行流程时不能有"下不为例""情有可原"的想法,不管流程是否还有完善的空间,只要出台,就要坚决带头执行,只有这样,管理者才能取信于教师,获得大家的拥护和支持,进而引起大家的自觉效仿。反之,如果管理者自己不执行流程,却要求教师执行,必然会引起教师的不满,从而导致其工作积极性不高,执行流程走过场,流程也将形同虚设。

(2)教师自觉遵守和维护流程。流程的执行离不开教师的积极参与,而做到这一点的关键就是教师主观上必须自愿接受这些流程并入脑入心,一旦存在抵触、投机等心理，执行工作流程就会变得异常困难。

上岗流程引发的思考

夏园长有每天早上转班的习惯。周一的早晨，她又像往常一样逐层巡视。走到小一班的时候，她发现班级室内的空气比较污浊，还有昨天晚餐时小朋友们吃的带鱼的味儿。

夏园长马上与班级教师沟通，询问为什么没有根据幼儿园"教师上岗工作流程"的要求开窗通风。班级教师觉得很委屈，因为自己一上班就忙个不停，为孩子们打开水、晾水，接待小朋友来园、与家长沟通……

看到教师的状态，夏园长没有过多指责。一是肯定了教师付出的辛苦；二是拉着教师走到班级工作流程墙前，一起讨论"教师上岗工作流程"中的每个环节。

通过几分钟的交谈，教师承认了自己的失误，并表示以后一定要按流程开展工作。

（保定市青年路幼儿园　童瑶）

案例中的夏园长以适宜的方法，让教师深刻地了解了"教师上岗工作流程"，既让教师认识到自己工作中存在的疏漏，又强化了流程中各个环节的必要性。

所以在工作流程执行方面，管理者应要求教师从小事做起，从细微处着手。不论小流程、大流程，都坚决按照程序和规定不折不扣地执行。只有所有教师都放开思维，自觉成为流程执行的推动者和维护者，各项工作才能真正落实，久而久之，形成影响幼儿园发展、推动幼儿园前进的动力。

2．工作流程的督导

"规范流程、检查监督"在于督促和提醒大家时时、事事、处处约束自己的行为，向流程的标准靠近，进而逐步让按照流程办事成为习惯。

俗话说得好，"预防重于治疗""能防患未然之前，更胜于治乱于已成之后"。问题的预防优于问题的解决。而幼儿园对工作流程的检查监督就起到了预防的作用，以免给园所造成更大的损失。

园长一定要在检查监督的过程中明确一个原则，即"大家的事情大家一起做"，让工作在一线的教师更多地加入流程督导的行列。负责流程督导工作的，既要有幼儿园管理层，也要有一线的教师。他们在督导过程中的地位是平等的，管理者和教师两者互为补充，使检查监督真正起到促进流程执行的作用。

（1）在督导过程中，管理层的角色恰似领航员，既要及时发现流程执行中出现的偏差，又要明确提出改进的指导性目标。管理者必须对管理范围内的各项工作做到心中有数，观察问题、发现问题、解决问题，实施有效的检查监督手段和具有可行性的措施，以保证流程执行过程的顺畅和高效。

（2）在督导过程中，一定要广泛邀请教师群体参与。管理者要认识到教师群体在流程执行过程中举足轻重的作用。教师群体来自各个处室、班级，涉及不同的部门与岗位。针对不同的工作流程，管理者可以邀请与之相关的人员共同进行督导，以体现民主监督。

（3）设立流程督导小组，以特定群体监督检查，促使各项工作流程按照既定的目标执行。幼儿园还可以根据自己的实际情况，专门设立"工作流程督导小组"，小组成员应该来自教师民主选举产生的"流程监督员""教职工代表大会代表"，他们肩负着广大教职工赋予的责任和使命，对群体及个体在流程执行过程中违反纪律、违反流程、违反操作等行为进行有效的监督和指导。

（4）在园内设立"流程工作意见箱"，给予教师充分发表自己意见的权利和自由度。任何一名教师都可以把自己在园所管理和流程执行过程中发现的问题，以书面匿名的形式，投进意见箱。意见箱由园内的流程管理小组人员定期开取，送交园务委员会进行讨论、核实，并根据本园的具体情况对所涉及的工作流程进行修改或调整，以让每个流程都符合幼儿园工作的需要，让教师们的工作更便捷、有效、科学、标准，从而达成促进园所教育教学质量提升的目标。

海尔集团首席执行官张瑞敏曾说过，"流程再造与企业文化是海尔集团的制胜法宝"。高质量的流程管理所带来的最大好处就是能有效地提高工作效率，以流程标准化来管理工作进程，推进各岗位人员之间的及时跟进处理。对此感兴趣的园长可以尝试这样的管理方式。

【温馨提示】

1．多阅读一些有关企业流程管理的书籍，您会从中受益。

2．在各项流程的制定过程中，多与园内一线的工作人员进行沟通，听取他们的建议，让流程变得更科学、便捷。

3．不要为了流程而制定流程，一定要从本园实际出发，让流程真正促进工作的顺利开展。

第8条 提升幼儿园执行力

幼儿园执行力，是指幼儿园作为一个集体组织，整体呈现出来的对幼儿园各类规章制度、任务计划等执行的态度、速度、广度和深度的综合体现，是幼儿园核心竞争力最直接、最形象、最显性的体现。幼儿园之间的竞争取决于执行力的竞争，只有打造优秀的执行力，才能让园所立于不败之地。

一、幼儿园执行力差的原因

这里提到的执行力，不仅关乎园长，更关乎园所中的每一名教职工，幼儿园执行力的好坏就是教职工集体执行行为效果的真实写照。我们经常会听到一些园长抱怨自己的教师团队执行力差，如：规章制度制定出来后总有人不遵守；任务布置后很长时间没有得到落实；园内部门之间、人员之间存在互相推诿的现象等。为什么会出现执行力差的状况，我们根据以往的经验，分析与总结如下。

1. 职责划分不清

幼儿园的职责定位不准确、工作流程设计不科学，是导致执行力不强的重要原因。

请您告诉我，我该做什么？

再过半个月就是全市环境观摩现场会了。为了让幼儿园的环境有较大的改变，吴园长专门召集园务会，将幼儿园不同区域的环境创设工作布置给不同的中层干部。

黄主任是办公室主任，也被分配了幼儿园两层楼道和楼梯的布置任务。为了完成工作，园务会后，她就将工作重心转移到环境布置中，以致忘记通过网络下载上级教育部门的重要文件，没有及时做到上传下达，耽误了上报工作。

事后，吴园长很生气，黄主任也感到很委屈，她问："请您告诉我，我该做什么？"

（保定市青年路幼儿园　冯铁刚）

案例中，黄主任为了应付环境观摩而耽误了更重要的材料上报，造成了较为严重的后果。如果园内每个部门、每个岗位都没有清晰的职责，来了任务领导就临时分摊，而教职工对自己的职责也不了解、不清楚，就容易造成其每天忙于应付各种应急任务，本该自己负责的工作却存在盲点，甚至出现问题，诱发部门之间互相"踢皮球"的现象，不利于执行力的提高。

2. 过程指导不到位

有些园长只是一味地给教职工布置工作和任务，却不提供相应的帮助与支持，造成有些工作是超出教职工工作职能的，或者其能力根本不可能达到工作要求，从而造成无法完成工作的后果。

园长，我已经尽力了！

宋园长近期参加全国骨干园长培训，接收到了很多有关国外"森林幼儿园"的教育信息，她觉得"森林幼儿园"以"亲近自然、生命教育、保护环境"为教育目的，能够让孩子们接近自然、了解自然，在自然体验中轻松自由地快乐成长，特别符合自己的学前教育理想。

于是，回到幼儿园后，她就把负责保教工作的刘主任叫到办公室，向她介绍"森林教育"的理念，并让刘主任搜集相关素材，发动园内的骨干教师，准备设置本园的"森林教育"课程，让园内的每个孩子都能享受到"森林教育"。

任务布置了一段时间后，宋园长在巡园的过程中并没有看到任何班级有开展"森林教育"的迹象。她质问刘主任课程落实得怎么样了,刘主任很无奈地说:"园长,我已经尽力了!但是这个课程实在太难,我做不了!"

(保定市青年路幼儿园　栗艺文)

案例中提到的"森林教育"源于丹麦,是对"生活即教育"这一育人理念的最好诠释。宋园长通过敏锐的视角发现其对幼儿的价值,并将落实"森林教育"的任务布置给保教主任,她的这种愿望和想法是好的。我们认为造成落实不力的主要原因是刘主任对"森林教育"了解不足,课程驾驭能力有待加强,而在落实过程中又缺乏有力的指导。园长在布置一项任务时,一定要全面考虑执行人的条件和能力,一方面要找胜任的人,另一方面要在过程中给予有效的指导。在本案例中,宋园长就可以在布置任务之后马上派刘主任和骨干教师参加与"森林教育"有关的培训,实地考察国内已经开设了"森林教育"的园所,让他们首先熟悉"森林教育",有意愿参与课程的研究;然后再邀请课程专家入园对课程编写进行培训、指导,使刘主任和骨干教师有能力设置课程,如此才能让工作真正落实下去,让自己的教育愿望得以实现。

3. 团队合作不协调

幼儿园执行力差,还有一个很重要的原因就是没有团队精神。各个部门、班级、教职工只是把眼光放在自己工作的范围内,在统一行动中南辕北辙,不仅会误事,还会导致内部矛盾,不利于整体队伍的团结。

两办主任需要参与卫生评估吗?

为了加强对幼儿园卫生工作的管理,某园设置了《卫生定期评估制度》,规定每个学期定期对全园班级和处室的卫生进行大检查、大评估,参与评估的人员包括园内中层干部、保健医生、教研组长、班长、保育员等。

制度颁布以后,教学和后勤中层干部都积极响应,每次都能放下手头的工作，与其他教师一起参与卫生评估，但是园办公室和党办室主任却从来没有参与过。问起缘由，他们总是以"卫生评估属于保教工作，与自己的工作内容无关"作为借口推脱。这样的举动引起后勤主任的不满，她向园长抱怨："按照两办主任的说法，卫生评估也不属于我的工作范畴，是不是我以后也不用参与了？"

（保定市青年路幼儿园　殷晓辉）

案例中的制度明确规定园内的中层干部必须参与卫生评估，可是两办主任却以"卫生评估属于保教工作，与自己的工作内容无关"为由拒绝参与，这表明了他们"事不关己，高高挂起"的消极心态，也暴露出幼儿园中存在"各自为政、各自为战"的现象。很显然，这样的状态既不利于队伍的团结，也不利于执行力的提高。

二、提高幼儿园执行力的策略

俗话说得好，"要想跑得快，全凭车头带"。要想提高幼儿园的执行力，园长一定要从自身做起，首先提升自己的管理执行力。也就是说，园长的日常工作不仅仅包括管理与决策，更要注重执行；园长不仅自身要有良好的执行力，更要关注下属的执行力，培养和造就一批执行力强、责任心强且态度明确的执行高手。

如何能够做到这一点呢？

1. 在管理上做到"四到位"

（1）对工作职责管理到位。职责是在园长对幼儿园的全部工作进行规划之后，实行定员、定编、定岗，规定出每个岗位完成工作的时间、质量和数量的制度。职责由授权范围和相应的责任两部分组成，具体包括工作任务内容、方法和质量要求。它使幼儿园每一个岗位的人员都知道应当做什么、什么时间做、如何做以及组织对其的要求。就像第一个案例中的吴园长和黄主任,如果他们彼此都清楚地知道办公室主任应该"做什么、如何做、做成什么样"等,就不会发生材料没有及时上报的失误。

(2)对工作任务管理到位。工作任务是教职工在自己职责范围内要完成的具体工作,包括如何完成、完成标准、什么时候完成、是否有过程跟进、是否要对结果进行反馈等内容。园长在布置工作任务时,下达的命令一定要清楚、明确,让执行人深刻领会,这样才能确保任务更好地完成。

(3)对工作计划管理到位。良好的计划是工作达成的基础,但是如果计划制订后就存档入卷,既没有对计划的分解,也没有对计划的执行,就会使计划形同虚设、流于形式。因此,园长不仅要善于带领教职工制订各部门计划,还要定时对计划的落实进行监督与指导,以保障计划的最终落实。

(4)对做事程序管理到位。"科学的程序是执行的保障"。园长要善于运用流程来规划不同部门教职工的工作。在做事之前,要提醒教职工列出明确的时间表,同时要用80%的时间来解决重要的事情,20%的时间来处理琐事。当然,园长还要在管理过程中对执行人提供充分的帮助和支持,杜绝像第二个案例中的事件发生。

2. 在团队中打造"三个共同体"

(1)打造协作共同体。幼儿园就是一个强大的协作共同体,每一名教职工都是共同体的基本单位,每一名教职工与协作共同体都相互作用,幼儿园就依赖这种相互作用,并在它的和谐推动下发展。同时,教职工只有融入协作共同体,被协作共同体吸纳,其自身能量才能得以发挥。

园长要爱护和重视每一名教职工,统一大家的目标与步伐,消除矛盾和对立。从而让每一位教职工都能积极主动地做好团队交给自己的任务,及时提出有利于幼儿园发展的合理化建议;尊重和服从领导,关心与爱护同事;建立团队内部的协作,并积极开展有效、健康的部门、同事之间的合作与竞争,互为平台、互通讯息、互相指导、共同进步。

(2)打造利益共同体。在迅猛发展的知识经济时代,教职工素质日益提高,其自我实现意识日趋成熟,传统观念已经难以适应现今幼儿园管理民主化的现状,教职工关注的不仅是埋头苦"干",更是"干"的目的和收益,有所求是有所为的真正动力。

园长应使教职工明白,幼儿园整体利益与教职工个体利益是一致的,只要付出就有回报,并尽可能地细化、实际化、公平化、普及化相关的奖惩制度,激发教职工群体的利益共同体意识。当这种意识在教职工头脑中形成以后,为维护集体与个人利益,他们势必会在日常工作中自然地用共同行为准则来约束、规范自己的行为,幼儿园上下团结一致,努力为实现幼儿园的整体目标而奋斗。换言之,如果让教职工认同共同的价值观,就可以弥补幼儿园工作繁重、管理层与教职工之间情感沟通少而导致的执行障碍。

(3)打造学习共同体。激励教职工不断学习、不断提高,丰富自己的知识,并在学习的同时影响身边的人,更重要的是为幼儿的成长做出榜样。

园长要努力创建"学习型幼儿园",强调幼儿园所有教职工要终生学习、全员学习、全过程学习、团体学习。通过学习,教职工能够不断提升自身的工作能力与水平,实现"学有所用、学以致用",从而增强幼儿园的竞争力。

总之,教职工是教育思想、观念的执行者和落实者,幼儿园要实现教育目标、落实好来自各个方面的需求,就需要把教职工的思想统一起来、能力提升起来,使幼儿园在保持核心竞争力的基础上实现超前式、跨越式发展。

当前社会充满了挑战与机遇,"不进则退",幼儿园园长一定要意识到自己肩上的责任与使命,努力增强幼儿园的执行力,这样方可长期"立于潮头"。

【温馨提示】

1.对幼儿园执行力的管理不能形而上学,不能唯制度论。在执行过程中,园长或幼儿园其他管理者要及时给予关注,必要时进行督促、指导,这样才能在有效落实的过程中不让教职工产生抵触情绪。

2．工作落实或执行过程中要有反馈机制，形成管理工作闭环。通过反馈获得的信息，园长可以了解到哪个环节容易出现问题、哪个环节执行力不到位，从而找到执行不力的原因，以便后期解决。

3．将奖励制度和执行力联结起来是提升教职工执行力的有效方法。

第9条 让6S管理常态化

6S管理是一种管理模式,是5S管理的升级。6S管理即整理(seiri)、整顿(seiton)、清扫(seiso)、清洁(seiketsu)、素养(shitsuke)、安全(security)。6S管理和5S管理一样兴起于日本企业。

因其内容的日文罗马标注发音的英文单词都以"S"开头,所以简称6S管理。下表是对其做法和目的的归纳(参见表9-1)。

表9-1 6S管理的做法和目的

内容	做法	目的
整理(seiri)	将工作场所内的物品区分为有必要和没有必要的,有必要的留下来,其他的清除。	腾出空间,塑造清爽的工作场所。
整顿(seiton)	把留下来的必要物品依规定位置摆放,放置整齐并加以标识。	工作场所一目了然,减少寻找物品的时间,清理过多的积压物品。
清扫(seiso)	在整理、整顿的基础上,将工作场所内看得见与看不见的地方清扫干净,保持工作场所干净。	稳定品质,创造整洁环境。
清洁(seiketsu)	将整理、整顿、清扫进行到底并制度化,使环境保持美观。	维持上面的3S成果。
素养(shitsuke)	每位成员养成良好的习惯,并遵守规则做事,培养积极主动的精神。	培养习惯良好、遵守规则的员工,营造团队精神。
安全(security)	重视成员安全教育,每时每刻都有安全第一观念,防患未然。	建立安全的环境,所有的工作应在安全的前提下进行。

从表9-1中,我们可以清晰地看出6S管理的具体标准和要求。通过6S管理的应用,园长可以优化工作环境,培养教师和幼儿做事认真、遵守规定、自觉维护工作现场环境,最终达到提升人的品质的目的。

一、办公室实施6S管理，营造有序的工作场所

很多园长的办公室既是工作的地方，又是待客的场所。干净整洁的办公室会让访客对幼儿园留下好的印象，而整洁的环境也是幼儿园管理的最好体现。因此，园长要学会用6S管理来打造自己的办公室，给自己一个赏心悦目的工作环境，给他人一个舒服自然的交流场所。

1．善于清理，不做"破烂王"

6S管理的关键就是根据自己的实际需求，将工作区域和场地内的物品等进行有必要和没有必要的区分，并将没有用处的物品进行清除。如：园长在日常工作中总会收到各种信函、报纸、刊物；每个学期入班听课，会产生很多听课记录；每到节日会收到幼儿送来的各种小礼物等。其中有些物品可以保留作为废旧材料使用，有些则没有用处地堆积在桌子上、角落里。园长一定要改变传统的"越节约越好"的观念，果断抛弃一些不用的废旧材料，以便腾出更多的空间放置每天的必需物品。

2．善于归类，给物品找"家"

"整顿"是6S管理中一项节约时间的技术。执行的过程即是提高自身对物品的分类及恰当储存能力的过程。园长首先要分析自己工作中最常用的物品有哪些；然后要根据取放方便的原则为这些物品命名，并为其在办公室找一个"家"，以便取用。在放置物品时，可以对储存空间提前统筹安排、划线定位：把使用频率低的物品放置在离工作现场较远的地方，如橱柜上层；将使用频率高的物品放置在离工作现场较近的地方，如办公桌一角。这样做的目的是便于使用物品。另外，园长还可以为办公室物品建立相应的"物品存放目录表"，标明物品存放的地点——具体存放的架子或柜子，这样会更加明确。

3．善于清扫，营造整洁的"工作场"

园长的办公室就是自己的工作场。杂乱肮脏的工作场所会降低设备设施

的使用寿命，也会引起人的视觉疲劳，影响工作情绪。因此，在日常工作中，园长要参与到清洁办公室的活动中。一定要保证所有的地方都是干净的，决不能留下死角。

二、幼儿园实施 6S 管理，让园所变成整洁的"家"

"幼儿园是孩子的第二个家"。幼儿每天大部分时间都在园所中生活、学习、游戏，幼儿园不仅要为他们提供充足的物质保障，更要给予他们心理上的温暖与支持。幼儿园开展的 6S 管理，不应仅限于某个办公室或活动室，而应该涉及幼儿园的各个部门，让整个园所都能成为孩子们整洁而温馨的"家"。

1．构建 6S 管理工作小组

由园长牵头，成立由业务及后勤园长、保教主任、后勤主任、保健医生、食堂班组长、班级教师代表、6S 管理员等有关人员组成的 6S 管理工作小组，负责监督指导全园的 6S 管理。其职责主要包括以下内容：一是宣传 6S 管理的新理念；二是制定 6S 管理的规章及细则；三是布置 6S 管理的工作任务；四是检查 6S 管理的实施情况；五是指导 6S 管理的实际操作；六是修订 6S 管理的计划措施；七是完善 6S 管理的规则内容；八是总结 6S 管理的开展情况。

2．建立规范化和制度化的标准

为有效达成 6S 管理的目标要求，幼儿园管理者要引导教师正确掌握并灵活运用"标签法""量化指标法""颜色区别法""故障地图法""定位法"等，给已分类的物品粘贴合适的标签，并制定相应的标准来评价教职工执行 6S 管理的成效。

3．细化不同人员的负责区域

为了有效达成"常清洁"的目标，管理者要根据不同岗位及人员的工作职责，绝对清楚地划分出每个人应负责清洁的区域，不留死角，避免责任不清、互相推诿的情况发生。

4．开展相关的宣传与培训

管理者要根据园所的实际情况，选择适合的培训方法。一方面可以充分利用讲座、板报、图片、示范观摩等手段加大宣传力度；另一方面可以分部门、分层次、分阶段地组织教职工参与 6S 管理的培训，让每一个教职工都清楚地了解什么是 6S 管理，它的理念、内涵是什么，开展 6S 管理有什么意义和目的，开展 6S 管理需要掌握哪些具体的要领和技巧等。

5．深入处室进行指导

检查与指导是落实各项工作的最有效方式。在针对 6S 管理的指导中，园长需要重点做以下几个方面的工作：一是提示教师改变传统的观念，果断抛弃一些目前不用的废旧材料，以便腾出更多的空间放置每天必须要用的物品；二是提高教师执行 6S 管理的能力。首先，管理者将发现的典型的、突出的问题及原因记录下来，如不知道要拿的东西放在哪里、某一区域物品太多没有地方存放等。然后，管理者要根据问题和教师研讨，共同寻求方法来解决问题，如：按照物品的品种、材质、用途等给每一件物品正确命名，且每一种物品只能选用一个名字；对储存空间统筹安排，划线定位，规范放置，将物品按照使用频率分类等；建立相应的"物品存放目录表"，帮助教师提高用 6S 管理来整合班级物品的实践能力等。

6．适时适度开展 6S 管理的检查

6S 管理工作小组可以在每个学期初开展检查，重点检查工作人员是否按照 6S 管理审核标准的要求教育和指导幼儿培养行为习惯，是否按部就班、循序渐进地将 6S 管理理念渗透到一日生活和工作中。在检查过程中，检查者可以用"视觉监察法"进行管理，例如，用红色的字母"P"来表示问题和需要加以注意的地方，用绿色的字母"G"来表示良好的成果。

6S 管理检查记录表可参考表 9–2。

表9-2　某园班级6S管理检查记录表

班级 _____　成员 _____　检查人 _____　____年____月____日

编号	检查内容（共性）	合格	欠缺	纠正时间
1	无不必要的东西			
2	所有东西都有一个清楚的名字和位置；物品的摆放位置恰当、安全牢固			
3	30秒内可取出和放回物品			
4	黑板、门窗及地面清洁、明亮；容易忽略的地方（天花板、墙角、柜内暗角等）清洁			
5	备有幼儿服药记录及药品专用放置橱			
6	下班前将所有的物品放回原处并及时处理垃圾			
7	每人每天践行6S管理			

目前，6S管理已经在一些园所广泛应用、开花结果，众多幼教实践者不断践行6S管理，还有一些园所通过不断摸索，总结出大量可操作的、价值颇高的经验与成果在更多的幼儿园推广并实施。这不仅是幼儿园物品管理的进步，同时也是教师素养不断提升的最好见证。幼儿园实施6S管理的过程，就是运用现代管理理念打造现代管理文明、彰显教育管理文化魅力的过程，幼教管理者应该立足长远、脚踏实地、坚定信念，不断把最新的管理理念融入工作，把创新的管理思路及做法进行总结并与他人分享。

【温馨提示】

1. 6S管理中的"透明度"是常规管理的基本要求。园长可以提醒教职工使用透明的盖子或容器来储放物品，这样可以做到"表里如一"。

2. 园长可以引导教职工为自己和幼儿使用的所有物品命名，确认归放地点后，在玩具橱的相应位置贴上一致的标签，以确认其归属。

3. 园长可以将6S管理的相关制度张贴在不同处室以作提示。

第10条　知法懂法，合理维权

在日常工作中，大家经常能看到一些本不应该由园所承担责任的法律纠纷，最后以园方赔偿了事。其根本原因一方面是很多园所管理者不懂法；另一方面是一些幼儿园害怕负面影响，用钱息事宁人。这样的做法不仅违背了法律的公正性，还有可能助长社会上的不良风气。园长应该从自身做起，熟知相关的法律条文，在工作中不去触碰法律的底线，遇到问题时，能够按照法律规定办事，做法律的维护者和捍卫者。

一、园所有错——担一己之责

由于幼儿年龄小、生活经验有限，基本上没有安全防范意识，缺乏自我保护能力，他们很容易在幼儿园的活动中发生意外伤害事故，造成身体上或轻或重的伤害，影响心理健康发展。而对教师来说，幼儿的受伤也会造成他们对自己工作的不满、心理紧张，从而造成工作焦虑。

摔倒事件

午餐结束后，按照幼儿园的作息规定，杨老师应该带领幼儿去户外散步。可是这几天外面的空气质量很差，杨老师就打消了到户外散步的想法，请幼儿吃完饭后坐在小椅子上安静地休息一会儿，她则忙着到盥洗室清洗碗筷。

刚开始的时候，孩子们还都按照要求坐在小椅子上。可是过了一会儿，淘淘就离开了小椅子，沿着活动室跑起来。其他小朋友看到，也有几个跟着跑起来。没想到跑在最前面的淘淘一不小心摔倒了，后面的孩子来不及停脚，一个个被淘淘绊倒，压在他身上。淘淘大哭起来，杨老师赶紧跑进活动室，把孩子们扶起。淘淘说："我的胳膊疼。"杨老师立即带他去园内医务室，保健医生的初步诊断结果为淘淘右臂骨折。

两个月后，淘淘的家长携带孩子的住院费、医疗费等票据找到幼儿园园长要求报销，并提出对护理费、交通费的赔偿要求。

（保定市青年路幼儿园　李菲）

本案例中，由于天气原因，杨老师取消了户外散步的安排，这种想法基于对幼儿身体健康的保护，是正确的。但是，在取消散步活动后，杨老师并没有想出积极的应对策略，而且离开幼儿，让其午饭后的过渡环节处于无监管状态，这是事故发生的重要因素。因此，由于教师在组织幼儿活动中存在过错，杨老师和幼儿园应该为淘淘的受伤承担相应的责任。

在发生意外伤害事故后，园长首先要第一时间对受伤幼儿进行急救处理。其次，园长要想办法安抚幼儿的情绪，帮助其消除恐惧。如果事故是由另一个幼儿引起的，管理者不要指责侵害人，以免让幼儿背上沉重的心理负担。最后，园长可以引导班级教师利用这一契机对幼儿开展相关的安全教育，例如，讨论事故发生的原因以及避免事故的做法，教育全班幼儿关心受伤的同伴等。

针对教师，园长应做好以下两个方面的工作：一是安慰教师。相信任何一名教师都不希望幼儿发生意外伤害事故。如果幼儿不幸发生了安全事故，园长要给予教师一定的宽容和理解，引导教师释放精神压力。二是园长应该提醒教师考虑如何解决，帮助教师总结事故原因，获取有益的经验和教训。通过这样的方法，园长可以让教师学会反思自己的工作，最大限度地减少今后的失误。

针对家长，园长需要做的事情也有两个方面：一是幼儿发生意外伤害时，园长要第一时间通知家长，告知孩子发生事故的真实情况，征求家长的处理意见，要充分尊重家长的知情权。二是园长要做好受伤孩子家长的安抚工作。幼儿在园所内发生意外伤害，疼在孩子身上，也痛在家长心里。无论家长态度如何，园长都应该理解。三是在条件允许的情况下，园长应主动上门诚恳地向家长致歉，与家长交流对幼儿日后护理的详细安排，努力带领教师共同做好善后工作，让幼儿家长感受到园所是有担当的，让教师和幼儿感受到幼儿园是有温情的。

二、园所无错——表关爱之心

幼儿在园所内发生的意外伤害事故由于其缘由不同，责任划分也不相同：如果幼儿在园发生意外伤害事故时，幼儿园有管理疏漏或设施设备存在安全隐患，幼儿园肯定要承担责任；如果幼儿园设施设备没有安全隐患，幼儿园的管理也不存在疏漏，教师也尽到了看护职责，那么，幼儿园和教师就没有过错，故其也不应对幼儿的受伤事故负责。

跳台阶之祸

2014年仲夏的一天，小朋友们要做早操了。中班的李老师和刘老师向幼儿交代了安全注意事项后，一前一后带领幼儿向户外走，班里的凯凯没有按照教师的要求"扶着楼梯一步一个台阶慢慢走"，而是直接从最低层的三级台阶上跳了下去，导致向前跌倒，上唇破损，一颗大门牙松动。送医诊治后，医生确定门牙无法保留。

事故发生后，园长委派班级教师多次带营养品去凯凯家中探望。一年后，家长要求幼儿园赔付凯凯美容费、精神损失费等共计2万元。幼儿园认为园方在事件中不存在过错，双方未达成一致意见，最终诉诸法律。经法院审理，家长败诉。法院给予的理由是：家长状告幼儿园的诉讼期限已经超过规定时效；幼儿在户外活动过程中摔断门牙是正常活动中的意外事故，教师在户外活动前进行了安全提示，幼儿园不存在管理不力的问题；幼儿摔断的是乳牙，并没有伤及牙床，不影响今后牙齿的萌出及生长。故法院不支持家长提出的赔偿主张。

法院判决后，园长认为此事件虽属意外事故，幼儿园无过错，但是本着人道主义，幼儿园还是一次性支付凯凯各种抚慰金共计1万余元。

（保定市青年路幼儿园　王萍）

根据我国《学生伤害事故处理办法》第十条规定："学生或者未成年学生监护人由于过错，有下列情形之一，造成学生伤害事故，应当依法承担相应的责任：（一）学生违反法律法规的规定，违反社会公共行为准则、学校的规章制度或者纪律，实施按其年龄和认知能力应当知道具有危险或者可能危及他人的行为的……"本案中凯凯没有按照教师的纪律要求下楼梯，并采取了中班幼儿已经能够理解的危险动作跳下楼梯，这是导致其摔伤的主要原因，教师在本案中并无过错，园方和教师不应承担法律责任。

从法律层面来看，幼儿园不满足家长的赔偿要求是正确的。但是，幼儿园最后还是给予受害人1万余元的抚慰金，这不属于经济赔偿，而是体现了人道主义关怀。

三、教师受屈——做坚强后盾

幼儿园教师的职业特点决定其要与社会上各种各样的人打交道。教师和家长有时也会因为对某一件事情的看法不同而产生冲突，有的教师甚至有可能会受到人身权利的损害。这时候，园长必须要理清事情的来龙去脉，在关键时刻一定要维护教师的权益，做教师的坚强后盾。

教师受到污蔑之后

2017年3月的一天，某园园长接到本园大班冯老师的电话。电话中担任班主任的冯老师向园长哭诉了一件让他们无法接受的事。

事情的经过是这样的。杨某是冯老师班级的一名小朋友，前几天，他在与同伴游戏时，因为争抢积木与同伴发生冲突，用积木打了同伴的头。与冯老师同班的刘老师发现后，与发生矛盾的两名幼儿分别进行了谈话，并与两名幼儿的家长进行了沟通。但是，孩子离园后，杨某向家长告状说刘老师打骂了他，并表示不想再上幼儿园了。

杨某的妈妈听了孩子的哭诉，感到非常气愤，她在第二天来到幼儿园，要求老师给孩子道歉。冯老师接待了杨某的妈妈，并一再解释班级教师绝没有打骂过班上的任何一个小朋友。杨某的妈妈不信，扬言如果教师不给孩子道歉，就想办法讨要一个说法，作为班主任的冯老师没有理会其言行威胁。

事发两天后，杨某的妈妈看到班级教师一直没有道歉，就在班级家长QQ群里发表对班级刘老师和冯老师不满的言论，并用不恰当的语言说班级教师平时只关心与自己关系亲近的孩子，经常批评、打骂不喜欢的孩子，而且班级教师相互袒护，包庇犯错误的老师等。这些话语在家长群体中造成了恶劣的影响。于是，也就出现了案例中开头的一幕。

（保定市青年路幼儿园　胡娟）

《中华人民共和国宪法》中规定了我国公民的基本权利，其中包含"法律面前一律平等""人身自由不受侵犯""人格尊严不受侵犯"等。幼儿园教师应该享受公民的所有基本权利，其中包括人格尊严不受侵犯。

本案例中，杨某的妈妈根据孩子的口述和自己的臆断，判定教师对杨某实施了打骂，这样的判定是缺乏事实依据的，也是不被法律认可的。而杨某的妈妈在班级公共网络平台发布污蔑教师的不良信息，这种行为则是违法的。《中华人民共和国教师法》将侮辱、殴打教师所需承担的法律责任分几种情况：情节较轻微的，给予行政处分或行政处罚；造成损害的，由公安机关或法院责令违法者赔偿损失；情节严重的，根据《中华人民共和国刑法》的有关规定，追究刑事责任。因此，如果有必要，教师可以据此向法律执行部门举报，要求杨某的妈妈承担相应的侵权责任。

作为园长，如果遇到这样的情况，可以从以下几个方面入手，了解事情的原委，为教师争取合法权益。

（1）针对教师和家长之间的冲突，深入了解发生冲突的原因。园长可以就一些问题分别与双方谈话，如事情在什么时候发生、因什么而起、当时都说了些什么、为什么要这么做等。在谈话的过程中，管理者要迅速对双方的话语进行筛选和分析判断，寻找"病根"，以便对症下药。

（2）针对问题发生的原因，尝试运用多种方法解决问题。当家长与教师发生矛盾时，一般情况下双方的心情都不会太好。这时候，园长可以选择园所中比较温馨的地点，让双方充分宣泄自己的不良情绪，使他们感到自己是受园长尊重和被园长接受的。

（3）针对不同个体，巧妙引导。家长、教师的个性、文化层次不同，园长要根据事情的具体情况进行具体分析，区别对待，巧妙引导。如果教师与家长之间没有积怨已久，双方就都能比较理性地看待问题，管理者动之以情、晓之以理，让双方都站在对方的角度来看待问题，更利于问题的解决；如果家长本身素质不高，而且像案例中杨某的妈妈那样，在毫无事实依据的情况下就对教师进行诽谤、诋毁，管理者要向家长说明自己的主张，并在必要的时候通过法律途径来维护幼儿园和教师的合法权益，追究侵害人的法律责任。

总而言之，园长既是国家教师，又是国家公民。作为国家公民，园长应该在生活与工作中坚决拥护党和国家的法律法规和政策方针，讲道理、懂正义；作为传道授业者，园长应该学法、知法、守法、用法，为全园的教师做好表率，并用自己的法律知识来帮助教师解决一些身边的问题。园长在法律学习的道路上任重而道远，应能够在工作中运用法律的武器，捍卫自己、教师和幼儿的尊严。

【温馨提示】

1. 为了更好地了解我国法律的相关知识，及时维护幼儿园的合法权益，园长应该为园所聘请长期的法律顾问，以帮助园所解决法律问题。

2．一些园所曾发生过歹人闯入幼儿园行凶的事件，园长一定要高度重视幼儿园的安全问题，杜绝由于教师与家长产生矛盾而引发恶性事件。

3．在处理幼儿在园意外伤害事故的时候，园长在依据事实的基础上，还要根据家长的情绪状况适时进行干预、协调，以避免事件扩大。

第11条 危急时刻,非常处理

幼儿园安全管理工作是重中之重。作为园长,一方面要建章立制、严格落实,将安全工作作为一切工作的出发点和落脚点;另一方面要创造性地研究并采取一系列科学有效的措施,将幼儿在园的安全隐患降到最低。同时,园长还要加强对自身素质的培养,以便在关键时刻能够率先垂范、身体力行。

一、当幼儿面临危险时——挺身而出

《幼儿园教育指导纲要(试行)》中明确指出:"幼儿园必须把保护幼儿的生命和促进幼儿的健康放在工作的首位。"在实际工作中,幼儿园教师和管理者只有保护幼儿生命安全的意识是远远不够的,还必须将其落实到工作中的每个细节。

台风中的英雄教师

2016年6月24日下午2点半左右,江苏省盐城市阜宁县新沟镇计桥幼儿园的小朋友刚刚午睡起床,园长发现外面天色很暗,就准备早点分发下午的小点心,让家长早点来接孩子。

但是家长们还没有赶到,外面就刮起了大风,风一下子就把教室外的健身设施摧毁了,院墙也很快被吹倒,孩子们吓得不断尖叫和哭泣。园长见状连忙大喊:"快堵门,大家都去堵门!"计桥幼儿园共有大、中、小三个班级,总共120名孩子,每个班级40人左右,每间教室有两扇门。

就这样在孩子们的尖叫声中,6名老师每人守住一扇门。风太大了,老师用手推挡不住,用脚顶也挡不住,就都扑在门上。有的木门很快被吹出一个窟窿,园长就和老师用自己的背部、头部或胸膛堵住窟窿,任凭冰雹和砖石砸在自己身上，一直坚持到灾难结束。

风雨渐歇后，园长和教师都受了不轻的伤，有的满脸是血。他们顾不上自己，一边安抚惊吓过度的孩子，一边拨打急救电话，带受伤儿童去医院。在这次自然灾害中，狂风把幼儿园的屋顶都掀翻了，但是里面的120名幼儿却仅有7人受伤。

（改编自人民网）

案例中的120名幼儿是幸运的，因为他们遇到了爱自己的老师；同时他们也是幸福的，因为在危险来临时，无论是园长还是老师，首先想到的是如何保护他们的人身安全。

《中华人民共和国教育法》第三十三条规定，教师要"忠诚于人民的教育事业"。《中小学幼儿园安全管理办法》第五十六条规定："校园内发生火灾、食物中毒、重大治安等突发安全事故以及自然灾害时，学校应当启动应急预案，及时组织教职工参与抢险、救助和防护，保障学生身体健康和人身、财产安全。"我国相关法律明确规定了教师在突发事件中的权利和职责，园长应该遵照法律要求，坚守自己的本分，做好本职工作，为保护幼儿的生命安全而努力。

二、当家长提出疑虑时——仔细分析

3—6岁的幼儿活泼、好动，不能清楚地预见自己行为的后果，对突发事件也不能做出准确的判断，因此很容易让自己或同伴处于危险之中，甚至危及生命。而很多家长在遇到这些问题时，往往会习惯性地将其归因为"幼儿园的看护不当或教育失职"，却不能意识到自己的责任，园长如果遇到这样的情况，必须要做到仔细分析、详细了解、科学处理。

家长告状之后

垚垚今年4岁，是班级中个子最高、力气最大的男孩。他经常会毫无征兆地欺负其他小朋友。

这天午餐后，垚垚紧挨着小宇和丽丽坐在一起。丽丽从图书区选了一本图书，和小宇一起看。垚垚也想看。但是因为小宇和丽丽都曾受过他的欺负，不太喜欢他，就没有理睬他。

垚垚很生气，他大声地说："给我看看！"小宇和丽丽瞪了他一眼，还是没有理会。垚垚气急败坏地一把把书抢过去，扔到地上，还使劲儿地推了小宇一把，小宇连椅子一起摔到地上，额头被椅子背磕出来一个包。

老师了解了事情的经过，和垚垚进行了谈话，要求垚垚给小宇道歉，垚垚感到很委屈。晚上爸爸来园接他时，他向爸爸哭诉，说："老师和小朋友们都欺负我，都不喜欢我，我再也不上幼儿园了！"垚垚的爸爸觉得自己的孩子情绪很反常，一时气愤不过，就找到园长，想要一个说法。

园长听了垚垚爸爸的投诉，首先表示自己对垚垚爸爸的情绪很理解，告知他自己会深入了解事情的经过，并希望家长能够换位思考一下。其次，园长在第一时间到垚垚的班级，向教师了解了垚垚的平时表现及事件的经过。最后，园长将垚垚的爸爸请到办公室，并从教育者的视角对垚垚在班级中的情况进行了分析，对垚垚爸爸的家庭教育提出了建设性的意见。事后，垚垚的爸爸表示今后一定会大力支持班级教师的工作，并在家庭中对垚垚的不当行为进行教育，与教师一起为垚垚的进步而努力。

（保定市青年路幼儿园　赵景梅）

案例中的园长在接到垚垚爸爸的投诉后，并没有急于给家长一个说法，而是通过走访，了解到事情的经过，并根据实际情况帮助家长分析了孩子存在的问题，提出了解决问题的方法和策略。这种方式不仅让家长打消了疑虑，而且增进了家园之间的了解,增强了家长对教师的信任。

如果园长在工作中遇到了类似的问题,可以从以下方面入手解决。

(1)遇到矛盾先反省自己。一般情况下,幼儿家长对幼儿园或班级教师产生异议或不满,原因主要有两个:①孩子在幼儿园内发生意外事故;②孩子在幼儿园内受到不公平对待。园长一定要首先从自己身上找问题,以积极、开放的心态分析原因,寻找答案。千万不要一味地推卸责任,这样做只会激起家长更大的不满,让矛盾激化。

(2)让家长感受到尊重与平等。家长偏激行为的背后,一定有其深层次的原因。幼儿园应该与家长进行真诚的沟通,了解家长的真实想法。如,园长可以以长辈或领导的身份与家长沟通,让家长感到自己的问题受到了重视,自己的诉求有可能会被接受。通过园方与家长的沟通,双方各自了解彼此的想法和观点,更有利于事情的解决。

(3)让家长感受到关爱与信任。不管家长是否有理,园长都不应把其看成对立面,而应该以请教的口吻、询问的态度,虚心地和家长进行沟通。如,可以这样问家长:"你认为这件事情应如何处理比较妥当?""如果你是老师,你会怎样做?"把主动权交给家长,耐心听取他们的意见和看法。大多数家长在感受到关怀和信任的前提下,都能站在教师的角度审视自己的行为、检讨自己的不足,并主动请求指导和帮助。

三、当自身受到威胁时——冷静处置

在现实生活中,大多数家长与幼儿园之间产生的矛盾与冲突都可以通过沟通与协商来解决,但是沟通与协商并不能解决所有的问题,有些问题也不是通过协商就能够达成谅解。因此,虽然幼儿园所面对的社会关系相对比较简单,但园长也不能对此掉以轻心。

当家长把刀架在脖子上

2017年9月,王某来到安徽省淮南市某幼儿园为孩子办理入园手续。在办手续期间,王某在幼儿园园长的劝说下购买了幼儿园的床上三件套。但王某回家后,又改变了主意,想要为孩子报读其他园所。因此,她将购买的被褥带到幼儿园要求退回。

园长了解了王某的来意后,对王某带来的被褥进行了检查,发现被褥已经弄脏了,考虑到会影响其他幼儿的使用,就说:"被褥已经脏了,没有办法退了。"不料,王某突然从随身携带的手袋中取出一把水果刀,架在园长的脖子上,怒道:"我这100元守不住,我这一辈子什么钱都守不住!"园长在人身威胁下,首先对王某的情绪进行了安抚,并将钱退还给了对方。事后,园长选择报警,王某被警方抓获,并被处以8天的行政拘留。

(改编自搜狐网)

案例中的园长在自己身处险境时,沉着应对、冷静处理,灵活处理与家长之间的矛盾,这样的做法值得借鉴和推广。

作为园长,每天不仅要面对园所内的教职员工,还要面对幼儿家长及社会上的其他各种人员。在做人做事的过程中,难免得罪人,再加上如今社会对幼儿园的要求越来越高,总会引发幼儿园与社会上不同人员各种各样的矛盾。而矛盾一旦激化,园长首当其冲会成为"受害者"。因此,园长不仅要学会保护教师和幼儿,还要学会保护自己,把伤害降到最低。

那么遇到类似的事件时该如何应对呢?以下为大家提供一些借鉴和参考。

(1)遇事要理智。如果发现自身已经处于险境,千万不要慌乱、愤怒,更不要用言行激化矛盾,最好的方法是保持冷静,思考如何稳住局面,最大限度地保证自己、教师和幼儿的安全。

(2)要拖延时间。如果遭遇的侵犯者情绪比较暴躁且行为比较极端,园长要尽量与之周旋，使其降低戒心，以便增加自己、教师与幼儿逃脱的机会。如果侵犯者持有凶器，一定要想方设法地说服其放下凶器，如管理人员掌握防身术，要伺机攻击侵犯者的要害部位或夺取其手中的凶器，以减少人身伤害事故的发生。但是，如果没有明确的把握，则不要轻举妄动，以免将其激怒。

（3）呼救要及时。如果侵犯者是外来人员，园长在发现其意图后，一定要一边保护师幼安全，一边大声呼救，告知幼儿园其他人员侵犯者所在的位置，以便在提示全体成员的同时，取得安全人员的帮助，对侵犯者形成心理压力，将其制服。另外，园长一定要第一时间将园内的险情向当地派出所报告，以便警察及时对师幼进行保护。

通过以上内容的论述，园长应该能够比较清晰地了解在工作中自己或教师、幼儿可能会出现的一些突发状况，并且掌握一些解决这些突发状况的策略与方法。总而言之，园长不仅要有管理经验，还要磨炼自己的意志品质，要拥有广阔的胸怀和视野，要有强大的心理承受能力，这样才能在危险来临时化险为夷，让幼儿园的各项工作有序开展。

【温馨提示】

1．现在很多幼儿园实行的都是"园长负责制"，园长对园内发生的一切事务具有责任。园长要经常巡视园所，关注突发事件，避免事故的发生。

2．园长是师幼的"主心骨"。无论遇到什么事情，都要保持头脑冷静，遇事不慌：当家长情绪激动时，让家长把想说的话说完；当自己面临危险时，调整呼吸，思考对策。

3．在任何时候，幼儿园都要严格执行"来客登记制"，对陌生人一律要排查，确认身份后才能让其入园，以保证师幼的生命安全。

第 12 条　关心全园师幼的心理健康

《幼儿园教育指导纲要（试行）》明确规定："幼儿园必须把保护幼儿的生命和促进幼儿的健康放在工作的首位。树立正确的健康观念，在重视幼儿身体健康的同时，要高度重视幼儿的心理健康。"这里一共提到了两个健康：一个是身体健康，另一个是心理健康。

一、有关心理健康的思考

什么是心理健康呢？心理健康是指一种持续且积极发展的心理状态，在这种状态下，主体能做出良好的适应，并且充分发挥其身心潜能。联合国专家曾经预言，"从现在到 21 世纪中叶，没有任何一种灾难能像心理危机那样带给人们持续而深刻的痛苦"，可见心理健康对于一个人来说有多么重要。既然心理健康无论对于成人还是幼儿来说都具有不可比拟的重要意义，那么幼儿园教师的心理健康吗？幼儿的心理健康吗？

针对幼儿园教师的心理健康问题，我们可以从来自一线的幼儿园教师处得到答案——"每天的工作总是重复，真没劲；回到家还得写东西，莫名其妙地就想发脾气""天天上班擦地、叠被褥、照顾孩子，弯腰次数多，腰、腿、颈椎都累出了毛病"……这些怨言不仅反映出许多幼儿园教师真实的生存状态，而且从一个侧面反映出工作在一线的这些幼儿园教师的身心出现了不少问题。有学者对在职幼儿园教师进行心理健康评定时发现，有相当一部分幼儿园教师的心理健康水平欠佳，在人际交往和情绪方面存在较多的问题。

据抽样调查显示，我国幼儿心理健康状况不容乐观，幼儿心理障碍及行为问题发生率从 1% 到 50% 不等，较为严重的可达 2.14%～9%，而较为常见的心理问题主要表现为在行为、情绪、社会适应及习惯等方面存在的障碍。

具体有：行为冲动、动作过多、过度忧虑、孤独、妒忌、攻击性强、厌食、挑食、偏食、任性、不能融入集体活动等。

由此可见，园长要完成幼儿园的保教任务，维护幼儿园教师及幼儿的心理健康，提高他们的心理健康水平已势在必行。

二、引发师幼心理健康问题的原因

造成幼儿园教师心理健康出现问题的原因有很多，我们认为最主要的有以下几点：一是随着社会竞争的日趋激烈，人际关系也相对变得复杂，社会和家长对幼儿教育工作者的要求越来越高，无形中给幼儿园教师造成了社会压力；二是幼儿园教师几乎都是女性，她们身兼人母、人妻、女儿和教师多重身份，不仅承担着复杂而繁重的家庭职责，还承担着教育孩子的重要社会职责，这使得她们需要投入大量的时间和精力，承受着巨大的心理压力；三是其自身及身边接触的人大多为女性，她们有着共同的弱点——情绪容易波动，具有从众心理，在意领导和同伴对自己的评价，会为一点小事不停地唠叨。由于这些特质，她们很容易在生活或工作中遇到困难和挫折时不能自拔，并因此而出现迷惘、郁郁寡欢、焦虑、自我封闭、有孤独感和自卑感等心理问题，严重的还会出现身体疾病和各种功能性障碍。

造成幼儿产生心理健康问题的主要原因是其接受的教养方式，其中父母、祖辈、教师的教育方法、态度以及幼儿生活的家庭背景（单亲、离异家庭）都会对其心理健康造成影响。另外，幼儿的遗传基因，围产期和孕期母亲是否患传染病，幼儿出生时是否窒息缺氧、难产等也会对幼儿的心理健康产生一定的影响。

三、维护师幼心理健康的有效措施

人们传统的理念认为保护心理健康是自己的事，与他人无关。2007年，日本著名经济学家青木昌彦教授在其《并非失落的十年——转型中的日本经济》中提出，国民生活快乐指数与人们的心理健康息息相关。时任北京新华信管理顾问有限公司董事长赵民的另一项研究表明，在中国企业中，企业家的快乐指数决定着企业整体的"幸福"氛围以及健康程度。由此类推，园长的快乐指数同样决定着幼儿园整体的"幸福"氛围以及健康程度，幼儿园教师和幼儿的心理是否健康也会影响幼儿园内部的健康指标。

园长有权利和义务将本园的师幼心理健康工作做好，关注师幼快乐指数，确保全体教师、幼儿心理健康发展。

1．"以教师为本"，维护心理健康

园长"以教师为本"，维护其心理健康，要做到以下三点。

（1）园长要优化教师的工作环境，建立良好的干群关系。一是要营造公平、公正、和谐、愉悦的园所管理环节，尊重、关心每一位教师，鼓励教师为幼儿园发展献计献策并参与幼儿园管理工作；二是建立健全《教职工工作手册》（包括国家、省、市的法律法规和幼儿园的规章制度），使全园教职工明确工作职责、工作要求和工作纪律，并在不违反原则的基础上、在条件允许的情况下满足教职工的正当要求；三是给予教师同等的评职、评优、晋级的机会，营造公平竞争的安全心理环境；四是给予全园教职工言论自由的平台，让教师把自己工作中的真实想法通过谈话交流、书面递交等形式表达出来，管理者要及时给予明确的答复，营造互相理解、互相宽容、互相信任的干群关系。

（2）园长要为教师搭建多种平台，展示教师的不同才能。由于职业特点，幼儿园教师大多多才多艺、兴趣广泛。园长要善于发现每位教师的特长，利用各种平台，给予他们展现自我的机会。如：开展艺术社团活动，让教师的特长得以发挥；组织教师培训活动，让富有经验的老教师开展培训，体现其自身的价值等。

（3）园长还要发挥好党团和工会的作用，积极开展"送温暖、献爱心"活动。与园内教师谈心、交流并做好心理疏导工作，及时关心离异、单亲和身患疾病的教师，引导他们了解心理健康的基本知识，试着改进自己的工作方式和生活方式，学会调节心理压力的一些方法，能够勇敢面对现实。幼儿园则以集体力量帮助他们度过心理健康的危险期，最大限度地提高教师个体的生命质量。

2．"以幼儿为本"，提升快乐指数

园长"以幼儿为本"，提升其快乐指数，要做到以下三点。

（1）园长要以"保护幼儿身体健康"作为维护其心理健康之本。一是要食物多样化，要指导保健医生和食堂工作人员按照幼儿营养学的要求科学合理配置每日幼儿膳食，保证能满足幼儿身体所需，做到"少食多餐，正确用餐"；二是要科学调整幼儿的进食顺序，如：改饭后吃水果为饭前吃，有利于身体必需营养素的吸收；改空腹喝酸奶为饭前喝，在一定程度上抑制肠道中的有害菌群，调节肠道中的内环境平衡等。这些改变避免了因膳食不当而危害幼儿的身心健康。

（2）园长要为幼儿提供安全、卫生、和谐、愉悦的活动环境。一是幼儿园的设施设备应该由专人定期检查，及时维修，幼儿能够触摸到的地方都要保证绝对安全、卫生，排除一切不安全因素；二是活动中教师要公平、公正地对待、评价每一个幼儿，尊重幼儿人格，并巧妙呵护有缺陷的幼儿，正确对待幼儿的过错，在教育的同时也要顾及其自尊心的维护；三是帮助幼儿建立自信心，为他们提供与人交往、充分表达自己意愿的机会，让幼儿在自由、宽松的环境中逐渐形成良好性格。

（3）园长要注意尊重幼儿的人格，为他们保守秘密。能够拥有并保守秘密是幼儿走向成熟和独立的一个标志，能够与自己最亲近的人分享自己的秘密更是幼儿成长和成熟的表现。因此不管是园长还是教师，都一定要保守幼儿的秘密，平等地看待幼儿，给予幼儿尊重与信任，让幼儿感受到亲密的人际关系，这份信任对于维护幼儿心理健康非常重要。

总之，无论是对于幼儿还是教师来说，维护其心理健康最根本的还是让其在生活、学习、工作中感到快乐。这不仅要求个人要时常提醒自己，尝试一些让自己感到身心愉悦的方法，还要求幼儿园创设能使之感受到快乐的环境。让幼儿健康成长，让幼儿园教师能够愉快地工作、学习、生活，应该是每一个园长义不容辞的责任。

【温馨提示】

1．园长可以征求全园教职工的意见，在园内设立"心理咨询室"和"健康驿站"，提供相应的健身器械，邀请心理咨询师为教师提供相应的帮助，维护教师的身心健康。

2．园长可以在园内工会设立"教师关怀制度"，及时慰问园内生病教师或家庭有困难的教师，了解具体情况，并帮助他们解决实际问题。

3．园内的一切荣誉评选都要进行公示，通过公平竞争让"优者上"，公开透明，激发教师工作的积极性。

第13条 有效评估幼儿园的发展水平

根据美国心理学家亚伯拉罕·马斯洛的需求层次理论，每个人需求的最高层次就是自我实现的需求，也就是努力实现自己的潜能，成为自己所期望的人物的需求。作为园长来说，一方面是实现自己理想的需求，另一方面就是实现自己的园所变成理想中的园所的需求。

那么自己所在的园所到底办得怎么样？目前是否能够称得上理想中的幼儿园？还需要朝着哪些方面努力？只有解决了这些问题，园长才能找到前进的方向。

在评价幼儿园的发展水平方面，一般会采取两种方法：一种是幼儿园自评，另一种是上级部门横评。对于自评，园长要把握好评价指标，要做到客观、公正，查漏补缺；对于横评，园长要摆正心态，明确方向。

一、幼儿园自评的方法与措施

我国对于幼儿园的评估标准没有统一化的要求，但是各地都有自己的幼儿园分级分类验收标准，如某市一级一类示范园验收标准包括园所管理（办园理念、班子建设、管理机制、家长工作、专业素质）、环境设施（环境创设、园所设施、班级设备）、教育教学（课程设置、教育活动目标、教育活动内容、教育活动实施、教育活动评价、园本教研）、保育保健（健康监测、饮食营养、疾病预防、安全防护、生活常规）几个方面的内容。而针对某一方面又提出了明确的标准，如对班级设备的要求：配有符合幼儿生理特点的单椅、桌子和幼儿单人床。配有钢琴、白板等现代化教学设施。配有紫外线灯、饮水设施。配有开放式图书架，配有开放式玩具柜，幼儿使用方便。固定区角不少于2个；区角有环境创设，有名称和规则提示；区角配有内容丰富、数量足够、符合幼儿年龄特点的操作材料，材料安全、卫生、适用且使用率高等。

有效地完成自评，确定评价标准只是最初的工作，园长还要在园内组成自评领导小组，领导小组一般由园长担任组长，书记任副组长，其他领导为成员。领导小组的主要职责是研究制定本园的自评方案、实施步骤，并严格按照评价指标划分具体责任人，如园所管理由办公室负责，环境设施、教育教学由保教室负责，保育保健由后勤办负责等，使分工更加细致，责任更加明确。

另外，还可以建立《自查自评工作制度》，根据本园情况约定自评时间，如每个学期初或学年末，要求各部门领导对照标准进行自查自评，找出差距，进行整改和完善。

当然，幼儿园进行自评以后，园长还要督促各个部门对自评结果进行汇总，撰写自评报告，具体内容包括幼儿园概况、各项指标完成情况、存在的问题和整改措施等，使园内的自评工作有据可查、有章可循。

二、迎接上级部门验收的方法与步骤

针对幼儿园发展水平的评估，最多的还是来自上级部门的检查与验收。如幼儿园示范园的验收即是如此。一般情况下，示范园的验收会由上级部门聘请的专家团队用打分的方式进行评定，等级分为4个：示范园、一类园、二类园、三类园。

验收过程主要包括以下内容：一是专家团队听取幼儿园自查自评报告，幼儿园解答专家提出的问题；二是查阅相关资料；三是召开教师、家长座谈会；四是进行问卷调查；五是形成评估意见；六是专家口头反馈。其中前三项内容是需要园长提前布置并进行准备的。

（1）园长要在园内组建以自己为组长的迎检领导小组，并与上级部门密切联系，争取资金支持，带领小组成员谋划工作思路，以便迎检的各种工作落到实处。

（2）要充分利用动员会、园内宣传栏、广播站等形式，向教师、家长进行迎检宣传，取得教师及家长的支持。

（3）要吃透评估细则，明确工作内容，积极开展自查自纠，对自查中发现的问题要设法解决、迅速整改，尽量向标准靠拢，做到以评促建、以评促改、以评促发展。

（4）在迎检之前一定要准备好迎检的流程、汇报材料和档案资料，做到数据准确、资料完备、分类摆放；还要把园所周边及园内的环境卫生、文化布置等做好，努力营造良好的迎检氛围，以便给专家和上级领导留下良好印象。

常言说得好，"知己知彼，百战不殆"。当前学前教育行业激烈竞争，无论是公办园还是私立园的园长，都深切地感受到来自园所发展的压力。有一句话是这样说的，"原地踏步就代表着退步"。为此，无论什么时候，园长都应该用理性的视角来审视本园的不足，客观评判园所的发展水平，并在此基础上提出更高的目标与发展方向，只有不断取长补短，才能让园所立于不败之地。

【温馨提示】

1．为了更好地了解家长和社会对幼儿园办园水平的评价，可以从幼儿园管理、硬件设施建设、教师队伍建设、后勤团队建设等方面设计调查问卷，定期发放给家长和社区人员。通过不记名的方式了解人们对园所的评价。

2．如果园长自身对本园的发展水平判断不清，可以邀请上级主管部门的领导或幼教专家来园，通过实地考察、座谈调研的形式，让其帮助自己判断园所的发展水平。

3．园长可以通过巡视班级、观摩活动、个别谈话的方式对园内的教师进行观察并与之沟通，并在此基础上了解本园教师的想法及状态，从而判断教师队伍所处的层级，进而确定幼儿园的教育教学水平。

第14条 幼儿园危机的预防与应对

危机指的是危险时刻,幼儿园危机指的是幼儿在园一日活动中所面临的突然出现的变化或突然形成的具有危险性的事件。由于其具有普遍性、隐藏性、不可测性和紧急性等特点,因此,对危机的预防与应对是幼儿园工作的一项重要内容,由此延伸出危机管理,以"防患未然"。危机管理分为危机预防和危机应对两个阶段。

一、幼儿园危机的预防

《中小学幼儿园安全管理办法》规定,学校、幼儿园应"健全学校安全预警机制,制定突发事件应急预案,完善事故预防措施,及时排除安全隐患,不断提高学校安全工作管理水平"。园长应该全方位重视危机管理,提前做好应急管理预案,在关键时刻能够具体实施该预案,做到未雨绸缪。

1. 组建安全应急管理小组

为了在事故来临时,做到所有工作人员不慌张、不害怕,能够在第一时间冷静、沉着处理,避免恶性后果的出现。幼儿园需要组建安全应急管理小组。小组主要成员及其职责如下(见表14-1)。

表14-1 某园应急管理小组成员表

应急管理小组成员	责任教师	主要职责	担负角色
应急管理负责人	园长	领导小组成员制订应急处理计划;针对不同事件做出应急处理的重要决定;监察及协调应急处理事宜;开展阶段性回顾和评价,并相应地调节应急管理计划和相关人员的培训方案。	决策者

续表

应急管理小组成员	责任教师	主要职责	担负角色
教职工联络人	主抓安全工作的副园长	调控不同应急预案中所需人员，安排及协助负责人主持应急管理会议。	主要责任人
园所保卫员	主抓安全工作的中层干部	及时向各部门布置具体任务，确保园所安全；做好安全保卫布置工作，防止家长闯入，阻止破坏分子恶意破坏。	主要责任人
通信和记录员	园安全管理员	为应急处理部门传递信息，确保各部门根据事件情况和最新决策调整和实施具体工作。	确保信息的畅通和及时更新
后勤保障员	园后勤人员及保健医生	根据事件的需要，合理安排各部门有限的资源，及时采购和添置应急必需品，保证应急管理过程中所需物资齐全。	物资及医疗保障
家长联络人	园中层干部、教师	与当事人的家长联系协调，为当事人的家长提供支援。	与家长的沟通者
媒体联系人	办公室主任	安全事故发生后，向外界传播有利于幼儿园而又不违背事实的信息，消除公众的疑虑和误解。	对外界的宣传者
园外联络人	园保安	需要警察或消防人员介入时，向其告知幼儿园发生的事故、幼儿园已采取的措施和应急处理的计划，并能为警察和消防人员提供其所需的幼儿园信息。	情况汇报者
咨询员	园法律顾问	为幼儿园制订应急计划、对外沟通及安全评估等方面提供法律支持，协助幼儿园安排适当的跟踪服务。	法律支持者

2．制定安全应急预案

安全应急预案在幼儿园内大概分为两种：一种是"自然灾害应急预案"，是指在自然灾害来临时，为了提高紧急救助能力，迅速、有序、高效地实施紧急救助，最大程度地减少师生的生命和财产损失，而建立的紧急救助体系和运行机制；另一种是"活动安全应急预案"，是指在开展各项大型活动时，为了避免意外事故的发生，最大限度地保护师生的生命安全而设立的救助体系。

某园的自然灾害应急预案

为做好自然灾害应急工作，减轻自然灾害造成的损失，保障师生生命和公私财产安全，维护教学秩序稳定，根据有关规定，制定本预案。

一、本预案适用范围

自然灾害发生后，启动本预案。

本预案所称自然灾害，是指汛期上游泄洪、火灾、地震及其他异常自然现象造成的灾害。

二、应急机构及其职责

（一）幼儿园应急领导小组的组成

组　长：×××　　电　话：×××××××

副组长：×××　　电　话：×××××××

组　员：×××　×××

职　责：

1. 统一领导幼儿园的救灾应急工作，协调解决救灾工作中发生的重大问题；迅速组建抢险先遣队，直接指挥抢险救灾。

2. 向市教育局报告灾情。

3. 及时掌握灾（险）情及其发展趋势，请求上级有关部门实施对口紧急支援。

4. 应急领导小组下设办公室、抢险救援组、安全防护救护组、应急通信联系组。

（二）办公室的组成及主要职责

组成：×××

职责：迅速了解、核实、汇总并及时向幼儿园领导报告灾情及已采取的措施，及时提出请求支援的项目和内容；贯彻落实市救灾指挥部的决定；灾害过后，上报救灾报告。

（三）抢险救援组的组成及主要职责

组成：×××、×××、×××

职责：抢救、转移被困师生，组织师生自救互救；抢救重要财物；配合有关部门进行工程抢救；在现场救灾指挥的统一领导下，及时调整抢险、抢救队伍。

（四）安全防护救护组的组成及主要职责

组成：×××、×××、×××

职责：提供所需药品和医疗器具；抢救、转运和医治伤病师生。

（五）应急通信联系组的组成及主要职责

组成：×××、×××

职责：及时向上级部门报告救灾进展情况；经救灾小组领导研究，必要时申请援助。

三、灾情预警和处理

1. 根据有关部门提供的灾害预警预报信息，结合幼儿园所处地理位置进行分析，及时对可能受到自然灾害威胁的区域做出灾情预警。

2. 根据灾情预警，自然灾害可能造成严重师生伤亡和财产损失的，人员和财物需要紧急转移安置，幼儿园应做好应急准备或采取应急措施。

3. 按照早发现、早报告、早处置的原则，及时发出预警，预测灾害将对幼儿园内的师生生命财产造成的危害或损失，为领导小组决策和启动预案提供科学依据。

4. 在汛期，幼儿园组成排查小组每天对重点监测区域进行排查，一旦出现情况及时上报应急领导小组，以便及时做出决策。

以上应急预案范例可以供大家参考。当然，在具体制定过程中，很多幼儿园会根据自身实际情况对这些内容进行取舍，无论哪种形式，只要符合幼儿园现状，能起到应有作用即可。

3. 演练安全应急预案

幼儿园中制定的所有安全应急预案，其目的都是预防安全事故的发生和事故发生后能进行有效的处置。所以，预案制定完成后，实施预案就是安全工作的重要内容。

今天，幼儿园要进行"火灾演练"

下午3点，正是幼儿饮水、吃午点的时间，火灾演练的警报拉响了。中一班的宋老师（即第一责任人）发现险情后，第一时间冷静地告诉孩子们："失火了！"然后带领孩子们打湿小毛巾，捂住口鼻，低头弯腰，一组一组地撤离活动室，途中大家安静、有秩序，全班幼儿只用1分5秒就全部撤离到了操场。

而旁边的中二班教师是一位年轻教师，第一次经历火灾演练，明显经验不足。当警报拉响时，班级的幼儿有的在活动室吃点心，有的在盥洗间洗手，还有的在穿衣服，听到警报声，她就慌了，不知该怎么办。最后，她用了将近20分钟才慌忙带着孩子们跑出教学楼。如果真有火灾发生，其后果不堪设想。

（保定市青年路幼儿园　韩兴）

本案例中，两位教师在火灾演练过程中表现出极大的差异性，究其原因：其一，与教师的心理素质有关；其二，与教师对演练的重视程度以及相关经验有关。

为了让每位教师都能有效地参与应急演练，园长必须在演练之前根据预案内容，对所有教师开展相关的培训，进行广泛宣传，让每个人清楚地了解自己在演练中承担的责任和应掌握的技能。

二、幼儿园危机的应对

一般情况下，幼儿园一日生活中常见的危机包括以下几个方面：一是晨检流于形式，造成传染疾病暴发；二是食品安全监管不力，造成食物中毒；三是门卫制度不严，造成幼儿走失；四是园内设备年久失修，造成幼儿意外伤害；五是幼儿安全意识不强，造成同伴伤害；六是班级卫生消毒不到位，造成交叉感染；七是教师责任心不强，造成幼儿被陌生人接走；八是发生自然灾害，造成财物、人员损失。以上列举的内容都与幼儿的生命安全密切相关。

在幼儿园工作中，一旦发生突发性事件，园长应该把握什么原则、运用什么方法应对呢？

1．危机应对的原则

无论发生危机事件的缘由如何，园长在处理这些事件时一定要把握以下原则：一是"生命安全第一"。幼儿园危机管理的目标在于保护和保障幼儿的生命安全，园长要把保护幼儿生命安全放在首位。二是快速反应。发生突发事件时，园长一定要要求工作人员在短暂的时间内快速做出反应，这样才有可能避免危机的进一步恶化和扩大。三是及时教育。突发事件发生后，园长要及时引导教职工反思事件产生的原因，提高师幼自我防护和救助的知识和技能，并避免以后类似事件的发生。

2．危机应对的措施

发生突发事件后如何应对，直接关系到当事人的受伤程度。因此，园长一定要高度重视，努力把伤害减少到最小。

对各种原因引发的幼儿意外伤害事故的处理，主要包括以下内容：一是当幼儿发生伤害事故时，教师要在第一时间向保健医生报告，保健医生及时进行初步紧急处理并报告应急小组副组长；二是教师要向家长告知幼儿伤情并组织好班级活动，与保健医生和应急小组领导一起陪同幼儿前往指定医院就诊；三是在确定幼儿伤害程度及诊治方案时，教师要听从专业医生和家长双方的意见，以免事故处理复杂化；四是在事故处理当天，教师和应急小组领导需携带慰问礼品到幼儿家中探望；五是事故处理后，教师要书面报告幼儿发生意外的经过，同时保健医生要详细记录医院的诊疗过程、所用药品，形成书面报告，在两日内上报园应急小组并在保健室存档；六是幼儿恢复期间，班级教师要密切关注孩子和家长的情况和情绪，主动询问、加强联系、随时沟通；七是医务人员要及时了解幼儿恢复情况并做回访记录存档。对于严重意外，应急小组副组长要组织相关人员与家长商量善后事宜，了解家长诉求，通过协商双方达成一致的善后意见，把不良影响降到最低。

针对自然灾害的处理方法如下：一是发生自然灾害后，应急领导小组要立即召集抢险救灾工作会议，通报灾情，宣布启动应急预案，进入应急期；二是应急领导小组需根据灾情及时向上级部门提出灾害趋势判定意见和应急工作建议；三是在应急领导小组的指挥下，各组应按职责分工迅速开展工作；四是应急通信联系组要保证灾害信息及时上报，灾情信息报告内容包括灾害发生的时间、地点、背景，灾害造成的损失（包括人员受灾情况，人员伤亡数量，建筑物倒塌、损坏情况及造成的直接经济损失），已采取的救灾措施和需求；五是抢险救援组应组织群众抢险自救。

总之，危机不仅会给幼儿园的人、财、物造成直接损害，也会给园所的生存和发展带来威胁和危害。因此，在幼儿园内开展危机管理非常重要。其中危机预防是危机管理最重要的阶段，通过预案的制定及预防措施的实施，可以在最大程度上化解幼儿园一日生活中出现的各种危机，为保护幼儿的生命安全筑起一道强有力的屏障；危机应对是将危害降到最低，消除流言、谣言等社会不良舆论，恢复幼儿园的社会形象和声誉的重要手段。园长一定要在日常工作中重视危机管理，增强员工的危机意识，丰富危机管理知识，提高危机预防与处理能力，这样才能实现转危为安，将危机转化为契机，甚至胜机，在化解危机之后实现新的发展。

【温馨提示】

1. 园长一定要认清一个事实，即幼儿园安全工作不是一两个人的事，而是全体教职工的事，要运用培训、演练等多种形式强化每一位教职工的安全意识，提升大家的危机处理技巧。

2．为了更好地避免幼儿园一日生活中危机事件的发生，园长要完善幼儿园的各项规章制度，如食品留样制度、索票索证制度、晨午检制度等，让教职工有章可循、有据可依。

3．幼儿园危机管理小组要定时或不定时地对园内的设施设备、食品安全、消防安全、日常管理、保安工作等进行全面的排查，建立隐患台账，以明确整改措施与责任人，并定期回访，以确保隐患排查力度，增强教职工的防范意识和执行力。

第15条　让幼儿园环境会说话

苏霍姆林斯基说过:"让学校的每一面墙壁都开口说话。"《幼儿园教育指导纲要(试行)》也提出:"幼儿园应为幼儿提供健康、丰富的生活和活动环境,满足他们多方面发展的需要,使他们在快乐的童年生活中获得有益于身心发展的经验。"为幼儿创设良好的物质环境是每个园长的责任,园长应指导教师尽可能地充分利用幼儿园的空间,让幼儿可以与环境"对话"。

一、为什么要让幼儿园环境会说话

幼儿园环境是指幼儿园教育赖以进行的条件的总和,它既包括人的要素,也包括物的要素。落实到幼儿园的具体内容,应该包括幼儿园的生活环境、主题教育环境、区域游戏环境、心理环境和材料环境。

《幼儿园教育指导纲要(试行)》提出:"幼儿园的空间、设施、活动材料和常规要求等应有利于引发、支持幼儿的游戏和各种探索活动,有利于引发、支持幼儿与周围环境之间积极的相互作用。"然而,现实生活中的幼儿园环境却不能达成以上要求。一是在环境创设过程中,教师包办代替过多,幼儿毫无参与性;二是过分追求美化,没有体现出教育性;三是盲目模仿他人,刻板复制,忽视了差异性;四是形式单一、长期不变,没有体现出发展性。这样的环境创设不仅不能体现出儿童化和个性化的特点,甚至连教育化都很难实现,又如何能与幼儿产生互动,促进他们的发展呢?

因此,幼儿园园长在创设幼儿园环境时,一定要思考以下几个问题:这个环境会说话吗?它会对孩子说什么?幼儿会从对话中获得哪些信息?这样的信息可以促进幼儿哪些方面的发展?

通过思考,我们可以获得有关"会说话的环境"的特质:首先,环境应该是健康和丰富的,既能满足安全的要求,又能满足教育和学习的要求;其次,它应该是具有美感的,会给教师和幼儿以美的启迪;最后,它还应该是符合幼儿特点和具有个性的,能够彰显本班幼儿的学习兴趣和学习特点,为班级教师、家长与幼儿所喜爱。

二、怎么让幼儿园环境会"说话"

通过对上面问题的思考,园长们肯定对幼儿园环境的创设有了大致的了解。幼儿园环境之所以会"说话",一方面是因为它既能够记录幼儿学习的轨迹,又能够让幼儿发现自己探索的过程;另一方面是因为它既是幼儿学习的内容,又是幼儿学习的材料。要想达成这两个目标,可以从以下方面来启发、引导教师。

1. 用环境支持幼儿的学习

现代教育提醒我们,要"让幼儿在与周围环境和材料的互动中建构经验发展的能力"。我们提供给幼儿的环境应该是能够让其与之互动,并在互动中学习,以促进其自身经验发展的。

建构区的变化

前几天,某园大班的小朋友们参观了小学,园长在转班的过程中,看到大五班的小朋友们正在用各种积木搭建小学。

他们先是用大积木搭建了一座高高的楼房,说那是上课的地方;又用长条积木铺设了一块平台,说那是操场;然后,他们说:"操场上有树木,还有体育器械,我们用什么来搭呢?"

孩子们环顾四周,没有找到合适的材料,有的孩子向园长投来求助的目光。

看到此景,园长先把班级教师叫过来,然后对孩子们说:"没关系,你们想用什么材料可以去其他区域找一找。"孩子们很快就从美工区找来了薯片筒、小毛根、小纸盒等,并把它们弯曲、组合成小树、单杠、乒乓球台,操场一下子变得丰富起来。

园长带领班级教师看完全程，并请教师想一想自己在材料提供方面存在什么问题，以及这样的问题怎么解决。通过讨论，教师进一步了解了材料对幼儿活动的重要性，同时也懂得了建构区的材料不应该仅仅是积木，还应该包含其他更丰富的内容。

（保定市青年路幼儿园　黄会平）

在本案例中，园长通过观察，发现建构区中材料不足，她没有帮孩子们解决问题，也没有让教师为幼儿提供材料，而是把这个问题留给孩子，让孩子们自己去解决，充分发挥了幼儿的自主性；园长还邀请教师一起观察幼儿的行为，并启发教师对自己的工作进行反思，这不仅为教师示范了正确的做法，还让教师强化了教育理念，可谓一举多得。

2. 用环境记录幼儿的探究

幼儿是天生的探索者，他们总是对身边的事物充满兴趣与好奇。"做中学"的理念认为，"教师应该把幼儿的探究活动引向一个明确的方向"。而将幼儿的探究活动用文字或图片的形式记录在班级环境中，可以引导幼儿观察，为幼儿的学习提供支架。

我眼中的春天

春天到了，某园大班幼儿在教师的引导下，开始了为期三个月的植物观察。在活动中，孩子们用图画的方式对班级种植角的花生、大蒜、黄豆等进行了记录和研究，他们分别绘制了不同植物一周、两周……一个月、两个月后的生长情况；用皮尺定期测量这些植物，并用数字记录。

园长非常关注大班的这次活动，觉得很有价值。但奇怪的是，在日常巡视过程中，她从没见到这些观察记录展示过。

为什么不能展示出来呢？于是，她向班级教师提议，让孩子们把自己的观察结果贴在班级墙壁上。

孩子们很高兴，他们自由地粘贴并自豪地讲述自己的发现。园长和教师看着孩子们兴奋的表情，也由衷地感到喜悦。

（保定市青年路幼儿园　夏文艳）

在案例中，教师抓住幼儿的兴趣点，引导幼儿进行观察，这些做法都是正确的，但是她忽略了很重要的一点，就是交流与分享。园长发现了这个缺失并及时提醒，让幼儿的学习过程体现在环境中，不仅展现了孩子们的探究过程，而且强化了他们用"做中学"的方式来学习的态度。

3．用环境鼓励幼儿间交流

同伴是幼儿学习的宝贵资源，他们既是幼儿交流合作的对象，也是幼儿认识自己、发现自己、完善自己的镜像。幼儿园教师应该关注班级中幼儿之间的互动情况，并积极创设相应的环境，促进幼儿之间的相互交流。

家乡展览会

国庆节快到了，为了培养中班幼儿"爱家乡"的情感，某园中班开展了"可爱的家乡"主题活动。中三班的胡老师想让班级孩子多方位、多角度地观察家乡环境，了解家乡的文化特征，便开展了一系列的活动：带领孩子们一起搜集家乡的老照片和现在的面貌图，请孩子们将自己在家乡公园留影的照片带来，邀请家长准备一些家乡的特产，并且把这些放在幼儿园的公共走廊中，布置成"我的家乡发布会"展览。

在展览期间，胡老师邀请全园的孩子来参观，并且请班上的幼儿对大家搜集的材料进行介绍，对同伴提出的问题进行解答。展览共开放了一周时间，经过统计，几乎全园的幼儿都认真地看过了他们的展览，大多数幼儿也都记住了家乡的特产。

（保定市青年路幼儿园　李杨）

案例中的胡老师不仅为本班幼儿还为其他班级幼儿提供了相互交流的环境。对于幼儿共同感兴趣的话题，孩子们可以自由交谈，发表自己的看法，从他人那里获取宝贵的经验。通过这样的方式，胡老师不仅锻炼了本班幼儿的胆量，还丰富了其他班级幼儿的知识和经验，真是一举两得的好事。

美国哈佛大学心理学家怀特说过："在促进幼儿早期教育方面，最有效的做法是创设良好的环境。"无论园长还是教师，都应该让幼儿成为环境的主人，并尽力为他们创设富于变化、利于互动、便于交往、乐于体验的环境，让每一个幼儿都能在良好的环境中自主发展。

【温馨提示】

1．无论园长还是教师，在创设幼儿园的环境时都应征求幼儿的意见，让孩子做环境的主人。

2．幼儿园里只要是需要和幼儿互动的墙饰，就应该符合幼儿身高及视角的要求。

3．幼儿园的环境不应一味追求高大上，更应注重实用性和教育性。

第16条　构建和谐的精神文化

精神文化是文化层次理论的结构要素之一，是在物质文化基础上产生的一种人类所特有的意识形态。幼儿园精神文化是园所文化中最高层次的文化，是幼儿园发展的不懈动力，是办好幼儿园的关键，是幼儿园文化建设的核心和重点。具体来说，幼儿园的管理不应该是直接通过制度来约束人的行为，而应该是通过精神文化对教职工和幼儿的意识和行为产生潜移默化的影响。

一、幼儿园精神文化的体现

幼儿园精神文化包括价值观念、道德规范、心理素质、精神面貌、行为准则等。

其中价值观念主要指幼儿园的办园宗旨，是幼儿园文化的灵魂所在。这个价值观念包括培养目标、发展目标、园训、园歌、园识等，同时，这些元素又是价值观念的表达和载体。如，保定市××幼儿园建园于1946年，在70多年的办园历程中，几代人不懈努力，凝练、提升了本园的价值观念，其具体内容包括：一个宗旨——为儿童一生发展奠基；两个目标——办园目标为建成国际化、现代化的示范园，培养目标为清润精神，健康幼儿；三个特色——艺术"陶冶心灵"，阅读"点亮生命"，社会化"享受人生"；四个突出——精神文化突出"润"，物质文化突出"美"，行为文化突出"雅"，制度文化突出"严"。

道德规范是对人们的道德行为和道德关系的普遍规律的反映和概括。从事幼儿教育的工作者由于其职业特点，道德规范也具有其独特性。如，某园制定的《教职工道德规范》中有如下规定：热爱学前教育事业，热爱本职工作；爱护幼儿，尊重幼儿；尊重家长，与家长合作；尊重、团结同事；不断学习，提高修养。

心理素质是以人格为核心，经先天作用和后天作用而形成，与人们身心发展密切相关并对人们有显著影响的心理品质的综合表现。它是每个人的一种有机的综合性的机能状态，渗透着人的心理现象所包含的各种心理成分。

精神面貌是形容一个人对待事物或事情的态度。积极的精神面貌主要表现为三个方面：一是积极主动，乐于助人，能与他人分享经验和成果；二是模范遵守社会公德，追求和创造愉快、健康、向上的氛围；三是有积极的生活态度和价值观，给人以朝气蓬勃、振奋昂扬的形象。

行为准则是个人在集体社会行为中所应服从的约束条件。幼儿园中的行为准则有的针对教职工的言行，如：举止温文得体，不失教师风度，一举一动、一言一行堪为幼儿表率；遵守社会公德，遵纪守法，遵守幼儿园各项规章制度等。有的针对幼儿的言行，如：尊敬长辈、爱父母、爱老师；礼貌待人；爱护公物等。

二、塑造良好精神文化的方法

通过以上介绍，我们大致对幼儿园精神文化的内涵有了初步的了解。精神文化的很多内容属于意识领域，看不见、摸不着，那么园长应该以什么样的方式来塑造幼儿园的精神文化呢？

1. 形成共同的办园理念

办园理念决定办园方向，园长必须坚持以《幼儿园工作规程》《幼儿园管理条例》《幼儿园教育指导纲要（试行）》为指针，并根据本园的实际情况确定自己的办园理念。如，某园的办园理念为：一是确定"一切为了幼儿，促进身心和谐发展"的办园宗旨和"办精品名园，走教育内涵发展的创新之路"的办园目标；二是在管理中倡导让优秀成为一种习惯，让制度成为一种底线，让快乐成为一种常态；三是在教育教学中不断增强四种意识，即科学发展意识、品牌发展意识、内涵发展意识、超前发展意识。

在理念的确立过程中，园长要注意多吸纳教职工的意见，让他们参与其中，这样才能让教职工对办园理念有更好的理解。

理念确定下来后，园长要进行宣传，并用通俗的语言将其介绍给幼儿，让师幼都能了解其内涵。

2．打造健康的心理素质

"人心最脆弱，人心也最坚强。"在幼儿园中，教职工和幼儿的心理素质都非常重要。园长可以通过各种活动，培养教职工的心理素质，如：经常有目的、有组织地安排一些小规模、大价值的主题活动；在妇女节、教师节、元旦时组织茶话会；在工作之余组织"积极工作，快乐生活""保持积极心态""美学与美好人生"等培训，让美好、励志、省心、明智的思想滋润教职工的心灵；在幼儿园内成立"教职工心理调适咨询室"，聘请心理专家定期来园开设心理健康讲座，在注重教职工个人隐私的基础上，帮助教职工悦纳自我、陶冶情操等。

在幼儿心理素质的培养中，园长一定要认识到教师和家长的重要作用。园长应提醒教师和家长：要让孩子独立去做事情，不能大包大揽；要教导孩子能够全面地看待自己，明白自己的优点，也要意识到自己的不足；当幼儿遇到困难和挫折时，要帮助孩子分析原因及利弊，让孩子学会做出正确的判断；做任何事情之前，要让孩子养成独立思考的好习惯；要多鼓励孩子与小朋友玩耍，锻炼孩子与人交流的能力；在任何情况下，都不能打骂孩子，要多从正面引导。

3．塑造良好的精神面貌

"倾国宜通体，谁来独赏眉"意思是说，完美应是一个整体，而绝不仅仅是局部的漂亮。在幼儿园中，团队的建设极其重要，"没有优秀的个人，只有完美的团队"。

（1）园长要运用各种方法来帮助教职工提升自己的工作状态，提高集体的向心力与凝聚力。如：某园为了丰富教职工的精神世界，开阔教职工的视野，在幼儿园内设置"教职工阅览室"，提供各类优秀的书籍，阅览室每天定时向教职工开放，让教职工在读书中放松心情、滋养心灵；另外，园长还组织教职工观看励志电影，引导教职工分享观影感受、理解人生、畅想未来。

（2）园长要想办法引导教师帮助幼儿塑造良好的精神面貌。重点在于：园长要引导教师深入贯彻《幼儿园教师专业标准（试行）》；通过教师营造宽松的班级氛围，给予幼儿开放、民主的活动机会，充分尊重幼儿的想法，让幼儿在温馨的环境中获得心理的健康发展；在园内成立体操馆、艺术团，用艺术来陶冶幼儿的心灵，培养他们的自信心和自豪感。

4. 践行公认的行为准则

孔子提出："其身正，不令而行；其身不正，虽令不从。"《幼儿园教师专业标准（试行）》能够规范教职工的教育行为，提高其责任意识，树立其良好形象。园长应该根据此标准制定《幼儿园教师职业道德条例》《幼儿园教师行为十不准》《幼儿园教师文明用语》等，提出师德教育的具体要求，做到目标明确、措施具体；另外，园长还要在园内开展有关行为准则的培训、讲解活动，让教师对这些要求内熟于心；在工作中随时检查教师的遵守情况，开展"师德标兵"评比活动，让正能量充满园所。

为了培养幼儿良好的言行，园长可以引导教师共同制定《幼儿文明用语》和《幼儿行为规范》，并以图画的形式将其张贴在园所，对幼儿进行示范教育；可以组织"文明小卫士"活动，培养幼儿的文明礼仪；结合中国传统节日，组织丰富多彩的活动，在活动中培养幼儿懂秩序、守规矩、有礼貌、乐助人的品质。

总之，幼儿园的精神文化不像物质文化那样显山露水，它是幼儿园在长期发展中积淀下来的，它弥漫在园所的各个角落和教育教学的各个方面，影响着师幼的一切行为。幼儿园精神文化无疑是一种耳濡目染的教育，能达到春风化雨、润物无声的育人效果。作为园长，在园所文化建设中更应该重视对精神文化的塑造。

【温馨提示】

1．精神文化同物质文化不同，不仅仅是资金充足就能建设好的，更需要园长带领团队用心塑造。

2．在幼儿园精神文化建设中，创设良好的园所人际关系非常重要，只有所有教职工密切合作，才能形成团结统一的集体，体现园所良好的精神文化面貌。

第17条 建设人本的制度文化

制度文化是幼儿园文化建设的重要内容。幼儿园制度之所以被称为一种文化，是因为当这些制度内化为教职工及幼儿的规范和行为时，能保证教学活动的顺利开展和教学任务的完成，能影响幼儿个性品质、情感态度、意志情趣、知识能力等方面的发展。制度文化的形成是一个长期积累的过程，是幼儿园所有人员共同努力创造的结果。因此，园长应该在立足本园实际的基础上，积极倡导"以人为本"，坚持"人本与科学相融合"的原则，形成本园的制度文化体系，从而促进人的全面和谐发展。

一、"以人为本"形成制度

在幼儿园制度的建立过程中，为了实现"以人为本"，园长应该遵循"从群众中来，到群众中去"的原则。

（1）管理者需要对本园已有的所有制度进行梳理，并分类面向全园教职工公示，请大家对这些制度提出意见与建议，如：哪些制度已经不适应现在的需求，需要删除？哪些制度的内容不完善，需要补充？哪些制度中的条款不明晰，需要更改？幼儿园还有哪些工作内容需要制定新的制度？通过这些问题的引领，帮助教职工理清对幼儿园制度建设的思路，并在此基础上深入思考，为幼儿园的制度文化建设提出宝贵建议。

（2）园长在广泛征集教职工的意见后，需要通过全体教职工大会、教职工代表大会等会议，对教职工的意见进行研讨和交流，提出修改制度的具体方法与措施，尽最大能力使制度的修改与完善趋于科学合理。

（3）管理者可以根据教职工的意见，对园所制度进行统一的修改和完善，并重新制定缺失的制度；还可以形成制度手册，印出来发放给教职工，要求其在工作中试用，及时发现问题并反馈，最后由管理者继续对这些制度进行修改和完善。如此反复，直至园长与教职工都感到合适为止。

通过这样的方式，园长可以让幼儿园教职工亲身参与园内制度的制定，让每个人都能了解相关制度的内容，以保障后期大家对制度的执行。

二、"以人为本"执行制度

制度的执行一方面是为了更好地加强对教职工的管理，提升幼儿园的教育教学品质；另一方面也是为了打造幼儿园的制度文化，让"制度成为一种底线"的管理理念深入人心，从而使制度不再是约束人的措施，而是激励教职工的催化剂。

在制度执行方面，园长可以借鉴以下几个方面的方法和措施。

（1）实行定岗定编、竞争上岗工作制，进一步明确各部门、各岗位的职责，解决工作标准问题。如：某园从2000年开始实施体制改革，按照"全员参与、竞聘上岗、逐级聘任"的步骤开展了岗位竞聘工作，此项工作共分为"制定方案——公布岗位——公开报名——资格审查——竞聘演讲——领导评议——综合评定——聘任上岗"八个环节。这一举措的实施树立了幼儿园教职工对自己工作岗位的信念，促进了其对自己工作职能的了解，提升了其对幼儿园制度的执行力。

（2）围绕幼儿园不同岗位的职责和目标管理要求，建立并完善各个岗位的职责和工作要求。园长要制定本园的《奖励绩效考核办法》，使"工作要求有标准，工作过程有细节，工作绩效有激励"，进而提升教职工的责任心和积极性。

（3）深入宣传执行理念，引导教职工正确执行。根据教职工的思想状况和幼儿园的战略目标、发展形势等，幼儿园管理层应该每年有针对性地向他们推荐一定数量的优秀书目，有计划、有步骤地提高教职工的政治思想素质、职业道德水准、敬业爱岗精神、业务工作水平，引导和帮助大家自觉转变观念，提高执行力。

三、"以人为本"完善制度

制度是刚性的，它需要无条件地执行。但是，教师的需求是多元的，具体的情况也是复杂的。为了更好地处理刚性管理与人本化管理之间的矛盾，园长必须做到"制度无情人有情"，这里所说的"人有情"，并不是说根据人员的不同来变更制度，而是在制定制度时能考虑到教师的困难和需求，在严格执行制度时也能体现出幼儿园的关心和抚慰，力求做到"以人格感召人，以行动激励人，以感情温暖人，以制度培育人"。

迟到的教师

某园的奖惩制度中规定"上班迟到1~5分钟一次扣10元，迟到6~10分钟一次扣20元……"迟到时间累积得越长，扣钱也就越多，并且会在月底扣除相应的遵守制度奖。因此，幼儿园里的很多教师都会很自觉地遵守"提前5分钟到岗"的制度要求，很少迟到。

在冬季的一次大雪后，幼儿园园长发现第二天早晨有十几名教师都不同程度地迟到了，询问原因，这部分教师大多居住在距离单位较远的地方，早晨出门挤不上公共汽车，出租车又不好打，所以就迟到了。

了解到教师们的难处，园长马上召集会议，针对制度中有关"迟到"这一项规定，广泛征集教职工的意见，并将规定交由教职工代表大会进行修改。最终，此条规定被改为"如遇特殊天气或紧急情况，有可能会迟到的教师，请提前向值班领导汇报，经过同意的，不按迟到处理；如没有提前告知，按迟到处理。"

（保定市青年路幼儿园　李海涛）

通过以上修订，园长给予了教师人文化的关怀，在严格执行制度的同时，也给予了教师一定的体谅与理解。

另外，除了上述这种特殊情况以外，园长在执行奖惩制度时，也要"以人为本，区别对待"。如，发现有些教师违反工作要求时，园长可以有针对性地进行处理：对于那些工作认真、做事严谨的教师，最好让其自己去对照要求自查自省，认识到自己的错误；对于那些无厘头、善于狡辩的教师，可以采用案例式讨论的方法，和班级的其他教师一起评判处置。这样，既体现了制度的严肃不可违，又充满了关爱，在维护制度的同时，也不会让教师对管理者产生抵触情绪。

总之，幼儿园制度文化的建设一方面要正确反映党和国家的教育方针及政策法规；另一方面要紧随幼儿园发展的实际，通过制定合理的制度，形成教职工自我管理、自我约束的管理机制，让广大教职工的积极性和能动性得以发挥。园长只有在制度文化建设中体现"以人为本"的思想，在制度执行中体现人文关怀，才能使制度内化为全体教职工的共识，成为教职工自觉的行为和习惯，实现制度效能的最大化。

【温馨提示】

1．在制度执行前一定要进行公示，让全园教职工在了解相关制度内容的基础上执行。

2．在制度执行过程中一定要遵循"制度面前人人平等"的原则，任何人都不能搞特殊化。

3．制度公示后，园长不仅要自己以身作则，遵守制度，还要提醒身边的中层干部，为教职工做出榜样。

第18条 中华传统文化教育不可丢

中华传统文化源远流长，是中华民族几千年智慧的结晶。而如今，不少传统节日、传统文化被人们忽视，外国的圣诞节、情人节等却为现在的年轻人所崇尚。面对外来文化与商业文化的冲击，我们对民族文化产生了一种忧思与紧迫感。

幼儿是祖国的未来、民族的希望，加强对幼儿的中华优秀传统文化教育，对推动文化的传承与创新、建设社会主义先进文化具有重要的作用。园长应该在幼儿园中倡导对中华传统文化的学习，引导教师充分挖掘中华传统文化中所蕴含的情感教育因素，吸取中华传统文化之精粹，并将之有选择地融入日常的教育教学活动，让幼儿潜移默化地感受中华民族悠久、独具魅力的文化，培养他们积极的情感，促使其逐步形成良好的个性心理和积极的情感态度，为其一生的发展奠定良好的基础。

一、传统文化教育内容要优秀

众所周知，中华传统文化博大精深，其中有精华，也有糟粕，我们不应该一味地奉行"拿来主义"，而应该取其精华、去其糟粕。另外，幼儿园对幼儿实施的教育是粗浅的、启蒙的，因此，我们也不赞成孩子们在幼儿阶段学习那些超出自己认知经验、与自己生活距离较远的内容，即使其具有积极意义。

在为幼儿选择教学素材时，我们总会从幼儿身边的可接触的实物、可观察的行为开始。在对中华传统文化的内容选择上，也需要遵循以下两个标准：一是选择与幼儿现在生活密切相关的或者仍在沿用的当地日常生活中的传统文化；二是选择幼儿可以接触的或者可以操作、理解的传统文化。

按照这样的标准，我们认为适合幼儿阶段学习的中华传统文化大致分为几类：一是风俗礼仪类，包括节日、节气、风俗、民俗、礼仪等；二是传统艺术类，包括琴棋书画、民间艺术（剪纸、灯彩、皮影戏）、中式建筑等；三是传统语言和文学，包括民谣、童谣、神话传说、民间故事、谚语、歇后语、方言等；四是民间游戏和运动，包括智力游戏（七巧板、翻花绳）、运动游戏（跳房子）、武术等。

目前很多幼儿园开展的传统民间艺术和游戏活动、传统节日庆典、日常生活中的礼仪和行为习惯、当地民族故事和童谣等，都是合适的传统文化教育内容。如：故事"曹冲称象""孔融让梨""司马光砸缸"等让幼儿懂得谦让、智慧、勇敢的美好品德；古文《弟子规》《三字经》等让幼儿懂得礼貌待人，明白是非、善恶、好坏，学会关心和帮助他人；民间体育游戏"城门楼高又高""推拉牛"等能够锻炼幼儿体质，提高幼儿体能……

二、传统文化教育形式要丰富

近些年来，随着教育部《完善中华优秀传统文化教育指导纲要》以及中共中央办公厅、国务院办公厅《关于实施中华优秀传统文化传承发展工程的意见》等文件的颁布，复兴中华优秀传统文化已经在社会上形成共识，中华传统文化教育也越来越多地融入幼儿园教学的方方面面。

1. 在环境创设中凸显传统文化

《幼儿园教育指导纲要（试行）》指出："环境是重要的教育资源，应通过环境的创设和利用，有效地促进幼儿的发展。"我们可以利用幼儿园的院落环境、楼道环境和活动室环境，布置与中华传统文化相关的内容，在美化幼儿园环境的同时，也为幼儿提供潜移默化地接受传统文化教育的机会。

例如：可以在幼儿园的公共区域布置以中国名胜古迹、中华传统节日、家乡特产等为主题的墙饰；在楼道里悬挂戏曲脸谱、文化扇、剪纸、国画等中华传统艺术作品；在楼梯、柱子上张贴《三字经》《千字文》等。这些环境的创设，不但能够让幼儿置身于中国元素的氛围中，从视觉上感受浓郁的"中国味"，而且能够让幼儿在与这些材料的互动中体验中华文明的大气与典雅。

2. 在教育活动中学习传统文化

中华传统文化博大精深，涉及的领域与范围非常广。为了让幼儿更好地了解中华传统文化，园长要根据本园的实际情况，搜集相关内容，并将其引进五大领域教学中，推动教师以集体活动、小组活动等形式，帮助幼儿有计划、有目的地学习中华传统文化。

园长还可以将中华传统美德故事吸收到社会活动中，让幼儿在了解传统美德的同时，培养孝顺、谦让、善良、诚信等优良品质；可以将传统童谣、古诗、民间故事等引进语言活动，通过讲讲、念念、读读、唱唱等方式，引导幼儿感受文学作品中的美与意境；可以将印染、线描、草编、青花、撕纸等引进美术活动，让幼儿在操作中感受中国先民们的生活智慧。

3. 在生活活动中渗透传统文化

近代教育家陶行知先生提出了"生活即教育"的理念。幼儿在园的一日生活都是教育的内容、教育的环节。园长可以充分利用生活活动，把传统文化教育渗透在一日活动的各个环节中，让幼儿在获得各种知识和技能的同时，养成良好的生活习惯，培养良好的礼仪与品德。

南宋教育家朱熹曾要求学生每日"自冠巾、衣服、鞋袜皆须收拾爱护，常令洁净整齐"。园长和教师可以用图画的形式让幼儿了解其含义，并请幼儿说说这样做的好处，提醒幼儿在生活中也以这样的标准来要求自己，培养爱清洁、讲卫生的好习惯。

中国古籍中保存着多种与"幼仪""童子礼"相关的文献。总的精神是教幼儿守礼，对日常行为中的坐、立、行、起居、饮食等都有明确而具体的规范。园长可以引导教师将这些礼仪拍成照片，请幼儿扮演古人做一做、演一演，感受这些不同的礼节，并说说这样做的好处；还可以将这些照片张贴在班级的不同位置，如盥洗室、寝室，引导幼儿根据照片纠正自己的行为，做懂礼仪的孩子。

4．在亲子活动中弘扬传统文化

家庭是幼儿成长最自然的生态环境，对幼儿教育有着影响和制约的作用。家庭与幼儿园配合，能使教育幼儿的目标、内容和要求保持一致，从而增强教育效果。在传统文化的学习过程中，幼儿园也应该争取家长的理解、支持和主动参与，多组织亲子活动，让幼儿在亲情中感受传统文化的魅力。

例如，园长可以利用各种传统节日，邀请家长来园参加各种有意义的活动：在端午节，邀请家长从家里带来粽子和幼儿一起品尝，幼儿不仅能体验分享的快乐，更能结合故事、图片和视频了解端午节的来历，对伟大的爱国主义诗人屈原产生崇敬之情；在中秋节，请爷爷奶奶来幼儿园和幼儿一起过节日，听奶奶讲嫦娥奔月的故事，背诵"但愿人长久，千里共婵娟"，鼓励幼儿把月饼敬献给爷爷奶奶，在温馨的氛围中感受浓浓的亲情。通过这些活动，提高家长对传统文化教育的认识，拉近幼儿园、幼儿及家长的距离，使家长明确地认识到中华传统文化教育的重要性，和幼儿园达成共识，积极配合幼儿园教育，实现家园共育，这也利于将幼儿的国学教育进一步延伸到家庭中。

总之，对于如何弘扬中华传统文化，每个幼儿园都有自己的内容和做法。这些内容和做法其实是作为一种民族教育载体而存在的。其最终目的，对于个体来说，是帮助幼儿完善品格，成就人生；对于一个民族来说，则是维护自己生存权利、保护自己文化特色、延续自己文化传统和更新自我发展能力。我们希望更多的人能认识中华传统文化，也希望更多的孩子能接受中华传统文化，更希望幼儿园及教师能有效地将传统文化融入幼儿的一日生活教育中，使新一代成为具有高贵品质和面向世界的广阔胸怀的人。

【温馨提示】

1．不能用背多少古诗、学多少童谣、掌握多少礼仪来评价传统文化教育的好坏，更应重视幼儿在学习传统文化的过程中更多地了解民族的历史，激发幼儿作为中国人的自豪感。

2．幼儿园实施中华优秀传统文化教育旨在教会孩子"做人，做中国人，做现代中国人"，而要达成这一目标，园长必须要先让教师"做教师，做中国教师，做现代中国教师"。

3．倡导中华优秀传统文化，并非排斥外来文化。园长可以引导教师在教学中适当地进行多元文化的比较，让幼儿在比较中对我国的传统文化产生更深刻的印象。

第19条　让文化活动成为幼儿园的一张名片

文化活动是指幼儿园根据师幼发展的需要，结合他们的兴趣和特点开展的各种与文化相关的活动。主要包括：为提高师幼的文化素养和技能而开展的学习培训活动；为培养师幼的审美水平和艺术创造力而开展的艺术活动；为丰富师幼的精神生活而开展的娱乐活动；为增强师幼体质、培养其拼搏精神而开展的体育竞技活动等。

幼儿园文化活动由于具有丰富性、趣味性和普及性的特点，不仅对师幼的发展具有积极意义，也可以作为幼儿园对外宣传的名片，对树立幼儿园品牌、扩大幼儿园社会影响力也具有非常重要的作用。

一、文化活动组织的流程

文化活动属于幼儿园的大型活动。此类活动要有目的、有计划，并能根据计划有步骤地实施。

一般情况下，幼儿园文化活动的组织可以遵循以下流程。

（1）确定组织目的，即明确活动的意义与作用。

（2）向园长提交活动申请。在这一环节，文化活动的倡议人要与园长进行时间调配、人员配合、安全保障及经费支出等方面的沟通，以取得园长的认可和支持。

（3）确定活动主题。文化活动的倡议人要结合园所的实际，并结合文化活动的教育目的，选定与之相关的活动种类和内容。

（4）制订活动计划。计划应包括活动时间、参与人员及数量、交通方式、支出预算及场地设备保障等。

（5）活动前的准备。活动倡议人要提前对活动场地和设备进行检查，并面向参与人发出通知，同时做好物资的采购等。

（6）活动的执行。这一环节也是文化活动的组织。活动倡议人要全程关注活动的各个环节，做好人员组织、活动协调与衔接和活动的收尾工作。

（7）活动的后续工作。文化活动结束后，要做好活动经费的结算、报销以及对文化活动的宣传和报道等工作。

二、文化活动经典列举

由于各个园所的办园特色不同，在教育教学中的侧重点也有所不同，不同园所想要开展的文化活动存在很大差异。由于篇幅有限，我们不能全面地对所有幼儿园可能会开展的文化活动进行介绍，故仅以保定市青年路幼儿园（简称青幼）为例，介绍一些典型事例，供大家参考。

1. 用阅读为孩子播下幸福的种子——图书节

为了丰富幼儿阅读的资源，为幼儿提供了解优秀文学作品的平台，培养幼儿阅读的兴趣，使其喜欢图书、热爱阅读，青幼于2013年起，每年都举办图书节活动。

（1）图书节开幕仪式。在图书节伊始，青幼会举行一个小小的开幕仪式。仪式上，由园长宣布图书节开始；班级幼儿宣读读书倡议书；园内文学社介绍活动的具体安排，并组织"我爱读书"签名活动。这一系列的仪式向全园幼儿、教师和家长宣告着图书节的正式启动，号召大家都来关注读书，关注图书节的活动。

（2）故事会。故事会是图书节的重点活动。幼儿园会陆续组织几场故事会专场，每场都有一个主题，邀请教师及家长为幼儿讲故事（如"爱的教育""男孩故事""女孩故事"等）。幼儿一边通过多媒体屏幕欣赏绘本图画，一边听教师或爸爸妈妈讲故事，每次都是不同的体验，都有意想不到的收获。

（3）我最喜欢的图书评选。图书评选活动非常受孩子们欢迎，孩子们以投票的方式选出自己最喜欢的图书并向家长和教师推荐。

（4）自制图画书比赛。自制图画书图文并茂，往往图大于文。这种形式非常适合幼儿，孩子们稚嫩的图画加上家长的文字，其价值不仅仅局限于绘画水平的展示、故事的表述，还有亲子之间的合作、爱的表达。

（5）家长讲故事大赛。图书节期间，园所要求家长每日与幼儿分享图画书、为幼儿讲故事，待其技能提高后，园所会组织一场讲故事大赛，调动家长交流经验与技巧，提高他们为孩子讲故事的兴趣和水平。

（6）绘本表演。如何让孩子更深刻地理解绘本、提高阅读兴趣？绘本表演是一个很好的方式。在第二届图书节上，文学社的教师根据绘本《是谁嗯嗯在我的头上》，为孩子们奉献了一场精彩的绘本表演。滑稽幽默的表演让孩子们捧腹大笑。后来很多孩子都将图画书拿来反复阅读，并进行模仿表演，整个活动收到了意想不到的效果。

2．用传统艺术为幼儿插上想象的翅膀——京剧展演

早在2008年，教育部就倡导在国家义务教育阶段增加京剧教学的内容，中国青年政治学院青少年系教授刘卫东认为，"教育部这样做显然是有一定的基础的，这也是为了培养孩子们的兴趣，更好地传承中华优秀传统文化"。

举办京剧展演的目的是挖掘和传承京剧艺术的精神，通过它来扩大幼儿的视野和知识面，丰富幼儿的情感，帮助他们分清美与丑、善与恶，同时弘扬民族文化，让幼儿从小就树立民族自豪感和自信心，为自己是中国人而自豪。

（1）日常京剧练习活动。①学京剧、唱京剧。通常，幼儿学唱京剧和成人学唱京剧是分别进行的。京剧社特别为入社的幼儿聘请资深的戏曲教师，指导孩子们提高唱功。工作之余，社里面的教师和家长会利用下班后的时间聚在一起，你唱一曲，我唱一曲，相互欣赏，相互指导。

②开展京剧沙龙活动。为了提高京剧社成员的京剧素养及水准，京剧社经常邀请国内知名的京剧表演艺术家（如著名老生演员康静、著名小生演员宋小川、著名铜锤花脸演员康万生等）来园，指导教师及幼儿的表演，并与大家交流表演心得。京剧社成员也经常到外面去和其他京剧票友切磋学习。

（2）京剧节目汇报演出。每年青幼京剧社都会进行专场演出。演出中，新老成员齐登台，将一年来学习的剧目与全园幼儿、教师及家长分享。

3. 用民间活动为幼儿锻炼体能提供保障——趣味体育周活动

我国民间传统体育活动有着悠久的历史，是我国劳动人民在长期的生活和生产实践中逐步积累出来的。近几年青幼一直在开展"趣味体育周"的活动。

（1）感受民间传统体育活动。为了激发幼儿对民间传统体育活动的兴趣，丰富孩子们的情感体验，青幼多次带领幼儿观看当地民间艺人表演的撞拐、抖空竹、抽冰嘎等，还邀请民间艺人到幼儿园表演踩高跷、舞龙、跑旱船等。通过参观、观看演出，幼儿对民间传统体育活动有了更多的了解和直观的感受，他们快速地喜欢上了民间体育活动，并产生了参与民间体育活动的兴趣和热情。

（2）收集民间传统体育活动。幼儿对民间传统体育活动有了丰富的感知之后，兴趣逐渐浓厚。在此基础上，青幼引导全园幼儿广泛收集民间体育活动。如离园后和爸爸、妈妈一起上网查找，去爷爷奶奶家时询问老人和长辈等。通过多种方式，大家收集、整理了十几种当地传统民间体育活动，如踢毽子、跳皮筋、舞龙、跑旱船等，极大地丰富了体育活动的内容。

（3）实施趣味体育周活动。在对民间传统体育活动进行分类整理后，青幼制订了"趣味体育周"计划，将每月的最后一周设定为"体育周"。在体育周中，所有班级都会利用户外活动时间，根据幼儿的兴趣，组织不同的民间传统体育活动。小班幼儿玩简单的有儿歌伴奏的体育游戏，如"拉大锯""点牛眼"等；中班幼儿玩"投沙包""抽汉奸"等趣味性、游戏性较强的游戏；大班幼儿玩"舞龙""跑旱船""鼓舞""跳皮筋"等具有挑战性、合作性、竞争性的游戏。由于这些游戏都是幼儿自选的，他们在游戏中可以自己创编游戏玩法、自己选择游戏场地、自己选择游戏伙伴，真正体验游戏的快乐。

以上列举的仅仅是幼儿园开展的文化活动的一角，很多幼儿园也会开展其他类型的文化活动。虽然活动内容也许不同，但是这些文化活动都彰显了园所的办园理念和教学特色。希望园长们在思考本园特色文化活动时能够做出特点、做成亮点。

【温馨提示】

1．由于幼儿园所处地理位置、历史文化、园所环境有所不同，园所文化也各不相同。幼儿园的文化活动一定要与园所文化相一致，如此才能成为幼儿园的长久名片。

2．任何事情开始时都比较容易，坚持则比较难。想要打造幼儿园的文化特色，就一定要将文化活动做好并持之以恒。

第20条　和上级领导有效沟通

现在的园长事务繁杂，园内的事务需要处理，而园外的工作也需要协调。苏霍姆林斯基说："校长只有从无穷无尽的现象中看出问题的相互联系，才会对学校实行真正的领导。"如果某个方面处理不得当，会"牵一发而动全身"。因此，园长要善于理清各个方面的联系，巧妙地化解问题。

沟通是人与人之间、人与群体之间思想与感情的传递和反馈的过程。而在现实工作中，我们发现很多园长并不善于沟通，尤其是在面对上级部门领导时，他们往往显得思维混乱、手足无措、言辞欠妥，不但不能达成沟通思想、提升工作的效果，还容易让上级领导对园长本人产生负面印象。

一、园长与上级领导沟通不畅的原因

上级领导对幼儿园具有监管与指导的职责。从规避犯错的角度考虑，很多园长会比较忌讳与上级领导打交道。在必须要沟通的情况下，有些园长也很被动，导致自身与领导之间形成各种障碍，故而不能有效沟通。

转岗园长的尴尬

××乡村园的许园长是一位男园长，同时也是一名从小学转岗来的幼儿园园长。许园长在教育教学岗位上已经工作了30多年，可以说是富有经验的教师。但是在转岗以后，面临全新的学前教育，他还是感受到了自己的不足，尤其是在幼儿园教师都比较擅长的环境创设、区域活动组织等方面，更是觉得力不从心，以致在与领导沟通的时候，其言论都不太符合当前学前教育的基本理念。

为此，许园长给自己定下三条规矩：一是尽量减少与上级领导接触的机会；二是需要出头露面的事情，都由手下的保教主任去做，减少自己出错的机会；三是如果必须要和上级领导接触，凡是领导说的就回答"好"，绝不随便发表个人见解。

（保定市青年路幼儿园　康景艳）

案例中的许园长就是不愿和上级领导沟通的典型案例，工作中存在这样思想的园长还不是少数。我们认为造成这种现象的主要原因还在园长身上，这些园长大多存在以下不足。

（1）不够自信。很多园长之所以不愿意或者不想与上级领导沟通，一方面是没有自信，认为自己资质平平，很难达到上级领导的要求；另一方面是对幼儿园的总体状况缺乏自信，害怕遭到上级领导的批评。

（2）顾虑太多。患得患失是园长和上级领导顺畅沟通的另一个障碍。有些园长总觉得自己口语表达能力欠佳，情商较低，害怕在沟通的过程中会因为说错话而失去上级领导的信任。而这样的心理很容易让园长陷入恶性循环，即越不会说话就越不敢说话，越不敢说话就越不会说话，最终的结果是怎么都无法在上级领导面前把话说好、把问题说清楚。

（3）掩饰不足。还有一些园长在面对上级领导时，为了给其留下好的印象，会极力将自己最好的一面展现出来，把弱点隐藏起来。这样会让上级领导觉得这个园长不真诚、不实在，无形中造成园长与上级领导之间的隔阂。

二、促进有效沟通的策略

通过对无效沟通的分析，我们认为园长在与上级领导沟通时需要从以下几个方面进行提高。

1. 提升能力，放下包袱

和案例中的许园长一样，要想和上级领导达成有效的沟通，园长一定要从自身做起：一方面要通过学习、反思来提高自己的专业素养；另一方面要放下顾虑，摆正心态。具体做法为：园长要树立自信，坚信自己即使当下不是出色的园长，但是通过努力，未来一定能行；要放下自己不太会说话的包袱，相信上级领导会理解并包容自己；在把自己最好的一面展现给领导的时候，也可以让领导了解自己较为真实的一面，要相信领导也是平凡人，他们也希望与自己进行沟通的人是真实的、真诚的。

2．思考全面，提前准备

毛泽东在《解放战争第二年的战略方针》中讲了这样几句话："必须注意不打无准备之仗，不打无把握之仗，每战都应力求有准备……"虽然，园长与上级领导的沟通不能算是一场战争，但是做好万全的准备，肯定是有益无害的。

一般情况下，园长在与上级领导进行沟通前需要做以下准备。

（1）仪表方面的准备。幼儿园教师有仪容仪表的标准，如衣着得体、落落大方，不袒胸露背，画淡妆等。园长作为园所的公共形象代言人，一定要严格遵守相关的规定，做举止文明的园长。同时，良好的仪容也会给上级领导留下好的印象。

（2）内容方面的准备。园长要提前思考与上级领导进行沟通的事项及内容，了解领导处理问题的常用方式，并根据其特点进行相应的准备。如：针对一个问题，是否有多个解决方案；自己提出的建议是否具有前瞻性和可行性；是否能设身处地地站在领导的角度思考问题，帮助领导排忧解难等。

（3）心理方面的准备。在与上级领导沟通之前，园长要做好心理准备。即使在以往的交流中双方曾存在意见分歧，园长也要定好位，并用正确、积极的态度与上级领导对话，以达成沟通的目的。

3．真实坦诚，有效交流

做好充分准备后，在与上级领导沟通时，园长可以从以下几个方面入手，提升自己的沟通技巧。

（1）选择时机很关键。据我们的经验而谈，上级领导的心情在很大程度上会影响沟通的效果。领导工作比较顺利、心情放松的时候，是与他们沟通的良好时机；如果最近领导心情苦闷，忙得焦头烂额，就不要再去添麻烦，否则即使领导勉强地完成了沟通，我们一般也不会收到很好的反馈。

（2）尊重坦诚很重要。领导的主要职责就是"领"与"导"。他们具有其他人不可企及的前瞻性和指引性，他们在一定程度上掌握着资源的分配，他们还可以为园长们提供最有效的指导与帮助。在与领导沟通时，无论领导本人如何，我们都应该表现出应有的尊重，在交流中不可意气用事，不可"功高盖主"；另外，人类是有着强烈感情色彩的动物，领导也不例外，坦诚相待、以开放而坦率的态度与领导进行交流，领导才会觉得你是可信的，他才能真心与你相处。

（3）谈话技巧不能忘。首先，园长在与上级领导沟通时，难免会意见不同。如果出现了这样的情况，园长不要急于顶撞或辩解，可以先对看法一致的方面表示认同，然后再私下向领导说出自己的见解。其次，如果领导的说法不完整，园长需要进行补充，一定要说："请允许我在您的指导思想下做一些延伸……"通过这样的方式，园长既发表了自己的主张，又维护了领导的尊严，一举两得。最后，在与领导进行沟通时，园长的语气要委婉，要留有余地，这样更有利于问题的解决。

4. 及时总结，查漏补缺

在与上级领导沟通后，园长要第一时间整理已经达成的问题处理意见。一是在领导提出最后的决策后，园长再复述一下领导表达的内容。判断自己的理解是否正确；二是可以将领导的决策在沟通时就记录在本子上，有时间再整理到计算机中，以便后期的统一整理；三是要对自己与领导的沟通情况进行简单的评价（参见表20-1），以便改进自己的沟通方法，提升自己的沟通能力。

表20-1 园长（幼儿园教师）沟通自评表

沟通要点	自我评价
穿着得体、礼节规范	
善于选择领导心情愉悦、精力充沛的时机	
提前准备好详细的数据、资料以及多种实施方案	
能够自始至终地保持自信的微笑，眼睛看着领导且音量适中	
交谈时亲切友善，充分尊重领导	
对领导提出的问题回答有力、简洁明了、胸有成竹	

卡耐基说："人际关系是成功的最重要的因素。一个人事业的成功，只有15%是由于他的专业技术，另外的85%要靠人际关系、处世技巧。"而处理好与上级领导的关系是人际关系中很重要的一个方面，园长应当在生活的课堂里学好这一课，这样不仅能够获得领导的赏识，更重要的是可以为幼儿园争取更多的机会，促进师幼的更好发展。

【温馨提示】

1．在与领导进行沟通时，无论发生什么，请不要打断领导的谈话，这是最基本的礼节。

2．可以适当地赞扬对方，这样容易让气氛活跃、欢快，利于沟通的顺利进行和尽快地达成一致意见。

第 21 条　培养幼儿园中层干部

幼儿园的中层干部，一般指正副园长以下，在园内负责管理教学、科研、艺术、卫生保健、后勤等部门的人员。这个管理群体在园所中起着承上启下、带动落实的作用，是推动幼儿园发展的中坚力量。

那么，园长如何培养园所内的中层干部呢？以下内容希望能够给予大家启示。

一、选人——确保位给能人

选人，也就是按照园内竞聘条件，从教师群体中选拔优秀的人才到中层管理岗位工作。园所发展的竞争，从长期看就是领导素质、中层干部素质和教师素质的全面竞争。中层干部的素质对园长办园思想的实施和教师发展潜能的激发都有着重要的作用。因此，园长必须从竞聘开始，便让有能力的教师有展示自我、宣传自我的机会，在公开竞聘活动中充分彰显教师的风采，张扬教师的工作亮点，使有思路、有志向、有能力、有成绩的教师脱颖而出，勇挑重担。

对中层干部的选拔可以遵循以下流程。

（1）园长面向全园公布中层干部的岗位设置、条件、待遇、职责等，符合竞聘条件的教职工在自愿的基础上填报"中层干部选岗意向书"，并在规定时间上报幼儿园人事部门。意向书涵盖曾经岗位、竞聘岗位、自身优势、是否能为幼儿园多承担其他工作、个人专长等项目。

（2）中层干部演讲竞聘。填报"中层干部选岗意向书"的教职工面向全园演讲，演讲内容包括：过去一年或两年承担的工作及其完成情况、突出成绩，所申报的竞聘岗位名称、对竞聘岗位的工作设想及思路等。

（3）综合评议。包括群众评议、改革小组评议。

（4）园长面向全园公布聘任结果。

在对中层干部的任免上，园长还应明确提出两点：一是中层干部在职期间如发生重大工作失误并造成严重后果，全体教职工大会将对其进行罢免并形成书面材料。二是中层干部如因本人原因不再担任相关职务，须提出书面申请，经园领导班子讨论同意方可离职。

二、用人——确保能者有位

幼儿园中层干部具有一定的共性，即他们不仅拥有诸多优秀品质，如认真、好学、积极、上进、人品好、业务强、责任感强、有奉献精神等，还具有较为突出的专业素养及专业特长。高素质的园长会根据每个人的气质特点、处事风格、专业特长，把他们放在最适合的岗位，实现"人尽其才，才尽其用"。

1. 科学授权

授权即有计划、有组织地分担责任。幼儿园工作包罗万象，园长在授权时，要注意两个方面的内容：一方面，要分工明确，尽量不把同一项任务交给两个或两个以上的人；另一方面，任务分配后，不要掉以轻心而致使某项任务无人去完成。

迎检前的环境布置

某幼儿园为迎接省示范园联查，全园上下积极投入环境创设、教学活动、资料整理等各项准备工作中。幼儿园的教学楼暑期刚刚粉刷过，楼道、楼梯、班级作业栏都是空的，需要重新布置。

园长刚开始将环境创设的工作布置给保教主任，因为保教主任正在班级里开展生活教育，她觉得这个点很新颖。可是过了两天，她又把环境创设的任务布置给教研主任，因为教研主任正在带领教师们做园本课程的研究，她想让环境中能够体现园本课程的理念。

两位主任的职务平级，可是环境创设的出发点却不同。在具体的环境创设中他们出现了不同的意见，导致工作进度比较缓慢。

最后，在园长的统一协调下，大家将幼儿园需要进行环境创设的区域进行了划分：一层展示生活教育，二层展示课程理念。最终两位主任都很好地完成了任务，幼儿园也顺利地通过了验收。

（保定市青年路幼儿园　肖艳）

在本案例中，园长布置任务时充分考虑到了园内中层干部的特长，并与当前的重要工作相结合。但是由于初期分工不太明确，造成工作延误。所幸园长一直在关注环境创设的进展，并及时对任务重新分工，才达到了预期的效果。由此可见，园长的科学授权非常重要。

2. 克服障碍

有些园长在授权以后，总是担心中层干部能否按时完成任务，或者担心其方法是否合适，等等。其实这种担忧是没有必要的。俗话说"用人不疑，疑人不用"。只要选定合适的人做中层干部，园长就应该给予其充分的信任，在执行任务时，只告诉其工作要求和结果，而他们采用何种方法则由自己决定。这样既可以增进园长和中层干部之间的相互信任，又可以激发他们的工作热情。

3. 有效沟通

有效沟通是成功授权的有力保障，有助于建立和维持园长和中层干部之间的相互信任。园长的主要任务是确保中层干部完全理解任务，因此，园长需要把任务的目标解释清楚并强调任务最终期限以及标准。中层干部也要弄清个人的权限，如果觉得权限不够，一开始就要争取，而不要等到执行任务遇到困难时再提出。

三、激励——确保能者有为

中层干部是联系高层管理者与基层教师的桥梁和纽带,是执行上级决策的责任者、组织者。园长要想管理好这个群体,使其发挥作用,就要对其实施必要的激励。

1. 赋予称赞

实验表明:当管理者公开赞扬下属时,他们的工作效率能提高90%;私下称赞下属时,工作效率仍有75%的提高。精明的园领导会毫不吝啬地巧用赞扬去激发中层干部的工作热情。

幼儿园的工作历来被形象地喻为"麻雀虽小,五脏俱全",烦琐精细的各类工作项目无不与幼儿的生长教育息息相关,需要教职工有高度的责任感和自觉性,然而园领导不可能天天下基层,事事亲为,这就需要中层干部行使管理权并激发更多的教师自觉自愿地做好本职工作。

2. 勇于负责

松下幸之助曾经说过:"因为人不是神,所以在漫长的一生中,必然会犯错误。"谁也不敢妄言自己不会犯错误、不会说错话、不会办错事。园长对整个幼儿园的工作负监督总责,中层干部对分管部门的工作负责,这是由他们所处的管理位置决定的。但是,由于工作的广泛联系性,任何工作部门或环节出现问题,管理者都负有不可推卸的责任。因此,一旦中层干部在工作中出现失误,园长首先不应过多地责备,而是要勇于承担责任。当然这并不意味着迁就其错误,而是为了让其放下包袱,以利再战;承担责任,不是管理者包揽失误责任,而是要总结教训,改进不足。园长如果能够承担中层干部工作失误的责任,不仅可显示其宽容大度,还会使中层干部产生安全感、归属感,有利于他们更好地开展工作。

3. 鼓励竞争

竞争是激发中层干部内在潜力的重要杠杆。从主观上说,一个人内在潜力的发挥，取决于外部压力转化为内在压力或工作动力的程度。因此，园长要高度重视激发中层干部勤奋工作的积极性，除了对他们加强教育以提高他们做好工作的自觉性以外，还必须运用竞争手段给他们压力，促使他们更好地工作。

（1）经常考核中层干部的工作实绩，并在适当范围予以公开，这样会促使工作实绩较差的中层干部看到差距，形成压力。

（2）依据工作实绩决定中层干部的任免，凡是不称职的中层干部就地免职，这样会使人们产生一定的危机感。

（3）运用利益杠杆，把工作实绩与中层干部的考评相结合，让中层干部的付出能够得到收获。

（4）为空缺的重要领导岗位补充人员，应主要从中层干部中选拔，这样会使中层干部看到晋升的希望，进而形成努力工作的动力。

幼儿园作为基础教育的第一阶段，肩负着保育与教育的双重任务。相对其他单位，幼儿园的岗位设置要复杂得多，幼儿园的中层干部更是多重身份，肩负多种职责。用不好一个教师，耽误的是一个班的孩子；用不好一个中层干部，耽误的是"一条线"甚至一个单位。园长只有加强园所中层干部队伍的建设，打造中层干部的执行力，才能提高办园质量，优质育人。

【温馨提示】

1．园长一定要认清中层干部在幼儿园工作中的中流砥柱作用，善于帮助中层干部协调好各种关系。

2．园长要学会放手，给予中层干部自主创新的空间和时间。

3．在选择中层干部时，其是否具有责任意识、担当意识是园长需要考虑的重要指标。

第22条 做好教职工招聘选拔工作

2018年1月,中共中央、国务院颁布的《关于全面深化新时代教师队伍建设改革的意见》(以下简称《意见》)中提出:"百年大计,教育为本;教育大计,教师为本。""教师承担着传播知识、传播思想、传播真理的历史使命,肩负着塑造灵魂、塑造生命、塑造人的时代重任,是教育发展的第一资源,是国家富强、民族振兴、人民幸福的重要基石。"教师的地位已经被提到了前所未有的高度。同时,《意见》也提出要"全面提高幼儿园教师质量,建设一支高素质善保教的教师队伍"。这是中共中央、国务院针对幼儿园教师队伍建设提出的明确要求。

园长要想打造自己的教师队伍,让其真正成为高素质善保教的专业团队,就应该把好招聘关和用人关,让合适的人进入教师队伍,让队伍中的每个成员都能感受到成长。

一、教师招聘需要做什么

招聘是指招收和聘请工人、职员参加工作。在一般情况下,幼儿园教师的招聘有两种方式:一种是由当地人事部门和教育部门联手,面向社会发布招聘信息,通过笔试与面试招聘在编教师;另一种是幼儿园根据工作需要,招聘适合本园特殊需求的幼儿园教师。由于上级主管部门组织的教师招聘具有保密性,不受园长管辖,在此便不赘述,本条建议的核心内容主要针对园内教师招聘。

1. 成立招聘小组

为了做到公平、公开、公正,把德才兼备的人选拔到幼儿园教师的行列,园长需要在园内选择资深教师、中层干部组成招聘小组。

2．发布招聘信息

为了让更广泛的人员了解幼儿园需要招聘教师，园长要利用幼儿园公共网站或微信公众号发布园内招聘信息。如，某园招聘教师的信息为：××园拟招聘教师5名，需具备以下条件：教育专业大专以上学历，有教师资格证书，有较熟练的音乐、美术、舞蹈等专项技能，有保教工作经验者优先。

3．确定考试内容

一般情况下，面向应聘者的考试分为知识类和技能类两种：知识类的需要笔试，技能类的需要面试。其中笔试部分可以由园内资深教师拟定试卷，面试部分可以为试讲和技能展示。这样的方式可以使考官全面深入地了解应聘者。

4．创新考试形式

为了营造宽松的考试氛围，园长可以从以下两个方面入手：一方面，可以将考场布置得温馨且淡雅，减轻应聘者的压力，突出人文关怀；另一方面，可以改变传统的考官与应聘者的座位设置形式，让大家围坐，体现尊重和平等的理念。

5．确定录取意向

在录取方面，除了知识和技能的要求之外，园长还需要关注录取的男女教师比例；另外，要注重个人品质与人格修养，让幼儿园能够拥有更多德才兼备、专业突出的教师。

二、优秀教师如何选拔

"拂拭尘埃，增添光彩"是管理追求的境界，更是招聘工作中甄选教师所追求的目标。园长可以从以下几个方面入手，考评参试的人选，发掘能成为优秀幼儿园教师的好苗子。

1．怀有"爱孩子"的心

捷克教育家夸美纽斯说"教师是太阳底下最神圣的事业"，而我们认为

"幼儿园教师是天底下最阳光的职业"。幼儿园教师不仅自己的心态要阳光，更应该将这份热情带给每个幼儿，让每个孩子都能健康、快乐地成长。成为幼儿园教师，首要的条件就是热爱幼教事业、热爱孩子，只有这样，他们将来才能在这个平凡的岗位上为幼儿付出。

2．有基本的专业知识

幼儿教育是启蒙教育，幼儿园教师的服务对象为3—6岁幼儿，他们缺乏生活经验，自我控制能力、自我管理能力差，思维方式以具体的形象思维为主。因此，幼儿园教师不需要精通高深的知识或是某一学科的专家，但要具备基本的生活经验和通史知识，应该是音、体、美等方面有一定特长的综合性、全能性人才，并能理解儿童心理。

3．拥有基本的职业技能

要想成为合格的幼儿园教师，仅有良好的师德、渊博的知识是远远不够的，还必须具备在幼儿园中进行幼儿教育教学的能力。

（1）观察、了解幼儿的能力。苏霍姆林斯基说"对儿童的认识首先是从观察开始的"。幼儿园教师每天面对的是幼儿，要想促进幼儿的发展，就要了解他们的一举一动，获得他们的兴趣和想法。而想做到这一点就必须学会观察，只有从幼儿的细微表现中洞察其内心世界，才能进行有针对性的教育。因此幼儿园教师观察和了解幼儿的能力很重要。

（2）组织一日活动的能力。对于班级来说，教师是核心力量，是引领班级前进和幼儿进步的源泉和动力。幼儿园教师的组织能力对班集体的形成和幼儿的成长都有着极其重要的作用。一个善于计划、善于组织的教师会受到幼儿的爱戴和敬佩，而缺乏组织能力的教师所在的班级，通常都是"乱"班，活动毫无秩序感，长此以往不利于幼儿良好个性的形成。因此，幼儿园教师必须具备较强的组织管理能力和调控能力，善于组织和协调自己与幼儿之间的关系，如此才能胜任班级教师的工作。

（3）良好的口语表达能力。马卡连柯曾指出："必须使教师提高同儿童说话的能力。"教师良好的语言表达能力能激起幼儿的学习兴趣，吸引其注意，调动其良好情绪，同时也直接影响幼儿的语言发展。幼儿园教师必须说普通话，而且要有良好的口语表达能力。

（4）创造良好环境的能力。陈鹤琴先生认为，"怎样的环境，就得到怎样的刺激，得到怎样的印象"，并且"教育上的环境，在教育的过程中，起着一定的作用"。幼儿只有在与教育相适应的环境中才能得到良好的熏陶。这就要求幼儿园教师要具备创设环境的能力。

4．具有健康的心理素质

健康的心理素质在很大程度上会影响幼儿园教师未来的发展及师幼、同事之间的关系。因此，园长在选拔幼儿园教师时，其是否具备健康的心理素质也是必须要考虑的关键因素。

首先，幼儿园教师应当具有宽阔的心胸、稳定的情绪、丰富的感情，还应当具有活泼开朗的性格和良好的行为习惯。幼儿园教师在与幼儿进行交往时所表现出的情感状态会直接影响幼儿的情绪状态。幼儿的情感尚未成熟，过快的情绪转变会对其心灵造成很大的伤害。因此，幼儿园教师必须让自己的情绪趋于稳定，以平和的心态面对幼儿，这样才能达到良好的教育效果。

其次，幼儿园教师应当具有良好的情商。情商是情绪智商的简称，主要是指那些与认识自我、控制情绪、激励自己以及处理人际关系等相关的个人能力。高情商的幼儿园教师能够很快地领悟、适应群体和社会对自己的角色期待，遇到矛盾时，能学会移情，能自我调适，能注重沟通。

我国台湾地区一位幼教专家曾经说过："生命是宝贵的，而幼儿园教师却是从事启发生命工作的。"幼儿园教师这个工作是光荣而又艰巨的。挑选什么样的人进入幼儿园教师队伍，决定了幼儿以后会接受什么样的教育。因此，园长在招聘和选拔本园教师时一定要深思熟虑、认真甄别，选取具有优秀品质的人员，这不仅有利于幼儿园整体的发展，而且可以为幼儿的发展提供保障。

【温馨提示】

1. 学历不代表一切，园长在甄选教师时，最需要看重的还是教师的道德素养及人品。

2. 为了在较短的面试环节中更全面地评价应聘者的素质，可以让其提前准备相关的简介、荣誉证书和美术作品。

第 23 条　引领教师的专业成长

为促进幼儿园教师专业发展，建设高素质幼儿园教师队伍，根据《中华人民共和国教师法》，教育部 2012 年颁布出台了《幼儿园教师专业标准（试行）》。此标准的出台标志着我国幼儿园教师职业进入了标准化时期，同时也标志着针对幼儿园教师的专业化发展已经被提到了一个新的高度。

教师队伍的素质决定着教育质量的好坏。幼儿园教师的专业化不仅影响着园所的进步，更重要的是影响着幼儿的发展。幼儿园教师的专业化主要指其需要具备专业精神、专业知识和专业能力。其中专业精神是幼儿教育的思想保障，决定教师的长远发展；专业知识是教学活动的基础，直接影响教育水平的高低；专业能力是教学活动的保障，直接影响教育活动的效果。

针对园长如何帮助教师提升其专业水平，让每个教师都能在原有的基础上获得提高，我们有以下建议。

一、明确个人规划，指明发展方向

规划是个人或组织制订的比较全面、长远的发展计划，是对未来整体性、长期性、基本性问题的思考和考量，是对未来整套行动方案的设计。教师发展规划是教师针对个人的发展目标、内容及采取的相应措施等方面，制定的切合自身实际的工作规划，这种规划不仅可以让教师不断敦促自己努力前行，还可以让教师从中发现自身存在的不足，不断修正自己的行为并完善自己。

在管理工作中，园长可以组织教师依据幼儿园的发展目标并根据自身的特长和需要，寻找最近发展区，制定适合自己专业成长与发展的个人规划（见表 23-1），并定期对自己的发展情况进行总结与评价。

表23-1 某园×××教师职业发展规划表

姓名	×××	性别	女	出生年月	×年×月
毕业院校	×××	专业	教育学	现有学历	本科
职位	教师	职称	一级教师	工作岗位	教师

个人经历	教育经历	（略）
	工作经历	（略）
	培训经历	（略）
自我评价	自身优势分析	（略）
	自身劣势分析	（略）

个人职业发展目标、措施及评价	
第一年目标	1. 把握机会，带领幼儿参加才艺比赛，展示自我，成就自我。 2. 关注有关文献和做法，争取在幼小衔接方面做出成绩。 3. 撰写教育个案，发表在幼教刊物上。
第二年目标	1. 学习理论书籍，支撑教育工作。 2. 参与课题研究和撰写工作。 3. 争当"保定市名师"。
第三年目标	1. 积累成绩，向市级骨干教师努力。 2. 营造多读书、读好书的班级氛围。

续表

具体措施	第一年	1. 了解新教师在工作上的特点,并在今后的工作中引导其发挥长处。 2. 关注园内和社会上的才艺竞赛活动,发挥教师的特色和优长,指导和鼓励幼儿积极参与。 3. 观察孩子们的学习生活,摆现象,找原因,寻对策,抓住有价值的东西形成文字,在刊物上发表幼教反思文章。 4. 旁听或者列席课题工作会议,关注课题工作。 5. 承担公开课活动。
	第二年	1. 参与幼儿园课题工作,阅读有关课题的书籍和文章,提出有价值的观点,积极撰写自己承担的课题内容,争取在市级论文评比中获奖。 2. 了解申请"名师"的条件,寻找自己与名师的差距,朝着名师的目标努力。
	第三年	1. 在班级里建立读书角,在活动室里创设图书区,形成多读书、读好书的班级氛围。 2. 找出前两年成长规划中没有完成的内容,积极寻找差距,踏实地完成计划。
工作成绩预期	第一年	略　　　　　完成度：　　　　未完成度：
	第二年	略　　　　　完成度：　　　　未完成度：
	第三年	略　　　　　完成度：　　　　未完成度：

二、通过师徒带教促进教师成长

教师之间的带教不仅能够充分发挥本园骨干教师的示范作用,还可以充分挖掘幼儿园的内部潜力,提高教学质量,取得所有教师共同进步的效果。某园的带教活动分为以下三个类型:①层级带教,从园级领导一级一级朝下带教,双向选择;②"青蓝培师工程",年轻教师自主选择自己信任和崇拜的师傅,互帮互学;③"名师工程",特级教师、骨干教师、名师双向选择,进行高层次带教。在带教过程中,师傅们不辞辛苦,与被带教教师一起备课、说课、上课、听课、评课,共同探讨、互相交流;指导被带教教师撰写教养笔记、家访、捕捉幼儿兴趣生成主题、组织幼儿进餐等常规环节,在思想碰撞中实现共赢。该幼儿园还定期召开教师带教经验交流会，评比带教先进对子，经验共享，较好地实现了教师的自我完善与自主发展。

某园层级带教任务及要求

1. 制定带教档案。由带教领导小组负责建立教师带教成长档案。

2. 开展层级带教活动。每学期初，带教教师要根据自己带教人员的具体情况，拟订带教计划；学期末根据带教情况，写出带教总结。每次带教活动要填写带教记录表，每月25日前主动上交教务室。

3. 及时沟通思想，提升教师素养。及时同被带教人员沟通思想，加强教师自身品德及心理修养，共同营造和谐、温馨的工作和生活环境，每学期思想交流不少于一次。

4. 提倡互帮互学，实现共赢。带教教师同被带教人员每月学科专业理论学习不少于一次，用先进的教育思想、教育理念武装自己，在实践中不断反思，共同提高业务理论水平，向理论型、研究型、专家型教师迈进。

三、运用"成长档案袋"，记录教师成长

"成长档案袋"可以被简单地界定为有关教师各种教学信息的收集。它不是作品收集和存放的工具，而是系统检查教师教学效果、与其他人分享、改进教育教学工作的一个载体。

对幼儿园教师来说，"成长档案袋"可以被界定为在某一时期，教师在不同教育教学工作中产生的与幼儿、家长及管理者互动的各种信息的系统收集。它通过反思而构建，通过合作而丰富，其最终目的是促进教师的专业发展、工作经验的提升和幼儿的发展。

在教师"成长档案袋"的建设中，我们给予园长的建议如下。

（1）健全档案袋制度，保障工作顺利开展。园长要善于对"成长档案袋"

的相关制度进行梳理，以便从制度入手，保证"成长档案袋"工作的顺利进行。例如，园长可以建立"教师档案评价制度""档案评价原则与方法""档案评比奖励制度"等，并通过教职工代表大会的方式让全园教师了解，激发他们对建立"成长档案袋"的重视。

（2）加强档案袋使用方面的培训，提高教师认识。园长还可以组织教师参加"'成长档案袋'与绩效考核""我的专业化成长"等培训，全面了解国外教师档案袋的使用，档案袋对教师专业化成长的作用，"成长档案袋"的建立内容、方法等，使他们在肯定"成长档案袋"与自己工作密切相关的前提下，对自己的专业化成长充满信心，更愿意把自己的"成长档案袋"做翔实、做丰富、做精细。

（3）合理界定档案内容，明确板块要求细则。"成长档案袋"内的资料宜条目清晰、分类清楚，大项目不宜太多，但其内容一定要涵盖个人信息的全部，可以将"成长档案袋"的条目分成以下几个板块：①基本信息板块，内容包括所学专业、最后学历、教师资格类型、专业技术资格级别及相应聘书、教育教学岗位或管理岗位、从教年限、工作经历、个人特长和喜好等。②教育教学板块，内容包括优秀活动设计，各类公开课、研究课的活动设计，自制的一些教具、学具，自制的电教课件等。③学习进修板块，内容包括外出学习参观记录，同事间听课记录，理论学习摘抄，教研活动记录，收集的一些业务文章、美文或其他文章等。④课题研究板块，内容包括参加课题研究的一些材料，如教育案例、经验总结等。⑤工作反思板块，内容包括平时的教育活动反思、参加各类学习后的心得体会、理论学习后的体会等。⑥荣誉成果板块，内容包括指导幼儿获奖，教师个人评优评先，论文发表及获奖，对内、对外讲座等。

（4）严格指导与监督，保证内容真实及时。"成长档案袋"中的所有材料的收集应该是随时随地的，信息应该是原始的，不能后期补写、补填，因为这样很容易让搜集的材料缺乏完整性，并且会降低可信度。管理者要定期进入班级，采取定查与抽查的方式，对"教师成长档案袋"的材料搜集与整理情况进行监督与指导，并按月对不同教师的档案袋建立情况做出评价，以促进其做好这项工作。

（5）共性与个性并重，彰显教师个人风格。在对"成长档案袋"指导与评价时，一方面管理者要对全体教师提出内容方面的共性要求，另一方面要针对每位教师的个性特点，为其留下具有自己特色的空间。比如：有的教师喜欢美术，就可以在这一方面多学习、多进修、多搜集资料；有的教师对课题研究感兴趣，就可以把自己参加课题研究的有关资料保存起来。这样，既保证了"成长档案袋"中各种资料的完整性，又可以让教师感受到自己是档案袋真正的主人——能够把自己感兴趣或者有特点的方面展示出来，这样才能让"成长档案袋"记录每个人不同的足迹，彰显每位教师不同于他人的靓丽风采。

教师是幼儿园教育的主体，是幼儿园可持续性发展的中坚力量。在崇尚人性化管理的今天，支持化的学习环境对教师成长的作用越来越凸显。园长应该运用多种策略提升教师的专业化水平，使教师的学习和进步"清晰可见"，让教师的成长目标"跳一跳能够到"，真正实现幼儿和教师的教育双赢。

【温馨提示】

1．年轻教师是教师队伍中的短板，也是园长需要重点培养的对象，园长一定要抓好年轻教师专业化成长工作。

2．园长要想办法为园内不同层次的教师创设平台，给予他们发展的空间与机会。

第 24 条 帮助教师远离职业倦怠

所谓倦怠，一般是指"失败、精疲力竭或因过度消耗精力、资源而变得耗竭"。教师职业倦怠是指教师在长期工作压力下逐步形成的一种情绪耗竭、去人性化和成就感低落的现象。由此可以看出教师职业倦怠是长期工作压力作用的结果；其具体表现为情绪耗竭、去人性化和成就感低落三个方面。

一、幼儿园教师产生职业倦怠的原因

幼儿园教师职业倦怠是与其工作压力密切相关的，当然也不能排除一些来自教师个人的因素。我们认为幼儿园教师产生职业倦怠的原因主要来自两个方面。

1. 来自工作

幼儿园教师的工作既有所有教师工作的共性，也存在自己的特点。如：幼儿园教师每天除完成正常的教育教学以外，还有各种案头工作、环境创设、家长工作、节目编排等，很多时候，他们为完成这些工作而身心俱疲；还有很多公办园存在着严重的班容量超标现象，无形中增加了教师的工作量；为了防止幼儿在园出现意外磕碰，很多教师时常处于心理紧张状态；还有的幼儿园考核制度不合理，不能诱发教师的工作积极性等。这些状况是造成幼儿园教师职业倦怠的主要原因。

2. 来自自身

在现实社会中，我们也看到在相同工作环境下的幼儿园教师工作状态是不一样的，有些教师容易产生职业倦怠，而另一些则不会。究其原因还与教师自身有关。一般情况下，性格开朗的幼儿园教师对人对事倾向于持乐观态度，他们自信心较强，具有很好的自我调适能力，在相同工作压力下能很好地适应；相反，那些性格孤僻内向的教师，在面对职业压力时就很容易被动、无所适从，加之又不善于舒缓自己的压力，久而久之，就容易产生职业倦怠。再如：有些幼儿园教师对自己的职业目标非常清晰，能够在自我发展中获得满足，内心足够强大，能够面对各种困难和挑战；而有些教师认为自己没有什么能力，也没有什么发展空间，缺少内在动力，工作得过且过，缺乏激情，容易产生职业倦怠。

二、幼儿园教师职业倦怠的表现

幼儿园教师的职业倦怠主要表现为以下几个方面：①具有挫折感，教师对自身的职业能力产生怀疑，进而对工作本身产生厌倦和不满；②出现退缩行为，教师对教学及幼儿采取漠不关心的态度，表现为非人性化的特点；③人际关系紧张，教师因小事而情绪波动，影响到师幼之间、同事之间、与家长之间的关系；④处于生理耗竭的状态，如身心疲惫、抵抗力减弱、头痛、胃肠不适、失眠等；⑤具有忧虑感，对自己和工作感到不满，甚至出现悲观厌世的倾向；⑥工作效率低，经常迟到、请假、中断工作，教学质量下降。

三、帮助幼儿园教师避免职业倦怠的策略

通过对以上内容的了解和分析，我们大致知道了工作压力大和个人情绪调节能力弱是造成幼儿园教师职业倦怠的主要原因。那么，园长应该运用哪些管理措施帮助教师远离职业倦怠呢？以下策略供大家参考。

1. 情绪调节管理

每个人的情绪都是可以进行自我管理的。苏联教育家马卡连柯认为："不能控制自己情绪的人，不能成为好教师。"因为教师如果管理不好自己的情绪就会直接影响教与学的活动，不利于幼儿的健康发展。教师首先要正确识别自己的情绪；其次，要在正确理解情绪、体察接纳自身真实情绪的基础上，掌握调适不良情绪的有效方法，让自己成为情绪的主人，让"平和、仁爱、

喜悦"等情绪成为日常工作、生活的基调。

园长也应该从细节入手,以不同的方式帮助教师缓解或疏导自己的不良情绪。

(1)开展情绪培训活动。园长可以邀请当地医院的心理咨询师来园,并面向全园教师开展情绪管理讲座,帮助教师提高舒缓自我不良情绪的能力,为保持积极的情绪奠定基础。

(2)组织观影活动。为帮助教师了解自己的不良情绪,并能从他人的经历中获得收益和启示,园长可以组织教师观看一些有关情绪方面的电影,如《愤怒管理》《头脑特工队》等,并制作"观影反馈表",请全园教师及时记录自己观影后的感受,帮助教师了解自己的情绪,并习得一些适于自己的情绪管理的方法与策略。

(3)运用不同方式缓解教师情绪。教师自我调节情绪的方法主要包括:人际支持、认知重评、自我控制、情绪转移和行为宣泄。园长可以在幼儿园开展一些帮助教师缓解负性情绪的小活动。如:情绪认知方面的,包括情绪绘本分享、情绪的色彩、情绪画语等;情绪调节方面的,包括幽默小树、冲动是魔鬼、成长的快乐等;情绪分享方面的,包括我的幸福故事、我是最重要的等。这些活动能够让教师了解自己与他人的情绪,感受不同情绪带来的影响,同时,也能够增强教师之间的了解,提高对彼此的认同感。

另外,园长还可以在幼儿园里设置专门的"情绪舒缓室",创设温馨的环境,配备优美的图书、乐曲,轻松的电影及大型毛绒玩具等。当教师感受到自身情绪的异常时,可以在不耽误工作的前提下,到情绪舒缓室舒缓自己的不良情绪。

2. 职业认同管理

不同的教师个体对幼儿园教师这一职业的认识是不一样的:有的认为这是一份事业,需要努力付出与经营;有的认为这就是一份养家糊口的工作,只要不犯错误,不出事故,"当一天和尚撞一天钟"就行了。当然,不同的职业认识会在工作中导致不同的结果。艾伯乐说，"我的生活原则是把工作变成乐趣，把乐趣变成工作"。只有从思想上转变教师对工作的态度，增强教师的职业认同感，让工作成为乐趣，教师才会乐于工作，并心甘情愿地为工作付出。

（1）实施教师送教下乡活动。乡村教师的工作环境及工作待遇与城市教师存在巨大的差异。为了帮助本园教师了解乡村教师的工作状态，园长可以带领本园教师深入当地的偏远地区或贫困山区，开展教育观摩活动，与贫困山区的教师交流工作，体验他们工作的艰辛，激发本园教师对自己工作环境的珍惜与热爱。

（2）实施教师楷模演讲活动。我们的身边有很多尽职尽责的优秀教师，他们为了孩子、为了教育事业不怕付出，尤其是在偏远的乡村，条件恶劣，但是仍有很多优秀教师一直坚守。他们的职业理想如此高尚，是所有教师学习的榜样。园长可以请当地省、市教育局推荐，邀请乡村教师代表入园为全园教师举办先进事迹讲座，用他们的精神感染人，用他们的行动激励人。

（3）实施教师下乡支教活动。乡村教师所处的环境比较闭塞，其专业素养也不如城市教师。园长可以组织本园骨干教师定期到乡村幼儿园支教，让骨干教师手把手教他们组织集体教育活动，创设幼儿喜欢的班级环境，利用身边的材料制作玩教具等。这样的交流与分享既可以帮助园内教师树立自信，也可以提高乡村教师的教育教学水平。

（4）表彰优秀教师。园长可以在每年的教师节庆祝大会上，表彰园内优秀教师，将优秀教师的工作事迹拍成专题片，弘扬其爱岗敬业、无私奉献的楷模精神。

3. 制度考核管理

幼儿园的管理方式是造成教师职业倦怠的原因之一。园长应该以制度为保障，营造公开、公正、公平的环境，让教师感受到自己的进步，体验到付出后的收获，激发其对工作的热爱，使教师始终保持工作热情，提高工作的积极性。

（1）设置《教师轮流培训制度》。以往园所的培训项目大多针对那些在园中能够发挥骨干力量的经验型教师，结果就是自身能力强的教师总是能够获得学习的机会，而能力稍差、表现不太突出的教师很少有机会外出学习。幼儿园应该设置轮流制，让每位教师根据自己的兴趣和爱好向管理者申报想要参与的培训，由幼儿园统一安排，让每位教师都能获得专业化的学习。

（2）设置《重大活动申报制度》。幼儿园中的重大活动一般指园内的大型活动和接待园外人员观摩等活动。一般情况下，园长为了树立幼儿园的良好形象，会将这些任务交给那些经验丰富、能力强的教师。这样做的结果就是，在活动中露脸的总是那么一小部分人，而其他教师则没有机会。因此，对于重大活动，宜设置申报制，在活动之前，面向全园教师公布活动的内容和安排，可由教研组长结合组内教师情况推荐申报，也可以请全园教师根据自己的兴趣和能力申报，活动的内容由中层干部把关。只有把更多的机会给予不同年龄、不同层次的教师，才能让教师感受到工作的自豪感。

（3）设置《管理者谈心制度》。生活中诱发教师负性情绪的问题来自方方面面，比较复杂，大致可归为以下三类：①由管理引发的负性情绪。如管理者负性情绪、管理者能力有限、管理者站位错误引发被管理者负性情绪。②由同事关系引发的负性情绪。如老员工与新员工合作不畅引发的负性情绪、新员工后来居上引发老员工负性情绪、职位变化引发部分人员的负性情绪、同事淡漠引发边缘人员的负性情绪。③由家庭原因引发的负性情绪，如老人生病、夫妻不和、对孩子期望太高等引发的负性情绪等。

针对这些不同的矛盾点，园长可以设置谈心制。由管理者带头，与身处这种矛盾中的教师谈心，解放他们的头脑，帮助他们解开心中的郁结，回归快乐的生活和工作。

（4）改变以往的考核制度。为让每位教师都能感受到自己是幼儿园的主人，园长可以改革考核制度，不再由管理者根据每位教师的工作情况打分，由分数高低来确定年终考核的优劣，而改为由教研组长与教师广泛沟通，制定评优的基本条件，如全年请假不能超过11天、班级卫生工作每次检查都在合格以上、班级日常工作量全部完成等，所有符合基本条件的教师再通过教研组推选，确定名额。这样的方式可以让更多的教师看到评优的希望，由于结果是大家评选的，故也可以减少误解与埋怨。

（5）实施《社团教研制度》。"自我价值的实现能给人带来无限的内心满足和幸福感，专业发展是教师获得职业幸福感的源泉"，这两个方面是解决教师负性情绪最根本的方法和途径。因此，园长可根据教师的不同能力、性格、经验及工作需要进行调整，"全盘考虑，统一安排，合理调整"，做到人尽其才、各尽其力。

总而言之，园长应该深刻地认识到提升幼儿园教师对幼儿教育事业的理解，避免职业倦怠这一课题是永久的。但是，只要通过各种方式，对教师合理的要求给予满足，从内心深处激发他们对职业的幸福感，让他们爱上孩子、爱上幼教，就一定能够让幼儿园教师的工作状况获得改善，让教师远离职业倦怠。

【温馨提示】

1．有人说，"一个人想要换工作的理由有两个：一个是付出与回报不成正比；另一个是与单位没有感情"。幼儿园教师的收入水平偏低是公认的，因此，园长和教师之间建立亲密的感情就显得非常重要。

2．在克服教师职业倦怠的问题上，园长不仅要关注教师的工作，还要关注教师的生活，帮助教师解决生活中的问题和困难，为其更好地工作免除后顾之忧。

第25条　塑造优秀的教师形象

一谈到教师形象，人们会习惯性地联想到北京师范大学的校训——"学为人师，行为世范"。教师形象塑造就是将教师的内在精神与外在条件按照美的规律进行培育与延展，在人格、学识、感情、修养、情趣、语言、风度等方面不断地成就和规范自己。

幼儿园教师每天面对的教育对象都是天真烂漫、纯洁无邪的孩子，教师的言谈举止、品性观念会对幼儿稚嫩的心灵产生潜移默化的影响。我国对幼儿园教师的职业形象有着专业的标准与要求。每名教师在做好"传道、授业、解惑"的同时，还要注重修身、养性、立品。那么，作为幼儿园园长，我们该如何引导教师塑造完美的形象呢？

一、凝心聚力，做好师德建设

教师的职业道德，简称"师德"。它是教师和一切教育工作者在从事教育活动中必须遵守的道德规范和行为准则以及与之相适应的道德观念、情操和品质。

教育家陶行知曾经说过："道德是做人的根本。根本一坏，纵然使你有一些学问和本领，也无甚用处……"良好的师德是教师的职业根本，拥有良好的师德对塑造教师形象至关重要。

园长可以从以下几个方面入手，通过不同的形式提升教师的师德水平。

1. 学理学法，提高思想认识

学前教育与中小学教育不同，前者更重视幼儿的游戏活动，倡导"将学习还给儿童"，更加强调幼儿自主发展和个性化学习。园长一定要定期开展有关学前教育理念的培训，借此提升教师的理论水平；另外，园长还要组织教师对《中华人民共和国教育法》《中华人民共和国教师法》等相关法律的学习，让有关内容深入人心，让全体教师牢牢树立依法执教的意识；除此之外，园长还可以组织"师德知识大比武"，引领教师展示自己的师德知识，让师德建设的理念更加深入人心。

2. 树立典型，发挥榜样作用

师德教育不应该仅仅停留在"树目标、喊口号"，更应该与实际工作相结合，这样才能产生良好的效果。

三等功的事迹报告

又到了年终岁尾，在年终考核的过程中，某园的一名年轻教师董老师由于工作认真、业绩突出，被大家推选为优秀教师，并且获得了教育系统三等功的荣誉称号。

园长觉得董老师通过自己的努力成长得很快，是全园教师学习的榜样，准备让她和其他几名教师为全园教师做事迹报告。

董老师接到任务后，在师德素养、工作完成和感想等方面认真准备，为大家做了长达15分钟的事迹报告，获得了大家的阵阵掌声。

（保定市青年路幼儿园　董玮玮）

案例中的园长以董老师的事迹为切入点，通过事迹报告的形式让全园教师了解优秀教师的成长历程，不仅帮助像董老师一样的年轻教师树立了自信，还激发了年长教师的工作积极性。

除了事迹报告这样的形式，园长还可以运用宣传栏、黑板报以及园内广播、微信平台等方式，展示本园优秀教师的风采，形成向身边优秀教师学习的氛围。

3. 师德考核，力求公平公正

鉴于师德的重要性，现在很多幼儿园已经将其纳入教师考核评价体系，并作为教师绩效评价、聘任（聘用）和评优奖励的首要标准。针对教师的师德考核，园长应该制定相应的标准，最好细化到分，让考核操作更具有实效性。如，某园将教师师德考核分为：政治思想（10分）、工作态度（15分）、工作作风（10分）、专业知识（10分）、专业品质（10分）、专业能力（15分）、对人态度（10分）、家长工作能力（10分）、自我评价能力（10分）。又对每一项进行了细分，如，自我评价能力包括：勇于发现并承认自己的缺点、错误（2分）；谦虚谨慎，不爱夸耀自己的成绩和优点（1分）；严于律己，不故步自封，总是能以高标准严格要求自己（2分）；不自满，不断提高自己的修养（2分）；有适度的自尊心，行为自觉，不断自省，根据幼儿对自己的态度自觉调整教育行为（1分）；有信心和韧性，相信自己的力量和潜能（2分）。

二、双管齐下，规范从教行为

从教行为指的是教师在从事教育工作的过程中表现出来的行为。由于幼儿园教师的个人素养、世界观、儿童观和价值观不同，其在教育教学工作中呈现出的行为也各有差异。如：有的教师责任心不强，教书育人意识淡薄，缺乏爱心；有的教师学风浮躁，治学不够严谨；有的教师急功近利，学前教育小学化现象比较严重；有的教师为人比较势利，不能拒绝社会上的物质诱惑等。

教育部在2018年印发了《新时代幼儿园教师职业行为十项准则》，具体内容包括：坚定政治方向、自觉爱国守法、传播优秀文化、潜心培幼育人、加强安全防范、关心爱护幼儿、遵循幼教规律、秉持公平诚信、坚守廉洁自律、规范保教行为等。园长一定要以此为标准，从政治思想教育和教师专业成长入手，引导广大教师努力成为有理想信念、有道德情操、有扎实学识、有仁爱之心的好老师。

（1）在政治思想教育方面。园长可以利用党团组织开展各种学习，如党员学习、民主生活会、党员大会等,邀请当地党校的教师来园为教师做讲座,让教师能够用学到的知识武装头脑,从内心坚定地拥护中国共产党的领导,并在教学中贯彻落实党的教育方针。

(2)在教师专业成长方面。首先园长要通过培训和讲座,帮助教师树立科学的儿童发展观,并请教师基于实际确立三年或五年个人成长目标;其次根据教师的成长目标,园长应提供相应的支持与帮助,如外派教师学习、为教师购置有关学前教育的书籍、帮助教师确定教学研究内容等,让教师的成长更加快速和坚定;最后园长要对获得成长的教师给予物质和精神奖励,只有激发教师对职业的自豪感,才能让他们满怀自信地面对工作中遇到的挫折和困难,抵御不良风气和消极影响。

三、丰富活动,塑造良好礼仪

礼仪代表了一个人的基本素质和素养,也代表了一个人的文明程度。"德高为师,身正为范"。作为幼儿园教师,如果能够以规范的礼仪来面对幼儿和家长,就会让家长产生信任感,会更有利于今后班级工作的开展,有利于获得家长对幼儿园工作的支持与理解。无论是园长还是教师,都应在日常工作中注重自己的礼仪规范,让自己的言行能够成为对外宣传的典范。

(1)开展礼仪培训,了解礼仪要求。园长可以从职业学院邀请礼仪培训师入园为教师培训,让教师在看一看、听一听、做一做的过程中习得走、站、坐等的正确姿势,言行举止优雅。

(2)制定礼仪规范,明确礼仪标准。园长可以参照人们日常的礼仪标准制定本园教师的礼仪规范,通过建立文本和宣传,让教师在日常礼仪方面有章可循、有据可查。如,某园制定的《幼儿园教师礼仪规范》包括:教师的形象(仪容、着装)、教师的仪态(站姿、坐姿、走姿)、教师的目光(善用慈爱的目光、忌用漠视的目光)、教师的微笑(亲切自然、发自内心)、教师的手势(优雅自然、动作协调)等。如此,可以让教师清楚地了解与自己相关的礼仪规范，更便于操作和落实。

（3）组织礼仪评选，巩固礼仪行为。园长可以利用暑期组织全园教师参与礼仪评选，涵盖礼仪规范中的所有内容，让教师在活动中强化自己的礼仪行为，将礼仪行为融入日常工作。

歌德说过，"没有一种礼貌会在外表上叫人一眼就看出教养的不足，正确的教育在于使外表上的彬彬有礼和人的高尚的教养同时表现出来"。园长要想每位教师都成为具有良好形象的人，一定要从自身做起，用心塑造自己"优秀领导干部"的形象，要求教师做到的自己一定要首先做到，只有这样才能成为教师的表率，让教师心悦诚服；也只有每位教师都具有良好的形象，才能树立幼儿园的良好口碑。

【温馨提示】

1．园长应该每天对教师微笑，让好心情伴随教师一天的工作。

2．园长在与教师沟通时一定要注意内涵修养，即使碰到十分棘手的事情，也要冷静应对，为教师做表率。

第26条 多管齐下，为教师谋"福"

谋"福"即谋取幸福。那么，什么是幸福？每个人的世界观、价值观不同，对幸福的理解也不同。有人说幸福是一种感受，是建立在物质基础之上的；也有人说幸福需要有物质的保障、环境的孕育、成功的体验、平等的享受，等等。而我们认为幸福更多的应该源于内心，是一种让我们感受到愉悦与满足的体验。

不幸福的教师无法让幼儿感受到幸福，不幸福的教师也无法教育出幸福的幼儿。在工作中，我们经常会听到一些园长说，现在的教师笑脸越来越少了。情绪是内心感受的反映，很难想象一个每天愁容满面的教师是幸福的。因此，园长一定要想办法让教师感受到幸福，让教师每天都能带着幸福的微笑来面对幼儿。

一、管理和谐——营造宽松的园所环境

教师每天都在幼儿园中工作，园所环境是否能够满足教师的情感需要，是否能够唤醒教师积极进取的工作态度，这些都非常重要。园长要克服"官本位"和"管本位"思想，努力为教师营造宽松的园所环境，给予他们更多的心理关怀，让教师在幼儿园中感受到幸福。

（1）营造宽松的心理环境。长期以来，幼儿园教师的健康状况令人担忧，很多教师由于工作压力过大而产生职业倦怠。园长应该树立"以人为本"的管理理念，在园所中充分尊重教师，为教师创设民主、平等的工作氛围，为教师营造宽松的人际氛围。只有园长设身处地地为教师着想，切实减轻教师的心理负担，教师才会自主地参与到工作中，感受到工作的快乐。

（2）创造舒心的工作环境。园长要不断改善幼儿园的办园条件，提供良

好的设施设备，为教师营造安全、舒适的教育环境。工作环境会影响人的情绪，干净整洁的空间会让人的心情变得愉悦和轻松，对教师产生积极的心理暗示。硬件设备设施能为教师工作和幼儿安全提供保障。

（3）打造团结的教师团队。俗话说得好，"人心齐，泰山移"。现在不仅是竞争的时代，更是合作的时代。任何人都不可能离开群体而孤立存在。幼儿园集体同样如此。在幼儿园的大家庭中，只有强调合作，强调团队精神，才能把幼儿园事业做好。因此，园长要想提升幼儿园教师的幸福感，就一定要将教师队伍打造成团结的团队。

二、将心比心——提升教师的职业幸福

职业幸福是指教师在教育教学过程中运用教育智慧，进行教育创新，获取社会的积极评价，感受职业内在的尊严与快乐，以及自身专业成长和专业发展带来的持续性的快乐体验。对于幼儿园教师来说，获得职业幸福感的途径包括：从幼儿的成长进步中获得，从家长的信任与尊重中获得，从领导的赏识与肯定中获得，从自身的专业发展中获得。但是，目前的现实是幼儿园教师的职业幸福感在逐渐地流失，园长通过自己的努力提升幼儿园教师的职业幸福感迫在眉睫。

（1）善于发现教师身上的闪光点。重视和赞赏可以最大程度地鼓舞士气和精神。赞扬一个人意味着尊敬，人人都有得到别人承认、信任、重视和赏识的渴望。哪怕是微小的进步，赞扬都是需要的，因为这使他们感到自己重要，能够让他们以良好的心态和饱满的热情在各自的领域里发挥最大的作用。

（2）为他们的专业成长铺路搭桥。有些教师因工作需要而被暂时调离原有岗位，如被借调到其他单位协助工作，或因园内重大活动或临时重点工作的需要而投入新的任务中。暂时的离开，会使他们在原有工作的延续上出现一段裂痕，园长应帮助他们捋顺工作关系，做好衔接工作，使他们尽快地适应新的工作要求。

不断成长的中层干部

某幼儿园要进行大规模的园舍改扩建工程,因此临时成立基建小组,并从教学管理岗位抽调一名具有美术专长的中层干部加入其中。从前期考察、方案设计,到中期对建材市场摸底、选购,再到后期的装修及入住后的环境布置,历时两年多的后勤基建工作后,这名中层干部再回到教学岗位时面对新的教育理念有些不适应。为此,园长及时派他到幼教水平领先的上海、南京等地学习,使他及时地了解到幼教的最新发展动态,为其回到教学管理岗位继续工作奠定了基础。

(保定市青年路幼儿园 陆红)

(3)合理安排教师的工作量。要想达成这一目的,园长首先应该降低班级幼儿人数。目前很多私立园的园长由于经营收入的原因,认为园所里的幼儿人数越多越好。可是班级幼儿人数过多势必会造成幼儿园教师的工作任务变多、工作量变大,教学压力也随之增加。园长应该严格按照《幼儿园工作规程》中的规定来控制班级幼儿人数,合理配置班级人员,让教师能够在工作中充分照顾到每个幼儿。此外,园长还应该适当减少园内各种评比竞赛活动。

(4)最大限度地提供福利支持。福利是指员工的间接报酬,一般包括健康保险、带薪假期、过节礼物或退休金等。虽然目前国家的政策不允许幼儿园随意给教师发放礼物,但是园长应该想办法通过其他形式多为教师谋求福利,以增强教师的幸福感。

三、真诚关怀——做教师生活的知心人

所谓真诚,就是将心比心,真诚地站在下属的立场上,了解他们的需求,解决他们的问题。这些问题可能来自平日工作中的挫折,也可能来自自我职业成长的追求,还可能来自个人生活中的某些失落……这便是园长应有的基

本洞察力之一，管理先管人，管人先带心。

（1）帮助教师排忧解难。幼儿园教师以女性居多，家庭和事业她们都要兼顾，园长应帮助她们解决好生活中的后顾之忧。如，子女的升学问题是每个家庭的头等大事，为了使教职工能安心工作，许多明智的园长往往会在这个时候主动关心、出谋划策并动用各种社会关系，帮助她们顺利度过子女升学阶段。这种做法不仅能使幼儿园的工作正常进行，更关键的是能使园长自己赢得下属的信赖与爱戴。

（2）做教师的心理疏导员。幼儿园教师多为女性，她们天性敏感，容易被来自各个方面的问题、压力困扰，从而产生不良情绪。一个人做事的效率与其做事时的心情有很大的关系。心情愉快，效率就高；反之效率就低。园长最重要的就是要及时了解教职工不良情绪的来源，站在他们的立场上，真诚地倾听他们的心声，了解他们的需要，帮助教师进行压力管理、自我疏通。

（3）用制度维护情感。制度是幼儿园工作的保障。为了让教师安心工作并感受到来自园长的关怀，我们可以制定一系列的制度，体现对教师的关心。如五个必须：职工家属有困难，必须登门看望；职工生病住院，必须派专人慰问；职工结婚生子，必须前往祝贺；职工失去亲人，必须登门探望；牵涉职工切身利益的事，必须过问。又如三必谈：发现教师有想法时必谈；教师取得成绩时必谈；教师有情绪时必谈。

总之，为提升幼儿园教师的幸福感，园长首先要遵循"以人为本"的理念，学会站在教师的角度去思考幼儿园管理上的问题，实行团队优化与教师个性发展相结合。其次园长要关注教师的日常生活，关心教师的衣食住行、安危冷暖，为教师谋福利，让教师爱上园所、爱上这份职业。

【温馨提示】

1．教师过生日时，园长可以用微信或短信的方式表达祝福，拉近与教师之间的距离。

2．园长可以在园内定期组织"教师亲属表彰大会"，对支持教师工作的亲属们表达感谢，同时也向这些亲属展现教师的工作成绩与业绩，增强教师的职业自豪感。

3．为缓解教师的工作压力，园长可以经常组织教师参与文体娱乐活动，如听音乐会、看电影等，这样既能舒缓情绪，又能提升素养。

第27条 重视新手教师的第一堂课

新手教师指刚走上工作岗位的新教师，他们是幼儿园教师队伍中不可或缺的一部分，为教师队伍带来新鲜血液的同时，也为教师队伍建设带来了新的挑战。

很多园长会在新手教师入职前统一组织培训，希望能通过这样的方式帮助新手教师更好地适应幼儿园的环境，熟悉幼儿园的工作。我们把这样的培训称为幼儿园教师入职的"第一堂课"。

一、为什么要组织"第一堂课"

在工作中，我们经常会发现很多园所在新手教师上岗前没有安排职前培训，园长的理由是实践比培训更重要，只要新手教师走进班级，潜移默化地就能跟随班级中的其他教师进行学习，根本没有必要再把时间浪费在培训上。

我们的观点是：新手教师确实能够在工作中边做边学，经过一段时间也能成长为熟手教师。但是这个过程相对比较漫长。如果在入职前，有过较为系统的培训，让新手教师首先对幼儿园工作有理论层面的了解，会更有利于其今后的实践，使其更快地适应工作内容，大大缩短其成长期。

一般情况下，新手教师的入职培训重点需要解决以下几个方面的问题。

（1）丰富新手教师的专业知识体系。现今幼儿园聘任的教师大多毕业于学前教育专业，他们虽然在学校里学习过相应的专业，但是距离合格教师仍有很大差距。尤其是现在的很多学前教育类师范院校，其课程内容距离工作实际比较远，导致新手教师对幼儿园阶段的"多元理论""主题课程""做中学""环境创设"等概念了解甚少。而职前培训则可以让他们对这些概念有所了解，有利于今后的工作实践与沟通。

（2）增强新手教师的工作自信心。新手教师刚刚参加工作，对工作的具体情况摸不着头绪，会让他们感到无所适从。而通过培训模拟，他们可以体验幼儿在园的一日生活，增强其胜任这份工作的自信心。

（3）帮助新手教师构建新的人际关系。新手教师刚刚从校门步入幼儿园，不仅要面临新的环境，还要面对陌生的人际关系。在培训中，园长可以通过游戏让新手教师互相增进了解，建立友谊。

（4）提升新手教师的教学能力。有经验的教师都知道，要想做一名合格的幼儿园教师，教育教学能力必不可少。在培训中，园长可以邀请园内有经验的骨干教师作为培训者，用过来人的身份给予新手教师手把手的指导，这样更符合新教师的心理需求，也能有效地提升他们的教学能力。

二、"第一堂课"怎么教

"为什么要组织'第一堂课'"的问题解决后，园长需要思考的就是"'第一堂课'怎么教"。希望以下做法能够给予大家一些启示。

1. 确立培训目标

培训前，园长要明确地提出培训目标。具体包括：①通过培训，让新手教师对幼儿园文化产生认同感，从而减少员工流失，增强教师团队的稳定性；②通过培训，让新手教师能够更好地适应工作，胜任工作，减少错误，节省时间，从而提高幼儿园的总体工作效率；③展现清晰的职位及组织对个人的期待，增强新手教师对未来工作的积极性；④让新手教师感受到园所对他们的重视和关心，给其吃一颗"定心丸"。培训目标的设立可以帮助培训者把握培训的方向，避免走弯路。

2. 制定培训方案

明晰了需求、明确了目标之后，园长应结合本园的实际情况对培训内容进行设计，制定培训方案。

培训方案可以包含以下几个方面的内容：培训目标、培训内容、培训资源、培训日期、培训方法、培训场所及设备、培训纪律等。

（1）培训目标。它是培训方案实施的导航灯，应该清晰、明了。

（2）培训内容。新手教师入职培训一般包括三个层次：一是知识培训，它有利于新手教师对知识、概念的理解，增强其对新环境的适应能力；二是技能培训，它能让新手教师更好地了解幼儿园的情况，了解教师的工作；三是素质培训，主要是培养新手教师正确的儿童观、教育观，使其拥有良好的思维习惯，并确定未来的成长目标和职业信心。

（3）培训资源。培训资源主要分为内部资源和外部资源。内部资源主要指本园中具备指导能力的领导或教师，外部资源是指从外面邀请来的专业培训者。相比之下，我们更推崇内部资源，主要原因在于以下两个方面：一方面，内部教师对自己园所的一切更熟悉，讲解起来会更明了；另一方面，通过这样的培训，新手教师和培训者都会在培训的过程中获得提升。

（4）培训日期。培训日期最好安排在幼儿园所录用的新手教师入职手续办理完毕，正式加盟幼儿园之时。这时候，新手教师需要通过培训熟悉幼儿园的工作程序和行为准则，安排培训是最恰当的。

（5）培训方法。好的培训方法是培训效果的催化剂。幼儿园里通常采用的方法有讲授法、演示法、案例法、讨论法、试听法、角色扮演法等，各种方法都有其不同的特点，幼儿园可根据自己的情况选择使用。

（6）培训场所及设备。培训场所一般有两种选择：在讲授专业知识时，可选择在会议室；在介绍业务技能时，可选择在工作现场，如班级活动室、寝室等。新手教师入职培训的设备包括笔记本、笔、投影仪、计算机及操作所需要的其他材料等。

（7）培训纪律。纪律是搞好培训的保证。在设计新手教师入职培训方案时，园长应该制定相应的培训纪律，并在培训开始前宣示，以保证培训的顺利进行。

3. 组织培训活动

培训方案确定以后，园长要根据方案组织好培训活动。首先，要提前与相应的培训教师沟通，明确培训内容及要求；其次要与和培训工作相关的人员（如电教人员、场所管理人员、库房人员）取得联系，提前做好培训场地、设备及资料的准备工作。这些工作做好后，就可以开展培训了。

在培训的过程中，管理者要对新手教师提出参与培训的时间要求和纪律要求，做好培训签到工作，并做好培训教师的介绍及培训内容的点评，以帮助新手教师加深理解。

三、"第一堂课"怎么样

科学的培训评估对园长了解培训效果、界定培训贡献、证明培训成绩非常重要。因此，园长在培训结束后要采用笔试、操作等方法检验新手教师的培训效果，并在此基础上形成培训评估报告。

培训评估报告主要由三个部分组成：一是培训项目概况，包括项目投入、时间、参加人员及主要内容等；二是参训员工的培训结果，包括合格人数、不合格人数及不合格原因分析；三是培训项目的评估结果及处置，效果好的项目可保留，没有效果的项目应取消，对于有缺陷的项目要进行改进，某些部分不够有效的项目可重新设计和调整，也可以新增某些领域欠缺的项目等。

培训评估报告完成后，园长还要将其下发给以下人员：一是参训的新手教师，让他们了解培训的效果，以便在工作中进一步学习和改进；二是培训教师，以便其改进后面的培训工作。

【温馨提示】

1．培训前，园长可以建议培训教师将所有相关的培训内容打印成册，这样更有利于新手教师系统学习。

2．培训中，园长可以请本园有经验的一线教师现身说法，这样的培训更具有感染力和说服力。

3．培训后，园长还可以建议培训教师充分利用幼儿园网站和微信两个平台，为新手教师提供培训学习的所有课件及相关资料，为他们提供随时学习的机会，巩固他们参与现场培训的成果。

第 28 条　课题研究引领教师成长

《说文解字》有言："课，试也。""课题"就是要尝试、探索、研究或讨论的问题。开展课题研究可以指导幼儿园教育教学实践，提高教育教学质量，增强教师的研究能力和综合素养，推进幼儿园的教育教学改革。伴随着基础教育课程改革的推进，越来越多的幼儿园意识到了课题研究的重要性，很多园长也参与到了课题研究中。

但是，在课题研究中，总会存在这样或那样的问题，不但影响课题的顺利开展，而且影响教师对开展课题研究的积极性。如：幼儿园开展课题研究的目的不纯，有些课题只是为了研究而研究；选题缺乏针对性和现实意义，还有的不具备可操作性，导致教师无从下手；忽视研究过程，只是走走过场；缺乏合理的课题研究管理制度与研究保障等。

因此，在课题研究中，我们一定要多吸收他人的经验，避免重复他人的错误，从问题入手，将课题研究做扎实。

一、从问题入手，明确课题研究内容

一般情况下，课题内容的选定来自两个方面：一方面是有关部门制定的课题指南所提供的研究方向和研究内容。这些课题指南，不仅明确了课题规划的类型以及相应的申报要求和管理办法，还提供了研究的范围和选题的方向。另一方面是自选课题，即研究者自己选定的研究课题。自选课题主要来自研究者对当前的教育理论、教育现象（矛盾和问题）以及个人教育实践的总结、分析和思考。在对课题内容进行选择时，我们更倾向于园长们选择自选课题，因为自选课题更加具有灵活性和针对性。

可是幼儿园涉及方方面面的事务，可以进行研究的内容有很多，园长该如何把握呢？

（1）要从工作中发掘课题。因为课题研究的本质就是为了解决问题。如果园内的问题相对比较多，园长一定要选择当前最重要的、最具有普遍性的问题。如，我们在教学中发现很多幼儿不善言辞，害怕交往，针对这样的问题，是否可以挖掘有关"转变教育观念，促进幼儿社会性发展"的实践研究；再如，我们发现幼儿园中很多教师工作积极性不高，经常处于消极状态，为了改变这样的状况，是否可以组织"幼儿园教师职业倦怠"方面的实践研究等。只要从园所的角度出发，细心思考，是不难找到研究课题的。

（2）要从幼儿园已有的成功经验中发掘课题。如果园所中没有凸显的、必须要解决的问题，还可以换一种思路，从幼儿园已有的成功经验中寻找课题突破口。如果之前幼儿园开展过有关中华传统文化的研究，就可以继续选择这个点，开展有关"运用中华传统文化，培养幼儿爱国情感"的实践研究；如果之前幼儿园组织的图画书阅读活动比较受欢迎，也取得了一些成效，就可以开展有关"家园合作创设班级图书角"的实践研究。通过这样的方式，我们不仅可以让园所的优势得以发扬，还可以在课题研究中总结和提升教育实践中积累的丰富的、宝贵的教育经验，使它们有更大的推广前景。

（3）要从各种幼教文献中发掘课题。各种理论文献、教育类杂志中有大量与学前教育教学相关的资料。通过认真阅读，我们可以发掘出研究课题。这些课题可以是别人尚未注意到的问题，也可以是尚有争论的问题，还可以是虽有进展，但仍可做进一步研究的问题。

二、从流程入手，做好课题研究保障

通过对幼儿园课题研究中所出现的问题进行分析，我们可以知道解决这些问题的途径：一方面要加强教师的研究水平与素质，另一方面要提高管理者对课题研究工作的监督与管理。也就是说，园长一方面要为研究工作提供制度保障，另一方面要制定相应的流程，以便给予监督与指导，让每个参与研究的教师都能按照流程开展课题工作，使每个课题都能按照目标进行，最终形成研究成果。

1. 课题申报流程

"课题申报流程"是幼儿园教师申报课题的流程，通过这个流程图（参见图28-1），大家可以清楚地了解申报课题的方式、方法，经手的部门，以及各部门人员的具体工作。

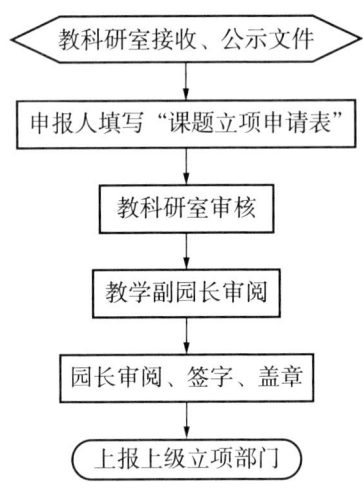

图 28-1　课题申报流程图

另外，流程图的后面还可以附有流程说明，如：

① 教科研室负责接收课题立项部门有关课题申报的文件，在传达室对其进行公示，并鼓励教师积极申报课题；

② 课题申报人负责填写"课题立项申请表"；

③ 教科研室负责审核"课题立项申请表"并提出指导建议；

④ 教科研室上报教学副园长审阅；

⑤ 教科研室上报园长审阅，同意立项的履行签字、盖章手续；

⑥ 教科研室将申请表在规定时间内上报上级立项部门。

2. 课题研究程序

课题研究是一个发现问题、分析问题、解决问题的过程。"发现问题"需要教师有一定的问题意识，能在日常教育教学实践中有意识地观察、记录、思考；"分析问题"需要教师做出判断，如判断什么问题值得研究、可以从哪些角度入手进行研究等；"解决问题"需要教师了解并运用一定的研究方法。因此，课题研究要求教师具备一定的理论修养和先进的教育理念，这样才能对自己的实践进行反思，体会到"原来这样做更好"。

在课题研究过程中，园长需要建立相应的研究程序（参见图28-2）。

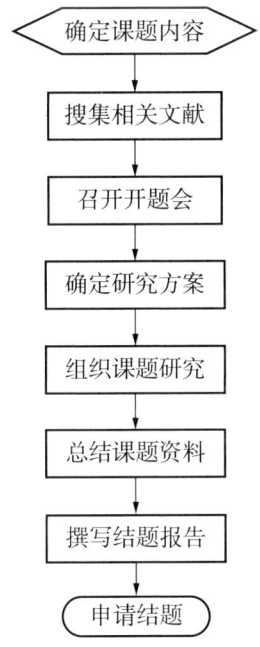

图28-2　课题研究程序图

教育课题研究的基本方法主要有观察法、调查法、实验法、个案研究法、文献研究法等。虽然这些研究方法的具体操作形式不同，但都是立足于幼儿园教育实践，帮助教师认识教育规律、解决实际问题的有力途径。幼儿园可以制定课题研究的一般程序，指导教师正确认识课题研究、顺利开展课题研究、提高课题研究的成效。

另外,园长也要在制定研究程序的基础上设立专门的研究组织机构。该机构专门负责提供后勤保障,对课题组成员进行分工和培训,确定研究过程每一阶段的任务并监督研究进程,同时聘请顾问或指导教师(幼儿园课题研究骨干或上级管理部门的教科研人员等)定期给予指导与帮助,以保证课题研究工作持续、系统、科学而公开地进行。

3. 课题结题流程

图28-3明确了课题结题的整个过程,能让每个参与者清晰地了解课题结题的程序与次序。

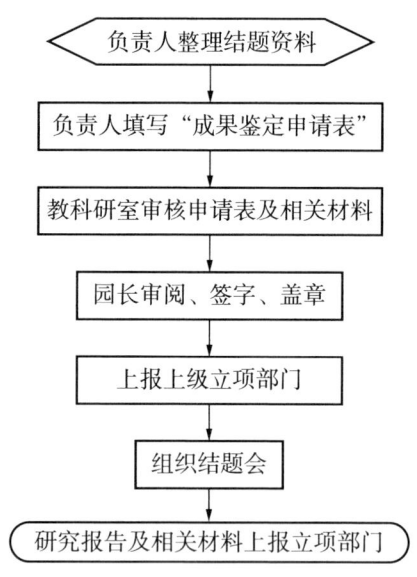

图28-3　课题结题流程图

另外,在流程图的后面,园长也可以附上相应的说明,如:

① 课题负责人根据立项部门提出的课题结题标准整理并完善课题结题资料;

② 课题负责人填写"成果鉴定申请表"并上交教科研室;

③ 教科研室审核"成果鉴定申请表"及结题资料,提出指导建议;

④ 教科研室上报园长审阅,同意结题的履行签字、盖章手续;

⑤ 教科研室将申请表及材料上报上级立项部门；

⑥ 教科研室协调并邀请专家，组织课题结题会议；

⑦ 教科研室统一将结题材料上报上级立项部门。

通过制定幼儿园课题申报和结题两个方面的流程，就把握住了课题工作开展的两个端口，对管理者来说，这样做是非常必要的。

有人说，"科研强师，科研兴园"。提高幼儿园全体教师的科研水平，园长是第一责任人。园长自己要了解课题研究的方法与路径，要熟知课题研究可能会出现的问题并能提出解决策略，要懂得课题研究的步骤与方向，明确课题研究的成果与类型。这些都对园长提出了新的挑战。由此可以看出，要想通过课题研究提升教师的专业化水平，园长必须要先提升自己的专业化水平。

【温馨提示】

1. 园长可以借助于当地院校的专家力量来开展本园的课题研究。
2. 园长可以为全园申请知网账号，以方便教职工查询资料。

第29条　科学开展绩效考核

教师绩效考核是为深化教育人事制度改革，推进学校绩效工资制度顺利实施，加强教师队伍建设，促进教育事业科学发展的一种对教师的考核制度。

2008年教育部颁发《关于做好义务教育学校教师绩效考核工作的指导意见》，指出"做好教师绩效考核工作是义务教育学校实施绩效工资制度的必然要求。绩效考核结果是绩效工资分配的主要依据。义务教育学校实施绩效工资分配改革，必须建立符合教育教学规律和教师职业特点的教师绩效考核制度，为绩效工资分配更好地体现教师的实绩和贡献、更好地发挥激励功能提供制度保障"。由此可见，实施教师绩效考核是幼儿园必须要完成的任务，也是园长必须要关注的问题。

一、以人为本，设置考核小组

《关于做好义务教育学校教师绩效考核工作的指导意见》规定，实施绩效考核工作应遵循的第一个原则就是"尊重规律，以人为本"。对于教师广泛关注的绩效考核工作，园长必须广泛地听取教师的意见，并在本园建立绩效考核小组，吸收骨干教师为小组成员，争取教师对绩效考核工作的认可和支持。

一般情况下，园内的绩效考核小组由组长、副组长和组员组成。园长担任组长，副园长和主任担任副组长，组员最好由教研组长、班长和教师代表担任。其中教师代表不少于小组成员的三分之一，小组成员可以由教职工大会或教职工代表大会选举产生。

在考核工作中，组长的职责是全面把握绩效考核工作，对主要项目和内容进行决策，力求公平、公正、公开、透明；副组长的职责是负责本部门的绩效考核内容及分数的审核、确定，组织本部门所有成员的绩效考核工作，形成本部门的绩效考核结果;组员的职责是协助副组长完成绩效考核细则的制定,向本部门教师介绍绩效考核内容,完成各种考核资料的审阅与评分工作。

二、基于实际,细化考核细则

"绩效考核结果是绩效工资分配的主要依据",绩效考核工作与教师的根本利益紧密挂钩。因此,为了让教师的绩效考核结果更加科学、合理,园长应该根据本园教师的工作实际和教师一起制定考核细则、确定考核分值,将各种工作进行量化。

如某园的《教师考核细则》(见表29-1):

表29-1　某园教师考核细则

安全卫生工作12分	安全3分
	卫生5分
	财产2分
	节约2分
班务工作25分	体育活动4分
	常规10分
	主题墙3分
	区域活动3分
	家长园地1分
	作业栏2分
	总结计划2分
教育工作18分	上教学观摩课8分,每多一节课加0.5分,但总分不超过10分
	教师档案3分
	专题总结3分,个案2分
家长评议10分	
同事评议10分	

续表

幼儿出勤10分
教师出勤5分
突出贡献10分

我们可以看出在这所幼儿园中,考核教师的工作内容包括安全卫生工作、班务工作、教育工作三个方面,另外还包括家长、同事评议,师幼出勤和突出贡献等方面。该细则项目设置得比较全面,同时赋分的形式也较容易操作。

三、以德为先,推行一票否决

在师德方面,幼儿园主要考核的是教师遵守《中小学教师职业道德规范》的情况,特别是为人师表、爱岗敬业、关爱学生的情况。"师德兴则教育兴,教育兴则民族兴"。师德建设是教师队伍建设的核心工作,应该成为绩效考核的重要内容。

如,某园就在绩效考核中实施了"一票否决"制,规定内容如下:教师在教育教学中严禁体罚和变相体罚幼儿;教师严禁没有请假无故旷工;教师严禁在与同事、家长沟通时不顾形象、言语粗俗;由于教师责任心不到位而造成幼儿发生意外伤害事故等,一经发现,绩效考核一票否决。将师德建设主要内容列入绩效考核方案中,可提醒教师不要超越红线,做尽心尽力、品德高尚的幼儿园教师。

四、自身参与,促进专业发展

教师的绩效考核从表面上来看好像就是"为绩效工资分配"而设定的,但是其更深层的意义却是为促进教师专业发展而服务。考核不是为了证明,而是为了改进和发展。

为了达成这样的目标,园长应该强调教师的参与,强调教师对自己教学行为的分析与反思,让教师在自评的基础上,参考园长、同事、幼儿及家长的建议，不断提高自身的教学水平。

如，某园引导教师参照《教师考核细则》开展教育教学工作，并按照"个人自查、互评打分、总结公布"三个程序对其进行绩效考核。首先，个人对自己的工作进行自查总结；其次，考核小组根据教师自查情况，采取听（员工自述）、看（总结）、查（考查）、评（互评和领导评）的方式进行考核；最后，考核小组将考核结果进行公布，做到民主、公正、公开。通过这些方法，园长可以使教师清楚地知道自己哪些工作做得好、哪些工作做得差，互相交流、相互促进、共同提高。绩效考核不仅是考核教师是否优秀的依据，更是帮助教师提升专业化水平的路径。

当然，绩效考核的最终结果毕竟是与教师利益挂钩的，所以无论是哪种考核形式，园长都要注重考核的严肃性。园长要强调实事求是、按规定考核，如果发现考核过程中有徇私舞弊、打击报复、弄虚作假等行为，一定要从严处理。只有这样才能让全园教师认可绩效考核的结果，并明确自己前进的方向。

【温馨提示】

1．绩效考核标准是考核者通过测量或与被考核者约定而得到的衡量各项考核指标得分的依据。园长要坚持公开、透明的原则，在考核标准制定之初，就要多与各个部门的教职工进行沟通、商讨，让全园教职工认可和了解考核标准，并将之进行公示。

2．对于每个学期综合评价为优秀的教师，园长可以在园内设置一些奖励措施，如外派参加学习、评先评模优先等。

3．针对综合评价一般但在工作中有突出贡献的教师，园长可以设立"突出贡献奖"，并给予其一定奖励，以示对教师付出的尊重。

4．实施考核的全过程要公开透明，随时接受教职工的监督和质询。考核的各项依据必须有原始凭证，考核评分结果要在本园公示，公示期限不得少于3天。

第30条　寻求专家引领，提升教育质量

提升教育质量是教育工作的永恒主题，教育质量是园所的生命，如何提高园所的教育质量是幼儿园所有工作的出发点和归宿。在幼儿园中，无论是教育管理、教学研究、师资队伍建设，还是后勤及总务工作，都要始终围绕提高园所的教育质量来开展。只有这样，幼儿园才能以过硬的质量赢得良好的信誉，以良好的信誉支撑园所的发展，赢得社会的认可。

提升园所的教育质量，很多园长首先想到的就是借助于上级领导、园内教师和家长三方的共同努力。但我们认为有了这三种力量还不够，还应该加上外聘专家的力量。

一、什么样的人是专家

专家是指在学术、技艺等方面有专门技能或专业知识全面的人，或指在特定行业内有较多经验和知识的人。

判断其是否为学前教育专家的依据主要有以下几个方面：一是能否借助于自己的阅历和学识，正确掌握幼儿园发展的方向性问题；二是能否为幼儿园带来先进的理念和具有前瞻性的信息；三是其独到见解是否能使教师的思路豁然开朗；四是其人格魅力和敬业精神是否能激励教师；五是其是否拥有普通幼儿园教师所不拥有的经验。

二、如何聘请专家

要想聘请专家，园长需要做好以下几个方面的工作。

1. 积极申请，通过官方引进专家

现在很多省市都在有针对性地引进外来的高层次人才，如各个地区的

"千人计划""百人计划"等。园长也可以通过类似的途径,搭上顺风车,帮助自己招聘专家和人才。

山村幼儿园的特级教师

××幼儿园地处河北省涞水县贫困山区,学前儿童的入学率比较高,但是教育教学还不能达到省级中上游水平。在习近平总书记提出要"打赢脱贫攻坚战"后,涞水县教育局积极与市教育局联系,××幼儿园园长借助于此次契机,邀请在市某幼儿园任教的特级教师入驻园所进行指导。

经过教育局的多方协调,该园长最终如愿以偿。

(保定市涞水县赵各庄镇白涧幼儿园　赵琦琪)

案例中的山村幼儿园园长就是借助于上级部门的力量,为自己园所聘请到学前教育专家。除了这种方式,园长还可以与教育局的相关部门沟通,如与负责教师培养与培训的机构进行沟通,因为他们有更丰富的专家级教师资源。通过教育局牵头,园长可以聘请到适合自己园所的专家和人才。

2. 积极拓展,利用自身吸引人才

俗话说得好,"种好梧桐树,引得凤凰来"。如果没有上级领导的帮助,园长就需要提高园所的品牌力和知名度,吸引专家前来。

大学教授的亲临指导

某园地处历史名城,周边有很多高校,其中精通学前教育的专家不少。园长一直致力于园内的教育教学研究,通过不懈的努力,将幼儿园打造成了国内具有一流影响力的园所,每年来自全国各地的参观者络绎不绝。

当地学前教育专家李教授看到了这所幼儿园的实力,在一次与园长的交流中感受到双方教育理念与志向相投。于是,李教授决定与这所幼儿园进行合作，共同进行有关幼儿数学核心概念方面的研究。

（保定市青年路幼儿园　张艳荣）

案例中的园长就为大家做出了"种好梧桐树"的表率。我们在工作中发现，越是那些名声在外的园所越容易得到知名专家的指导，这与园长和教师的努力是分不开的，"打铁还需自身硬"。

三、如何利用专家资源

专家到来后，如何充分利用专家资源，让其为我所用呢？我们总结了以下几点，希望能够给予大家启示。

1. 要充分了解专家的优势和不足，让其优势得以发挥

利用专家确定办园思路

某园属于新办园。园长由于缺乏经验，一时不知道如何下手。

她找到了已经退休的区教研室主任。该主任从事教研管理多年，对学前教育有着自己的思考和感悟。园长想利用这一长处，让他帮自己想想幼儿园的办学方向。园长把自己的困惑与教研室主任交流后，主任将该园的培养目标确定为"健康、快乐、睿智、创新"。过了几年，她又听取教研室主任的意见，在园内开展了蒙台梭利教学。

几年来，在专家的引领下，该园围绕培养目标努力工作，勇于实践，取得了令人瞩目的成果，成了当地颇负盛名的园所。

（承德市第一幼儿园　黄云峰）

案例中的园长在办园思想不明确的时候，善于运用专家的专长来弥补自

己的不足。通过与有经验的专家沟通,她不仅增强了自己对幼教理念的认识,还解决了自己急需解决的问题。

2. 帮助专家解决生活问题,让其安心于指导

一般情况下,幼儿园聘请的专家多为外来人员,有已退休的,还有在职的,有管理者,也有高校教师。由于其生活环境不同、需求不同,园长就要"以人为本,区别对待"。

爱喝咖啡的刘教授

某园正在开展有关区域游戏的研究,为了提升教师对区域游戏的理解,支持教师对幼儿区域游戏的观察,园长特意从全国知名师范院校请来了对区域游戏颇有研究的刘教授入园开展培训。

刘教授是南方人,年轻时留学欧美,养成了每天喝咖啡的习惯。园长获悉后,专门嘱咐负责接待的教师,提前准备了原味现磨咖啡。

刘教授从机场赶到幼儿园后,收到的第一份礼物就是味道醇厚的热咖啡。此举让刘教授非常感动,她在培训结束后,激动地说:"没想到园长这么细心,连我这个小小的嗜好都考虑到了。"该园的园长和教师让刘教授感受到了家的温暖,她表示以后会经常到这里来看看。

(保定市青年路幼儿园 殷晓辉)

案例中园长看似不经意的举动,表达了对刘教授的尊敬。这个举动打动了专家的心,让后面的再次指导变得更加轻松和顺畅。

园长不应该只考虑自己的园所能够从专家那里得到什么,还应该考虑自己能够给予专家什么。园长要为他们创设像家一般的氛围,给予他们像亲人一般的照顾,如此才能把心留住,让爱永久。

【温馨提示】

1. 把专家请进来为幼儿园做出诊断、提出合理化建议是管理的常态。

2. 园长、教师走出去接受专业培训是队伍建设的重要途径。

3. 由专家、管理者及教师共同参与的研究能够不断提升幼儿园的教育质量。

第31条　用本土资源突出办园特色

本土资源主要指幼儿园所在地区的自然生态和文化生态方面的资源，包括本土地理、自然、历史、民间艺术、民风习俗以及生产生活经验等。这些资源具有浓郁的乡土民风，幼儿耳闻目染、耳熟能详，是幼儿园难得的教育资源。幼儿园可以通过有效利用本土资源，让幼儿回归自然、亲近自然，"以幼儿为本，以孩子为中心"；通过环境进行教育，让孩子们学会认知、做事、合作，从而完成教育文化传承，让孩子受益终生。

一、利用本土资源，在环境中彰显家乡特色

蒙台梭利说："在教育上，环境所扮演的角色相当重要。因为孩子从环境中吸取所有的东西并将其融入自己的生命之中。"环境是幼儿园开展教育的重要资源，是孩子的第三位教师，幼儿在与环境的互动中吸收一切有益经验，并将其与自己的已有经验进行同化，从而获得成长。

幼儿园中的环境不仅包括户外场地、楼道、活动室，还包括班级内的各种材料。它们以不同的形式给予幼儿不同的感受，让幼儿在情感上获得愉悦，在操作中感受成功，在学习中感到快乐。

1. 加强学习，了解本土文化

教育家陈鹤琴先生提出幼儿园要坚持"中国化"的原则，指出"幼儿园环境创设要考虑当地的风土民情、文化底蕴、气候条件"。因此在环境创设中，园长要从实际出发，结合本地的经济、人文、历史等相关因素，挖掘并有效地利用一切可利用的本土资源，努力使幼儿园的环境与幼儿鲜活的生命相融合，让环境与幼儿产生互动。

但是在日常工作中，大多数园长对本园所处地市或区域的本土文化知之

甚少，这样的状况根本无法保证本土资源在幼儿园环境创设中的应用。因此，园长应该广泛搜集当地的各种文化资源，并通过实地考察、阅读培训等方式，从自身做起，带动全体教师了解自己家乡的本土文化，进而将其应用到实践中去。

特色小镇上的幼儿园

溱潼镇是江苏省的重点镇，也是第一批中国特色小镇。这个小镇四面环水，镇南的喜鹊湖是经国家林业局批准设立的江苏省首家国家级湿地公园，国家5A级旅游景区。此外，属于溱潼镇的溱潼古镇旅游区是国家2A级旅游景区。

位于古镇中的某幼儿园风景秀丽。该园园长通过调查和走访，对家乡悠久的民俗文化（如溱湖八景、溱湖八鲜、溱潼会船节、古建筑群等）进行了了解，还将这些本土资源分成了三大类：家乡饮食文化、家乡历史文化、家乡景点文化。其中家乡饮食文化包括：溱湖八鲜、各类特色小吃、四大特产；家乡历史文化包括：溱潼会船节、溱潼古建筑；家乡景点文化包括：溱湖八景、古镇传说、古镇新姿。通过对这些本土资源的梳理，园长和教师对家乡的文化有了更深刻的认识，也为幼儿园运用本土资源开展教育教学活动奠定了基础。

（保定市青年路幼儿园　胡中天）

案例中，溱潼镇幼儿园的管理者对本地的历史文化有了深入的了解，并进行了详细的分类。这样的做法值得学习和借鉴。

2. 搜集素材，创设特色环境

我国地域辽阔，各个区域都有自己独特的自然风光与丰富的人文资源。园长应充分利用这些丰富的本土资源，创设有效的教育环境，实现"环境"与幼儿的"对话"。

幼儿园中的童乐园

南郑区位于陕西省汉中市,因"郑人南奔"而得名,是一个有着深厚文化底蕴的地方。位于南郑区的某幼儿园引进该区的非物质文化遗产等特色资源,在县文化局、旅游局、科技局的大力支持下,在本园创设了"南郑文化童乐园",极大地丰富了本园的环境,增强了幼儿对家乡文化的了解。

在童乐园中,园长引进了南郑桄桄戏、南郑黄官藤编、汉山樵歌、最美油菜花海、协税社火、南郑茶文化等资源,创设了"我是南郑小戏迷""藤编入校园""开心茶吧""舌尖上的南郑""家乡竹林"等主题环境。这些举措拓展了环境创设材料和环境创设内容,将家乡特色融入幼儿园环境创设中,促进了孩子创造力和动手能力的发展,使孩子学会了关注生活、热爱家乡,同时在童乐园中实现了教师与幼儿、教师与家长、教师与课程的共同发展、共同成长。

(改编自百度文库)

案例中的幼儿园在上级部门的支持下,将本土资源中的特色活动引入幼儿园,通过童乐园的方式对其进行创设,并将其与班级教学相结合,让幼儿在与活动的互动中增强了对家乡民俗文化的了解,激发了他们爱家乡的情感。

昆山某幼儿园的本土环境创设

昆山市位于上海和苏州之间,有着深厚的文化底蕴。著名爱国主义学者顾炎武、散文家归有光、画家龚贤都生于此,此地更是被誉为"百花园中一株幽兰"的昆曲的发源地。这里的美食(如阳澄湖大闸蟹、奥灶面、周市熝鸭、正仪青团子、周庄万三蹄等)也深受游客的青睐。

昆山某幼儿园根据这些本土资源创设了园所环境:走进园所,映入眼帘的是水乡牌坊,侧墙的民间工艺展示区摆放了家长和孩子共同制作的民间工艺品，让人仿佛走进了水乡人家；一楼的走廊里红墙黄瓦、古色古香，开设有青团子、奥灶面、万山蹄、袜底酥等地方特色美食店；二楼的蓝印花布装饰更展现了水乡独特的韵味，里面有昆石加工、草艺编织、土布印染等场所，幼儿可以在此进行操作；三楼的脸谱、民族服装、戏曲舞台灯则精心地营造了浓厚的民俗文化氛围，从不同角度向幼儿展现了中国优秀的民俗艺术文化。

（保定市青年路幼儿园　李芳）

案例中的幼儿园根据所在地域的特点，通过不同楼层环境的创设、材料的提供，让幼儿在潜移默化中接受了本土文化的熏陶，更多地了解了家乡的民俗文化，并感受到家乡民俗文化的魅力和价值。

另外，在环境创设中，园长应该鼓励幼儿和家长一起参与环境创设，更新教师和家长的观念，帮助幼儿通过观察、构思、动手获得新知识，从而促使其动手能力和创造力得到发展。

二、挖掘本土资源，在活动中传承民俗文化

民俗文化又被称为传统文化，是人们对民间民众的风俗生活文化的统称。它也泛指一个国家、民族、地区中集居的民众所创造、共享、传承的风俗生活习惯。民俗文化来源于生活，并以幼儿喜闻乐见的形式存在于他们的生活之中。通过让本土民俗文化走进幼儿园的方式，园长可以使幼儿在学习民俗文化的过程中，更好地传承民俗文化，增强幼儿热爱家乡的情感。

1. 主题活动中的民俗文化

主题活动是指在集体性活动中，以一个主题为线索，围绕主题进行的教育活动。与传统教学相比，主题活动具有以下特点：主题活动的内容更贴近日常生活，幼儿兴致高；主题活动以一个话题为中心加以延伸，更具系统性；主题活动往往与区域活动联系紧密，其开展更具有灵活性。

目前，主题活动的开展已经成为幼儿园最重要也是最主要的教育教学形

式之一。将本土资源中的民俗文化融入主题活动中，不但能让幼儿习得相关的知识和经验，而且能让其了解本土文化。

苏州某园的糕团文化

为了让本地的传统文化走进幼儿园，让孩子们自小耳濡目染本土的优秀文化传统，在实践中体验，在体验中感悟、收获、成长，苏州某园园长结合本园幼儿的兴趣和需要，决定将当地民俗文化中的黄天源糕团文化引入幼儿园，并开展区域游戏。

园长首先组织教师带领幼儿步行到黄天源总店参观，让孩子们感受各式各样的糕团，请他们说说自己吃过什么口味的，让孩子们进一步了解糕团的特点；然后，教师引导幼儿对糕团的形状、颜色进行描述，了解每种糕团的名称，了解黄天源的糕团是苏州的一大特色；再然后，教师组织幼儿品尝糕团，让孩子们从味觉上更完整地体会苏州糕团的特点；最后，教师引导幼儿在自己的班级中创设"黄天源糕团店"，和幼儿一起准备售卖的材料，进行角色分工，开展相关的购买游戏。孩子们在游戏中不仅了解了家乡的美食文化，还熟悉了不同的社会角色，锻炼了与同伴之间的社会交往。

（保定市青年路幼儿园 徐顺心）

在本案例中，园长根据本园幼儿的兴趣点，选择了最能代表当地特色的糕团文化让幼儿了解、尝试和游戏。在这一过程中，幼儿获得的体验是丰富的，对家乡特产的了解是深刻的。

2. 区域活动中的民俗文化

区域活动是幼儿在园开展的一种重要的自主活动形式。它是根据幼儿发展需求和主题教育目标创设立体化育人环境，即充分利用各类教育资源，有效运用集体、分组和个别相结合的方式，通过幼儿与材料、教师、同伴的互动以促进幼儿发展的教育形式。

一般情况下，幼儿园中的区域包括常规性区域和社会性区域。常规性区域包括美工区、建构区、图书区、科学区等；社会性区域包括娃娃家、小超市、小餐厅、小医院等，其既能促使幼儿尝试社会性角色扮演，又能激发幼儿之间的交往，培养他们的社会化能力。

民俗文化在区域活动中比较容易体现，园长可以从本土资源中选取那些与幼儿生活经验相一致、能够自主操作的内容，引导幼儿在游戏中学习，在操作中体验。

白洋淀旁的幼儿园

河北省保定市安新县某幼儿园位于华北明珠——白洋淀的旁边。白洋淀的水产品是当地的一大特色。园长就充分利用这一本土资源，引导教师搜集各种材料投放在区域中，让幼儿在操作中学习。

如：吃完了河蚬里面的肉，教师就带领幼儿把外面的壳洗刷干净，用河蚬的壳做边框，就变成了窗帘；把螺蛳壳用彩带串起来，用螺蛳壳粘贴出美丽的蝴蝶；把各种鱼的鱼鳞保留下来，消毒后制作手工鱼、家乡古建筑模型的屋顶等。一件件作品充满创意，令人赞叹。

随着季节的变化，教师会根据出产的物品随时变换区域材料。如：夏天到了，菱、藕上市了，教师就把菱、藕投放到区域中，幼儿将它们涂上五彩缤纷的颜色，制作成花圈；秋天到了，芦苇变黄了，教师就和幼儿一起动手，制作精美的芦苇画……

（保定市安新县机关幼儿园　陈爱玲）

本案例中的教师在园长的提示下，将本土的自然资源投放到区域中，并引导幼儿进行有创意的制作。置身于这样的区域里，幼儿会感觉大自然就在身边，对自然界一木一石的呵护之情也会油然而生；而且幼儿在不断地收集、观察、设计、创作、欣赏中也能学会关注周围环境，提高自己的审美能力。

3. 节日活动中的民俗文化

我国是历史悠久的文明古国,丰富的传统节日是中国文化不可缺少的重要组成部分。面向幼儿开展中国传统节日活动,不仅能让幼儿了解有关节日的历史和民俗,还能引导幼儿发展和继承中国传统文化,为其埋下一颗"爱祖国"的种子。

跟随节日的"食品一条街"

某园园长认为,与节日最直接相关、与幼儿联系最紧密、孩子在节日中最感兴趣的就是节日美食了。

因此,每当传统节日来临时,园长都会组织教师在幼儿园中开展"食品一条街"活动,对园内的一条街道进行布置,如元宵节布置灯谜、端午节布置纸做的龙舟等。另外,园长还会组织教师根据不同的节日,准备相应的食材,并带领幼儿共同制作与节日相关的食品,如春节的"饺子"、元宵节的"汤圆"、端午节的"粽子"、中秋节的"月饼"等。在制作的过程中,园长和教师会帮助幼儿了解这些食品的名称,为幼儿讲述食品背后的故事,让幼儿分享节日美食,在快乐品尝的同时感受节日带给大家的快乐。

(保定市青年路幼儿园 蒋卓)

案例中的幼儿园通过"食品一条街"的创设,不仅让幼儿了解了不同节日的文化,还让幼儿制作、品尝了节日美食,体验了表现美、创造美的乐趣。

在节日活动中,除了可以利用特色美食资源和艺术作品外,有关节日的一些传统民间故事、童谣、传说、名胜古迹、娱乐项目等,也是进行民俗文化教育不可或缺的一部分。园长应该引导幼儿在活动中进行了解、感受和体验。

三、整合本土资源,在活动中增添民间游戏

民间游戏是民俗文化的重要组成部分,它所需材料简单,内容易学,种

类丰富，趣味性强，玩法多样，不受时间、空间的限制。另外，民间游戏大多具有当地浓郁的生活气息和地方特色，所配的儿歌也都是当地的方言，读起来朗朗上口、趣味性强，为幼儿的民族文化教育提供了极佳的教学蓝本。

民间游戏的搜集

某园地处华北平原农村，为了让幼儿更多地了解当地的民间文化，园长准备将民间游戏引入幼儿园。

她做了以下几个方面的工作：一是游戏搜集，重点以家长会的形式，向家长介绍民间游戏对幼儿发展的重要作用，并设计了"民间游戏征集表"，发放给家长，让他们把自己家人小时候玩过的游戏名称、玩法、材料等都一一记录并返回给教师，为教师提供选择；二是在教师群体中开展"如何开展民间游戏"的理论学习，引领教师充分认识到开展民间游戏的重要性，并通过书籍、网络等方式，带领教师们将与民间游戏相关的材料记录下来，再结合实际，有针对性地对民间游戏进行筛选和改编。

通过这样的方式，幼儿园上下不仅对民间游戏的种类进行了深入的了解，更通过民间游戏增强了对当地文化的认识。

（保定市涞水县幼儿园　程淑华）

民间游戏的运用

某农村园一直在开展针对民间游戏的研究，但是苦于园内空间有限，很多需要较大场地的民间游戏没有办法开展。为此，园长专门将很多不受时间、场地限制、玩具携带方便、便于收拢的民间游戏穿插在幼儿一日生活中的零散时间。如：在幼儿入园的时候，为他们准备一些发展小肌肉或手眼协调能力的民间游戏，像"七巧板""挑棒"等，可以使幼儿获得愉悦的体验；在餐前活动时，带领幼儿学习手指游戏，如"大拇哥""拍手歌""玩叉绳"等，使幼儿带着愉快的心情进餐；在离园时，为幼儿提供"弹蚕豆""烟盒三角块""拍手游戏"等,避免幼儿因无所事事而烦躁不安等。这样,不仅解决了园内空间不足的问题,还使幼儿在园一日活动的各个环节过渡自然、管而不死、活而不乱,动静交替。

(保定市涞水县幼儿园 程淑华)

以上案例为大家介绍了民间游戏的搜集与使用的不同方法,以供园长们借鉴。当然,园长们也可以用符合自己园所的方式对其进行改变和创新。只要是充分发挥民间游戏独特的教育价值,达成让幼儿在快乐中发展、在游戏中嬉戏、在潜移默化中实现传承民间游戏的目标就可以了。

总之,本土资源为我们提供了宝贵的教育资源。作为中国人,作为肩负文化传承使命的教育者,无论是园长还是教师,都应该本着传承、创新的目的,仔细挖掘民间瑰宝,让本土资源在自己的园所里生根,让幼儿在充满探索与快乐的环境中主动发展,这是每个幼教工作者不可推卸的责任。

【温馨提示】

1.园长应了解本土的历史由来、文化资源,寻找可利用的机会。

2.园长应引导教师带领幼儿多参与各种民俗活动,增强其对传统文化的了解。

3.园长应了解园内家长资源,取得家长对各种活动的支持。

第32条　开发幼儿感兴趣的幼儿园课程

幼儿园课程是实现幼儿园教育目的的手段，是帮助幼儿获得有益的学习经验，促进其身心全面和谐发展的各种活动的总和。

进入21世纪，西方很多幼儿心理、教育理论逐渐被引入我国，对我国幼儿园课程观造成了极大冲击。纵观当前幼儿园，我们会发现：一些园所引进了蒙台梭利课程、奥尔夫音乐课程、高瞻课程、瑞吉欧课程等国外课程模式；一些园所在立足本园实际的基础上构建了属于自己的园本课程；还有更多的幼儿园，在其他课程的基础上，尝试探索适合本园幼儿发展的课程体系。《论语》有云："知之者不如好之者，好之者不如乐之者。"无论哪种课程，都必须符合本园教学实际，课程内容都必须让幼儿感兴趣，只有这样，才能做到有效落实。

那么如何设置课程，才易于引发幼儿的兴趣呢？

一、让课程游戏化

《幼儿园工作规程》提出，幼儿园应"以游戏为基本活动"。"基本活动"意味着其是重要的和不可缺少的。幼儿园课程是幼儿在园一切活动的总和，因此，幼儿园活动应尽量游戏化。

自己创设游戏空间的南北庄中心幼儿园

浙江省安吉县南北庄中心幼儿园地处城郊结合部，入园的孩子多是外来务工人员子女。该园园长在县教育局的领导下，合理规划幼儿园的环境，为幼儿创设了丰富的游戏空间，如户外游戏区、走廊游戏区、班级游戏区等。其中户外游戏区包括：金沙滩沙水区、建构区、运动区、野战区、野营区、农耕区等；走廊游戏区包括：休闲书吧、创意美工坊、阳光大舞台、美食一条街等；班级游戏区包括：益智区、美工区、图书区、娃娃家等。

为丰富游戏区的材料，南北庄中心幼儿园的教师和家长把附近地板厂的废弃地板，纺织厂的纸线筒，海绵厂的泡沫与海绵边角料，木板加工厂的木块、木条、木片，体育馆的羽毛球、乒乓球和农村稻田里的稻草等，都收集为游戏材料。同时，教师和家长还为幼儿提供了自制的单梯、废旧轮胎、攀爬架、竹推车、木铲等日常生活中常见的物品。幼儿园还明确规定"幼儿每天要有2小时以上的自主游戏活动时间"。这些都使得孩子们在幼儿园里可以自由地与这些材料进行互动，自发地开展各种自主性游戏，幼儿园真正做到了"把游戏还给孩子"。

（改编自网易新闻）

上述案例从园所环境、材料支持、制度保障等三个方面为大家介绍了安吉南北庄中心园为了创设游戏化课程而做出的努力。我们认为该幼儿园的游戏化课程具有三个方面的含义：一是所有的课程内容用游戏的方式呈现；二是教师在组织各种活动时，注重其游戏性、主动性和趣味性；三是教师努力为幼儿提供游戏环境、材料，并观察、指导游戏。从这三个方面进行努力，教师才能让幼儿对课程感兴趣。

二、让课程生活化

教育家张雪门提出，"我们提倡的幼稚园课程，首先应注意的是实际行为，凡扫地、抹桌、熬糖、炒米花以及养鸡、养蚕、种玉蜀黍和各种小花，能够实际行动的，都应让他们实际去行动。在行动中所得的认识，才是真实的知识；在行动中所发生的困难，才是真实的问题；在行动中所获得的胜利，才是真实的制驭环境的能力"。

做食育的河南省实验幼儿园

河南省实验幼儿园于2011年率先开展了幼儿园食育课程的实践研究。

该园张园长提出,"食育"的内涵是"尊崇天地自然之道,传承中华先祖优秀饮食文化,促进人类身心康乐"。其中食育课程包含:食物的认知和种植、食物的营养与养生、食物的制作与品尝等。蔬菜种植让幼儿感受到身边的食物来之不易;美食制作让幼儿体验到中国特有的饮食文化;日常生活中的察便让幼儿了解自身饮食与健康状况的关系,形成初步的健康养生观念。在一日生活中,孩子们自己的起居自己照料,自己吃的食物自己烹饪,自己喝的水自己配置,自己的生活自己做主。通过这样的方式,园长真正将生活交给孩子,让其为自己的生活、健康负责。

(保定市青年路幼儿园 肖艳)

南京师范大学虞永平教授曾经说过,"幼儿园课程生活化是幼儿教育回归幼儿生活思想的具体体现……回归幼儿生活世界的本质是承认、尊重生命的存在和生命成长的现实和需要,让幼儿在一个真正属于他的、能让他的生命得到萌发的、现实的、感性的和真正能彰显主体性的环境中生活和学习"。

案例中的幼儿园园长就是基于这样的理念,从食物入手,将生活还给幼儿,让幼儿去亲近自己的生活,感受自己生命成长的有力脉动。

通过对课程生活化的反思,我们认为其具有以下三个特点。

(1)课程内容从生活中来。幼儿园课程的内容应该来自幼儿生活,园长应引导教师在工作中有意识地关注幼儿的生活世界,使幼儿园课程与幼儿生活融为一体。如,案例中的食育课程就紧紧围绕幼儿生活中的"食品"主题,让幼儿从最近的生活现象入手,继而了解整个世界。

(2)课程设计围绕生活开始。课程设计要以幼儿的生活为基点,使生活教育的思想贯穿于整个教学活动。如:案例中的实验园里有个蔬果花园。一次，教师带小朋友们去蔬果花园，孩子们对绿油油的蔬菜产生了兴趣，纷纷议论"它们是什么菜"，教师介绍说："这是小油菜，吃起来有一点甜味，还有淡淡的清香味。"这时候旁边最挑食的小米居然说自己最喜欢吃它。回到班里后，教师马上和孩子们展开了有关"小油菜"的讨论，大家讨论了如何爱护植物，如何照顾小菜园，如何爱惜蔬菜粮食，不挑食不偏食等，通过生成活动达成了食育的教育目的。

（3）将生活能力还给幼儿。幼儿在一日生活中能够胜任很多事情，园长一定要引导教师相信他们，让生活成为他们学习的舞台，让他们为自己的生活做主。

三、让课程动态化

幼儿园课程结构有别于中小学课程结构，它是以幼儿发展为导向，以经验获得为过程和目的的动态结构。它是以思考为纽带的行动结构，而不是知识结构，只有与行动结合才可能是经验的，只有真正转化为行动的知识结构才称得上是真正的幼儿园课程结构。

河北某园的"生成课程"

在上海二次课改之后，河北省某幼儿园园长也提出学习上海课程改革经验，实施生成式主题课程。

很多教师积极响应，在班级中开始了对生成式主题课程的研究。如：大班某幼儿来园时遇到路上出车祸，拥堵了半个多小时才到幼儿园，错过了当值日生的机会。在晨间谈话中，很多幼儿都被这个事件吸引。教师抓住这个契机，带领他们围绕"为什么会发生车祸""怎样才能避开拥堵路段，顺利来园"等问题展开讨论，逐步帮助幼儿梳理了发生车祸的原因（没有遵守交通规则、信号灯时间太短等）和避开拥堵路段的方法（提前查看百度地图、骑自行车来园等）。后来，有个小朋友找来了地图，大家发现出车祸的道路与其他道路相比较窄。于是，他们打算建议市道路建设部门拓宽该段道路。最终他们让教师将这些建议写下来，并通过邮局递交给了有关部门。

（保定市曲阳永宁幼儿园　张芳）

案例中所有的教学内容始终围绕着幼儿的兴趣开展，通过问题的不断发现与解决，幼儿与教师、同伴充分互动，集体搜集相关的资料，对公众问题进行深入思考，取得了良好的效果。

生成课程是指在师生互动过程中，教育者通过对儿童的需要和感兴趣的事物的价值判断，不断调整活动，以促进儿童更加有效学习的课程发展过程。其必须符合两个条件：

（1）源于幼儿。即课程不是教师提前预设好的，而是追随幼儿需要产生的。例如，案例中的车祸事件即是如此，教师没有提前预测，但是又感到其具有教育价值，稍做引导，教育活动就生成了。

（2）紧随幼儿。在生成课程中，师幼的关系是平等的，他们在学习上是相互促进的合作伙伴。例如，案例中教师没有以主导者的身份出现，而是加入幼儿的讨论，让幼儿始终围绕一个话题不断深入，最终获得自己的认识和理解。

目前各个园所的课程各有优长。作为幼儿园的管理者，我们一定要厘清自己的教育理念，站在"一切从幼儿出发，一切有利于幼儿发展"的角度，积极调动教师的积极性，鼓励教师有责任心、有爱心，懂得了解孩子、尊重孩子、支持孩子。只要课程的理念是正确的，无论采取哪种课程模式，都是有效的。

【温馨提示】

1. 生成本园的园本课程是一件复杂的事情，需要教师具有非常高的专业化水平，园长可以根据本园实际来确定是否生成自己独有的课程体系。

2. 无论选择哪种课程，园长一定要明确课程是为幼儿服务的，课程的实施要基于幼儿的兴趣和发展水平。

第33条 幼儿常规培养有技巧

幼儿常规是指幼儿日常的行为规范。人们经常说"无规矩不成方圆"。然而在日常工作中，我们经常发现很多幼儿园中的幼儿常规培养形同虚设或基本没有，幼儿在园时大多处于"放任自流"的状态，尤其是在一些农村园中，这样的现象更为普遍。

一、幼儿常规培养是否有必要

也许很多园长会产生这样的疑问："在以幼儿为本的今天，我们不是要充分发挥幼儿的自主性吗？再提出各种常规要求，是不是与现代教育理念不符呢？"

教育部颁布的《幼儿园教育指导纲要（试行）》为幼儿常规界定了范围：其一为科学的生活常规，其二为交往和实践活动中基本的社会行为规则。常规培养包含教幼儿学会生活、学会学习、学会做人三层意思，而这恰恰是一个人生存和可持续发展的最基本的素质要求，也是社会对每一个公民乃至未来人才的最基本的素质要求。因此，常规培养应该是幼儿园素质教育乃至整个基础教育的核心内容。在幼儿时期对孩子进行常规培养非常必要，而且非常重要。

二、通过什么方式培养幼儿常规

《幼儿园教育指导纲要（试行）》提出，幼儿园要"建立良好的常规，避免不必要的管理行为，逐步引导幼儿学习自我管理"。其为幼儿园培养幼儿常规提出了两条建议：一是减少成人的管理与干涉，二是给予幼儿自我管理的权利。

1. 制定常规依据幼儿想法

日本教育家仓桥物三在《幼儿园真谛》中提到,"我反对自称是教育幼儿,却不让幼儿过自己生活的幼儿园""好的幼儿园教师一定会使幼儿感到他们不是到教师这里来受教育的,而是像到自己亲戚家去一样"。基于这样的教育理念,在制定幼儿常规时,园长一定要听取幼儿的意见,以便幼儿在以后的实践中感到自然和从容。

某园大班学习常规的建立

再过一个学期,某园大班的幼儿就要毕业了。但是让园长头疼的是,大班的教师经常向她诉苦,说现在大班的孩子太难带了,很多幼儿上课的时候不注意听讲,随便说小话,坐没坐相、站没站相,还有的随便打闹。一天下来,教师感到非常疲惫。

教师们的抱怨引起了园长的注意,她利用周一备课的时间召集全体大班班主任开会,就如何培养幼儿学习常规的问题进行研讨。通过深入的分析,班主任们一致认为大班幼儿主动性强,具有对事物进行初步思考和决策的能力,应该把决策权和管理权交给孩子们,让他们自己来制定"班级公约",约束不良的学习行为。

方法确定后,大班的教师们分头行动。他们有的搜集幼儿上课时的录像,有的将幼儿上课时不好的行为拍成照片,通过展示录像和照片,引导幼儿发现大家在上课时出现的问题,讨论这些现象引发的后果,然后再一起想出解决的策略。

仅用了一周时间,所有的大班都制定出了符合自己班级的"班级公约"。由于这些公约都是孩子们自己想出来的,所以执行得特别顺畅,孩子们的学习常规有了很大的提升。

(保定市青年路幼儿园 秦雯)

2. 执行常规依靠幼儿监督

常规建立起来后,必须要落实。我们发现在很多传统观念重的幼儿园中,引导幼儿遵守常规往往是教师的事情,成人经常扮演"警察"或"法官"的角色,判断幼儿行为的对错,并提出要求与提醒,这种做法不仅违背了"以幼儿为本"的初衷,还容易打击幼儿参与活动的积极性,甚者让其产生逆反心理。

"轮流小组长"的新举措

9月刚开学,中班的许老师就在班级中宣布了一项新举措——"轮流小组长"。具体内容是:大家每周一推选几个小朋友来担任小组长,小组长的工作职责就是"监督小朋友们的行为,创设文明、有序的环境"。

这个决定宣布后,许老师又带领小朋友们一起讨论、制定了小组长工作的具体内容,如:检查饭前洗手、饭后漱口的情况;验收午休后叠被子的情况;监督上课遵守纪律的情况等。

经过一段时间的实践,担任小组长的幼儿因为肩负使命而更加严格要求自己,没有担任小组长的幼儿也由于有了同伴的监督而变得更加自觉。班级幼儿无论是生活常规还是学习常规都有了很大的改进。

(保定市青年路幼儿园　张彦徽)

案例中的许老师利用幼儿之间的监督与管理来提升班级的常规培养水平,这样做的好处是既达成了目标,又充分体现了幼儿的自主性,可谓一举两得。

常规培养是帮助幼儿逐渐从他律向自律发展,从服从别人管理向自我管理发展的重要过程。作为园长,我们不仅要重视常规培养的结果,更要重视其过程,结合本园幼儿的实际情况,引导教师充分发挥幼儿的自主性,促进幼儿常规的养成,为他们的全面发展打下良好基础。

【温馨提示】

1. 针对一些过程性的常规内容，如穿衣、洗手的正确方法等，园长可以提示教师用图片或照片的形式展示，以帮助幼儿了解并掌握。

2. 常规培养中的环境作用不可小觑，园长一定要提醒教师充分利用环境，如贴控制线、做小标记等。

3. 为巩固常规培养成果，增强家园共育，园长要提醒教师通过家庭教育讲座、教子经验交流会、专家咨询等活动让家长了解班级常规教育的内容和目的，避免家长在家庭中过度保护和包办代替。

第34条 发挥区域活动的有效性

区域活动是教师根据教育目标以及幼儿发展水平和兴趣，有目的地将活动室划分为不同的区域（如美工区、积木区、表演区、科学区等），并投放相应的活动材料，由幼儿按照自己的意愿和能力，以操作、摆弄为主要方式，进行个别化的自主学习的活动。

从区域活动的定义可知它是一种开放、自由、自主的活动，活动中的幼儿应该表现为轻松愉快、没有心理压力，并能体验到战胜环境的成功感。但是，我们发现很多幼儿园在区域创设和组织中存在各种各样的问题，导致幼儿对区域活动没有兴趣。

一、幼儿园区域活动普遍存在的问题

幼儿园区域活动出现的问题主要有以下几个方面。

（1）园长和教师对区域活动的重要性认识不足。一方面表现为其工作重点仍是集体教育活动，投入区域环境创设、材料投放、幼儿指导的时间和精力都很少，造成区域变成"摆设"或应付上级检查的工具；另一方面表现为所有的区域无论环境还是材料、规则等都是由教师决定的，幼儿没有参与决策，缺乏主动性。

（2）区域活动的条件（场地、时间、材料）不充裕，不能有效地支持幼儿的自主学习。如：某幼儿园规定每周一下午全园在公共区域活动40分钟，但幼儿选区、排队领牌、跑到活动区就要花费15分钟左右，再加上活动前教师还要进行纪律教育，真正留给幼儿活动的时间很少，造成幼儿不能充分进行探索与操作，达不成预期的学习效果；某园虽然设置了"音乐区""图书角"，但是音乐区里只有几只响筒和响板，图书角里总是那几本书，幼儿进入相应的区域，根本没有足够的材料支持，造成幼儿对其不感兴趣，区域形同虚设。

（3）区域活动中教师的指导随意。区域活动中的幼儿大多在进行个别化学习，这就需要教师根据幼儿的学习现状进行有针对性的指导。这样的要求对于普通教师来说比较难，缺乏经验的教师会感到无从下手。如：有的教师在幼儿进行区域活动时来回走动、不闻不问；有的教师盯着幼儿的操作，看到幼儿出现困难，马上帮助解决；有的教师深入某一区域和幼儿玩得不亦乐乎而忘记了其他区域；有的教师缺乏深入观察，总是打断幼儿操作，限制幼儿自由。

二、发挥区域活动有效性的方法

区域活动之所以与幼儿园中的集体教育活动、小组活动不同，就是因为其具有开放、自由、自主的显性特征。园长一定要思考如何让区域活动变得开放、自由、自主；如何让其与幼儿的兴趣、生活相结合；如何最大限度地发挥区域活动的价值，让区域成为幼儿喜欢和向往的地方，让其"活起来"而不是成为班级中的摆设。针对这些问题，我们做了如下思考。

1. 区域环境创设要立足幼儿

《幼儿园教育指导纲要（试行）》明确指出："幼儿园的空间、设施、活动材料和常规要求等应有利于引发、支持幼儿的游戏和各种探索活动，有利于引发、支持幼儿与周围环境之间积极的相互作用。"因此创设一个有利于幼儿发展的区域活动环境是非常重要的。那么什么样的区域环境是有利于幼儿发展的呢？我们认为它应该具有以下几个特征。

（1）必须是幼儿感兴趣的。无论园长还是教师，必须要明确一个认识：区域活动是幼儿的，必须要从幼儿出发，满足他们的兴趣。因此，在确定班级区域时，教师一定要和幼儿商讨，发现他们的兴趣点，并找出兴趣点中所隐含的教育价值，以便能够使班级区域与教育目标相融合。

（2）必须是幼儿参与的。在区域环境创设中，园长和教师要注意两个方面的问题：一方面环境布置需要符合幼儿的年龄特点，另一方面环境还要能起到暗示和引导幼儿行为的作用。为达成这两个目标，最简单也是最有效的方法就是教师和幼儿一起参与区域环境的创设。首先是区域位置的选择。教师可以引导幼儿一起讨论班级里需要创设哪些区域，这些区域大概可以容纳多少小朋友开展游戏，这些区域可以在班级的哪些位置等。通过研讨，大家可以基本确定班级区域的项目和位置（一般情况下，建构区需要的场地比较大，阅读区需要光线比较充沛的地方）。其次是区域名称的确定。教师可以引导幼儿一起为班级的区域命名，并用举手表决的方式选出最合适的名字。再次是区域规则的制定。教师可以引导幼儿一起讨论每个区域需要遵守的规则，并用图画的形式表现出来，张贴在相应的区域。最后是区域材料的准备。教师可以发动幼儿，和家长一起准备各个区域的材料，并将其投放到区域中，使材料更加丰富。

（3）必须是追随幼儿发展的。首先是区域的更换要追随幼儿的需要。班级中的区域并不是一成不变的，它需要随着幼儿兴趣点的转移发生变化。如：小班幼儿的社会性体验大多停留在家庭范围内，班级可以创设一个甚至多个娃娃家供幼儿开展社会角色游戏；而到了中大班，幼儿的社会交往能力增强，对社会不同角色的认知也有了更深入的发展，班级就可以将娃娃家替换成小银行、小医院等，这样不仅符合幼儿的认知能力，也可促进幼儿社会化的发展。其次，区域材料的提供要跟随幼儿的需要。随着幼儿游戏次数的增多和能力的提升，区域中很多现有材料已不能满足幼儿需求。此时，教师要在适当的时候根据幼儿的发展状况对游戏材料进行调整，为游戏增加挑战性，让幼儿的兴趣更为持久。如：在小餐厅中，游戏开始时投放的材料是点心模型，目的在于引导幼儿招待客人和买卖点心等；当幼儿熟悉游戏的基本流程后，教师就可以和幼儿讨论，了解他们对生活中面点店的印象，随后提供各种颜色的橡皮泥、豆子、彩纸等材料，这样幼儿就可以根据顾客的要求，自己现场制作各式点心。后续材料丰富了幼儿的游戏内容,也增强了幼儿对面点师这一职业的了解。

2. 区域活动指导要支持幼儿

成人介入儿童的游戏,可能会产生正面影响,也可能会产生负面影响。"如果教师以一种敏感的、响应的、支持的方式与儿童进行互动,那么教师参与就能提高游戏水平;而另一方面,如果教师对游戏进行操纵控制,提供太多的结构性限制,或为教学目的而打断游戏,那么通常就会损坏游戏。"园长如何引导教师适时地介入幼儿的游戏呢?

(1)介入要尊重幼儿的游戏意愿。在工作中,我们经常会看到,有些教师在幼儿还没有请求帮助的时候就强制提供帮助,这样的行为不仅干扰了幼儿的正常探索,还转移了幼儿的注意力,从而使幼儿的游戏行为变得被动而无趣,这个介入就是"负效介入"。我们的原则是,只有在幼儿明确表达出需要教师帮助的情况下,教师才介入指导。只有这样才符合幼儿的意愿,才不会阻碍幼儿解决问题能力的提升。

(2)介入要帮助幼儿获得新的经验。园长要使教师明白:教师的介入不是直接告知幼儿操作方法或解决问题的途径,而是引导幼儿通过教师的提示和自己的思考得出新的经验。如果教师的介入能使幼儿充满兴趣地获得新的知识或信息,懂得新的道理,学会解决问题的办法……那么就是"正效介入"。如:蛮蛮正在用彩色纸杯为小动物们搭建一条彩色围栏,围栏是用"蓝—黄—蓝—黄"的规律搭建的。但搭到最后一段,围栏还没有围合完成的时候,蓝色和黄色的纸杯没有了,怎么办呢?他犹豫了一下后,不加选择地使用其他颜色的纸杯毫无规律地接着搭,但是他又很快推倒了还未完成的这一小段无排列规律的围栏,试图离开。教师看到蛮蛮要放弃,就走过来,说:用两种颜色的纸杯可以搭出这么漂亮的围栏,如果用三种颜色的纸杯是不是也可以搭出漂亮的围栏呢?蛮蛮听了教师的建议,想一想,又坐下,开始用"蓝—黄—绿"的规律搭起围栏并成功地将其围合。

（3）介入要能引起幼儿的积极响应。3—6岁幼儿由于其年龄特点，在游戏中的角色意识较差，游戏规则意识较弱，尤其是小班的幼儿，其行为不受规则控制，自己想干什么就干什么，随意性强。教师要善于观察，并在游戏中以伙伴的身份参与游戏，用亲切的语气询问幼儿，了解他们的真实想法，提出适当的建议，让幼儿在自然的情况下接受教师的指导，并借此提升幼儿的游戏品质。如：小班幼儿在玩娃娃家的游戏，教师观察到游戏开始没一会儿，娃娃家中的成员就一个个陆续走开了，只留下乐乐小朋友一个人在娃娃家，她抱了抱娃娃，又给娃娃洗了个澡，然后觉得没有意思，想到其他地方去玩。教师便以客人的身份去敲娃娃家的门，然后又以玩伴的身份带领乐乐去找其他的"家人"，让娃娃家的游戏得以顺利地开展下去。

3．区域活动评价要激励幼儿

区域活动评价的目的在于引导幼儿自发、自愿地进行交流、讨论，积极表达情感，共享快乐，共解难题，提升经验。通过评价，教师可以为幼儿提供表现、交流、学习的机会，激发其再次活动的愿望，评价的结果也会影响幼儿以后的活动。所以，园长要提示教师在组织区域活动评价时要以激励为主，既重视活动结果，更注重活动过程，让每个幼儿都能通过评价有所收获。

如：教师参加了"医院""餐厅"的游戏，讲评时就可以"医生"的身份介绍自己如何给病人看病，以"顾客"的身份介绍其他幼儿如何礼貌热情地为自己服务等。这样既肯定了游戏中表现好的幼儿，又使幼儿对医生、餐厅服务员的职责有了更明确的认识，同时幼儿也学会了讲评别人和自己的游戏。当幼儿学着教师的样子上台把自己和别人的游戏情况告诉大家时，他们会获得一种成功的喜悦和自豪感。如果在游戏中发现一些问题，如就医时医院里太嘈杂、就餐时餐厅里又脏又乱等，教师可以游戏者的身份把碰到的困难、问题讲出来，反映"病人""顾客"的烦躁不满，引起幼儿的同情和关注，从而使问题得以解决，这样比单纯的说教要有效得多。

总之，遵循《幼儿园工作规程》提出的"以游戏为基本活动，寓教育于各项活动之中"的教育工作原则,为幼儿创设自由、宽松的区域环境,把区域潜在的价值转化为现实价值,最终促进幼儿德智体美和谐、全面发展,是园长和教师义不容辞的责任。

【温馨提示】

1．区域活动并不只是室内活动,如果幼儿园室内空间有限,园长可以建议教师将一些区域放到室外。

2．区域材料的搜集要靠大家的努力,园长和教师一定不要忽略家长资源。

第35条 切忌让教研活动流于形式

教研活动是幼儿园活动中必不可少的部分。教研活动能够促进教师之间的交流、分享，取长补短，扩展视野，激发灵感，进而促进全园教育教学水平的提升。

我们发现当今幼儿园教研活动中存在着很多问题，大致如下：一是教研活动中教育理念和教育行为之间存在差距，缺少课例或案例研究；二是教研活动中很少有跟进式的专题研究；三是教研活动通常虎头蛇尾，开始时轰轰烈烈，结束时无声无息；四是教研活动通常只强调结果，忽视过程。这些很容易造成教研活动表面上看一直在进行，然而教师参与的主动性不高，教研活动成效不足。

那么，园长该运用什么方法来提升教研活动的效果呢？

一、通过调查，确定教研内容

教研活动的内容应该来自自己的工作实践。为了更好地确定园所在教育教学方面存在的问题，园长可以在学年或学期初面向全园教师发放"教研内容调查表"（参见表35-1），通过搜集问题、讨论问题重点，确定本学期的教研方向及内容。

表35-1 某园教研内容调查表

各位老师： 　　为进一步了解我园各项工作的实际情况，发现问题，及时解决，并促进我园园本教研质量的提高，请如实填写此表。 　　此次调查与考核评价无关，希望老师写出自己的真实需求和真实想法。请保持字迹工整，详细记录。谢谢您的支持！ 　　一、上学期组织的园本教研活动中，哪次活动中您的收获最大？请展开说明。 　　二、请逐条写出我园现在各项工作中存在的问题与不足。

续表

> 三、请写出您认为当前我园最重要的、紧急的且通过大家的共同努力能达成的工作。
> 四、如果下学期幼儿园将采纳您的研讨题目,您认为我们研讨的重点应该是什么?宜采用哪些形式?请具体写明。

二、细化步骤,提升教研水平

一般情况下,幼儿园开展的教研活动分为计划、实施、总结三个阶段。

计划阶段需要做三个方面的工作:一是教研组长和园长通过研究,明确各教研组的研讨方向,各组分头制订教研计划;二是组长在制订计划的过程中,合理安排教研内容,充分调动组员参与的积极性;三是通过第一次教研活动,组长与组员沟通并确认计划中目标与内容的合理性与组织的可行性,让组员了解自己承担的研讨任务,做到早知晓、早安排、想全面。

实施阶段的重点是根据教研计划,全员认真落实每一次教研活动,让教研活动成为提高教师专业化水平的有效途径。

总结阶段的重点在于全员对本学期的教研工作和收获进行总结,对下学期的教研思路提出设想。

三个阶段中最主要也是最不容易管理的就是实施阶段。通过以下步骤,园长可以有效地提升教研的效果。

1. 活动前的准备

这里指的是每一次教研活动前的准备。其中包括两个方面的内容:①教师的准备。园长可以采用"温馨提示条"或"教研通知"的方式,让教师们提前做好物质准备和思想准备。②主持人的准备。首先,园长要选择那些有经验的教师做教研活动的主持人;其次,教研活动主持人还要搜集和准备与本次教研活动主题相关的资料。

如某园的"温馨提示条"内容如下。

中班组各位老师好，本周五下午我们将进行"如何更有效地开展家长助教活动"的教研活动，请各班教师带着本班"家长助教活动"的录像和相关资料参与教研活动，并请思考以下问题：本班家长助教活动中存在哪些问题？家长助教活动的内容适合本班孩子的年龄特点吗？家长的反馈如何？教研活动地点：中三班教室。请于16:20准时参加。

2. 活动中的互动

教研活动通常给大家的印象是严肃认真的。但是在工作中我们发现，轻松的氛围更有利于教师思想的碰撞，也更能让大家充分发挥自己的能量，会形成意想不到的教研效果。

（1）活动前的"轻松一刻"。为了活跃教研气氛，园长可以建议主持人在每次教研活动前根据教研的主题开展由游戏、小笑话、生活趣事等组成的"轻松一刻"活动。如：学期初为了让大家感受教研活动中的团结与协作，主持人可以带领教师玩"纸传小球"的游戏；为了在父亲节设计更好的感恩活动，主持人可以在教研时和教师们分享绘本《我的爸爸》。通过这些有趣味的活动，教研活动的主题更加鲜明，教师的兴趣也更加浓厚。

（2）活动中的"高潮迭起"。开展教研活动最主要的目的就是教师通过彼此的交流与分享，达成对某一教学问题的统一认识。在教研过程中，主持人要注意以下三个方面：一是要时刻关注每位教师的参与情况，适时提醒大家积极参与讨论；二是要把握研讨的主题，当某位教师跑题时要及时将其思路拉回来，以达成教研的目的；三是在研讨时，主持人最好能够提供相应的视频、照片或文字等资料，让大家能够把理论和实际联系起来进行讨论。

3. 活动末的有效总结

每次教研活动结束前都应该有个小的总结。这个总结可以是教研活动中大家思考和观点的汇总，也可以是对下一次教研活动目标的期待。主持人进行总结的方式可以有多种，如：可以放着轻音乐，请每位教师用一句话说说参与教研的体会；可以就大家总结出的内容分享一个哲理小故事等。好的总结就像一场演出的谢幕，同样精彩。

三、丰富形式，达成教研效果

教研活动的核心是：以实际问题为抓手，引导教师参与讨论，并经由这样的路径，实现问题解决和教师发展的双重目标。园长应该通过不同形式的教研活动，促使教师发现自我、提升自我、完善自我。

（1）参与式教研。园长可以将主持人搜集资料改为由全体教师参与资料的收集。园长还可以建议主持人请教师们用文字、照片、幼儿作品等方式记录工作中的典型案例以及自己对这些问题的解读与反思，与大家交流和分享。这样的交流能使教师对自己和他人的案例做出反思，获得解决方案，从而有效地改进教育行为。

（2）问题式教研。园长可以建议主持人利用"问题小纸条"的形式对教师在教育教学工作中存在的问题进行摸底、调查，并将普遍性问题拿到教研活动中，集思广益、群策群力，用集体的力量来解决。如，某园的做法是：主持人首先向教师提出问题，如"您在教育教学实践中的矛盾和困惑是什么？""您对教育教学实践中的什么问题感到棘手？"等。其次，主持人请教师把自己发现的问题记录在"问题记录表"中。在记录时，教师需先描述"我发现的问题"，再阐述"我对问题的分析和思考"，并形成书面材料。最后，主持人对教师们的记录进行筛选和归纳，最终形成解决问题的方案和措施。

（3）专题式教研。在教研活动前，由主持人先抛出一个专题，所有参加教研的教师必须围绕这个专题进行讨论。如：主持人发现本园教师在集体教育活动中普遍存在课时延长的现象，就提前抛出"集体活动可以延时吗？"的问题，让教师们围绕这个专题进行充分的准备。在教研活动时，教师们各抒己见，畅所欲言，最后达成共识，形成对策。

（4）问诊式教研。问诊式教研的活动流程为：教研组成员共同讨论，明确研究主题、教学目标和重难点。这种教研模式最适用于课例研究。通过教研组成员的共同努力，幼儿园可以实现"一课多研"和"同课异构"。同时，这种教研模式还可以让所有参与教师都能从每次授课、听课中找到问题所在，并在共同研讨中获得弥补和完善的措施，有利于教师教育教学水平的提升。

（5）网络教研。利用网络技术开展教研，幼儿园可以最大化地避免时间和空间的限制。园长可以在网络平台设立"教研协作组"，让教师将教学中的问题发布在组内论坛中。由此，园长便可以通过平台，及时了解教师存在的共性问题，并根据教师的需求安排相关的网络培训，同时邀请专家团队在网上直接就教师的困惑和问题及时给予答复和帮助。

总之，教研活动的组织，不仅为教师提供了分享经验的平台，还帮助教师树立了自信，让教师在与同伴的互动中获得成长。作为幼儿园教师队伍的领头人，园长也要经常参与教师们的教研活动，让自己也成为教育教学的研究者，从而实现向教育家型园长的转变。

【温馨提示】

1．园长在参与教研活动时，要善于做倾听者，要把自己视为一名普通教师，尊重其他教师的表达，明确每一个人的言行都有他自己的理由，允许其解释和说明。

2．在参与教研时，园长不要总是用"你认为会怎样？"的问题来发问，可以用"如果……可能会是什么样呢？"这样的问题来引导教师思考。

第36条　用档案记录幼儿的成长

幼儿档案是教师了解和掌握幼儿发展状况的重要依据，是幼儿自我认识和自我评价发展的重要途径，是帮助家长了解幼儿发展、认识幼儿教育、建立经常性的家园联系的有效活动。

目前幼儿园中存在的幼儿档案分为两种类型：一种档案中大多数材料是幼儿的绘画作品，其意义仅局限于作品收集，不能真正记录幼儿的发展状况；另一种档案记录幼儿各个方面的发展指标，并对所有项目进行评价，会占用教师很多的时间和精力，很多教师不能够及时完成。因此，如何帮助教师理解幼儿档案袋的用处，学习简便的档案材料收集与制作方法是园长必须要思考的问题。

一、转变教师对幼儿档案的认识

在日常生活中，很多教师不愿意为幼儿建立档案，这主要有两个方面的原因：一方面是教师对幼儿档案的作用和意义了解不足；另一方面是教师害怕增加自己的工作量。因此，园长一定要充分利用培训、观摩的机会，帮助教师转变对档案的认知，让教师能够站在"促进幼儿发展"的角度思考问题，与幼儿和家长联手，为建立幼儿档案做好物质和心理准备。

1. 变全面评价为重点评价

教师对幼儿的了解一般都是以对幼儿活动过程的观察以及对幼儿活动的成果评估为依据的，幼儿档案对于解释幼儿的成长情况具有一定的意义。但是，幼儿全面发展所涉及的内容比较多，而且并非幼儿所有参加或从事的活动都能产生具体的、能够使教师掌握并直接放入"档案袋"的成果。所以，在创立幼儿档案的时候，园长应该引导教师根据幼儿的学习特点以及班级学习特色，搜集那些重点的内容，建立特色学习档案。从一到两个领域入手，园长能更有效地引导教师对幼儿进行有重点的观察并采取相应的策略。

2．变单一制作为合作制作

幼儿档案的制作既不是教师一个人可以胜任的，也不是幼儿一个人能独立进行的。档案制作的过程既包括幼儿之间、幼儿与教师之间的共同活动，也包括幼儿与家长之间的共同活动，是多种教育资源综合利用的过程。幼儿档案制作的过程是一种交往方式。档案材料连续不断地制作和添加的过程，既促进了教师与幼儿之间的交往，也促进了教师与家长的合作与沟通。通过幼儿档案的制作，家长不但可以了解自己孩子在班级里的表现和进步，以此为依据对幼儿在家庭中的生活进行指导，还可以进一步了解和关心班级的教育教学工作，更加关注幼儿教育和幼儿成长。

3．变随时阅读为定期交流

幼儿档案是促进家园工作的重要材料。在家园活动中，家长关心的不仅是班级的具体工作，他们更关心自己的孩子在班级里的表现和成长情况。但是，在以往的幼儿档案使用过程中，尽管家长每天接送孩子的时候都可以翻阅孩子的档案，但是幼儿往往是由祖辈或保姆接送，即使亲自接送的家长也要赶去上班，没有时间翻阅。因此，幼儿园可以设立"档案反馈日"，请家长定期把自己孩子的学习档案带回家。在补充和整理档案资料的同时，家长也完成了对档案的阅读工作，增加了对孩子情况和班级工作的了解。

另外，园长还可以要求班级教师定时召开家长会，邀请所有家长及个别幼儿参加，用幼儿档案来生动地描绘幼儿在园的努力、发展和成就以及班级在这一时期的学习和工作重点，通过定期交流，促进家长育儿理念的提升。

4．变作品汇总为有效指导

幼儿档案为教师提供了幼儿发展变化的信息。定期或不定期地收集幼儿学习的资料，可以使教师掌握幼儿的发展状况。在创建和收集幼儿档案的过程中，教师也可以了解到幼儿的个体特征、思维特点和取得的成就、能力以及弱点。

但是，幼儿档案的建立，不仅仅是作为资料搜集的载体，更重要的是成人在了解幼儿的基础上进行有效的教育指导，而这也正是我们建立幼儿学习档案的最终目标。幼儿档案中收集的每个幼儿作品或活动都需要教师进行相关的幼儿学习能力与特点、水平的分析，并根据分析的内容进行相应指导策略的提示，通过实践来进一步提高幼儿的学习能力和水平。

二、教给教师档案的制作方法

幼儿档案真实地记录了孩子们的成长轨迹，不仅为评价幼儿发展提供了第一手资料，更是教师开展科研活动最直接的第一手素材。那么具体如何制作幼儿档案呢？以下内容供各位园长借鉴。

1．准备

（1）教师和孩子们讨论有关"档案"的问题，如什么是档案、为什么要有档案、档案里需要放什么内容、怎么制作档案、寻求谁的帮助等，让幼儿对这件事产生兴趣并积极提供自己的想法和创意。

（2）发放"幼儿学习调查表"，了解幼儿的学习基本情况，确定学习档案的记录重点。

（3）选择适宜的幼儿档案收集材料，如档案本、档案夹等。

（4）召开家长会，向家长宣传幼儿档案的重要性及需要家长配合的内容与方法。

2．制作

（1）教师确定幼儿档案的主要内容，并提供目录式列表。

（2）根据时间顺序请幼儿把相关的作品或资料放到幼儿档案中，教师进行相应的分析与评价。

（3）教师做好日常幼儿观察记录并进行分析与反思。

（4）请家长帮助幼儿对档案进行个性化装饰，提醒孩子在档案上标明自己的姓名与档案的起始时间。

（5）档案资料的基本内容和收集形式包括：

① 反映幼儿生长发育的材料，如身高、体重、视力、牙齿等方面的数据。其来源主要是班级对幼儿进行的定期或不定期的身体健康状况测查，可以用图表的形式进行展示。

② 反映幼儿学习发展的材料。这部分材料主要由教师确定，能够反映幼儿某一领域学习发展水平，它是对幼儿进行测验的记录，可以用幼儿作品评估或照片进行展示。

③ 反映家长对幼儿学习期望与反馈的材料。这部分材料主要由家长完成，可以请家长进行创意设计。

总之，通过对幼儿学习档案的制作与交流，园长能够实现班级师幼、家园之间的密切联系，教师可增强对幼儿学习的了解，并能够有意识地对幼儿的学习情况进行观察，思考有效的指导方法与策略，更好地促进幼儿的发展。在档案的建立过程中，教师通过幼儿的学习事例学会反思，能够发现实践中的问题，并将经验内化到自己的认知中，从而提高自己的专业水平。

【温馨提示】

1．园长要密切关注班级幼儿档案的制作工作，并提醒教师每月要按照规定对幼儿进行相关的观察记录与分析。

2．在建立幼儿成长档案的过程中，园长也应秉持"以幼儿为本"的原则，提醒教师鼓励幼儿积极参与。

3．为了让家长对本项工作给予支持，园长最好在学期初的全园家长会上对工作内容和意义进行介绍，并组织家长定期召开档案交流会，一起交流探讨档案制作的经验与感受，以实例分析幼儿的成长轨迹，为下一步的档案制作奠定基础。

4．为了丰富班级间的交流，园长可以定期召开班长会，交流各班幼儿档案的制作方法与情况，交流不同的档案制作内容。

第37条　学会观察很重要

儿童是正在发展中的个体，他们有充分的发展潜能，而且存在发展的个别差异，教师应遵行其身心发展的规律，充分发挥其潜能。而把握每个幼儿的发展状况和存在的个体差异，了解每个幼儿的心理需要及学习方式，这些都离不开教师的观察。

在工作中，我们经常会听到园长说"我每天都让老师们做区域观察""我们全园老师都在进行有关幼儿游戏的观察"……可知现在很多园长已经认识到观察对于幼儿发展的重要性。然而当我们深入幼儿园，却发现一线教师的观察落实得并没有想象中那么好。

一、幼儿园教师观察中存在的问题

通过实地考察和对教师进行访谈，我们发现幼儿园教师目前正在实施的观察大致存在以下问题。

（1）观察目的性不强。我们认为，"观"为看、听等感知行为，"察"为分析和思考。观察是运用综合感知来对幼儿进行分析和思考的积极的思维活动，属于知觉的高级形式。但是，工作在一线的幼儿园教师大多对观察的概念缺乏认识，工作中观察意识淡薄，很多情况下是为了观察而观察，观察大多很随意，缺乏目的性。

（2）观察计划性缺失。观察不仅可以帮助教师了解幼儿的发展水平、行为特点等，也可以帮助他们学会做研究。但是很多一线教师的观察缺乏计划性，这就让效果大打折扣。究其原因，不是教师不想做，而是他们大多缺乏专门的观察技能培训，不会制订具体可行的观察计划，导致后续观察无章可循。

（3）观察中干预过多。很多教师在工作中将自己定位为"教育者"，并将这种责任融入观察中，无法对幼儿的困难置之不理。幼儿每出现一点小问题，他们就忍不住提供帮助，强加干预，忽略了自己身为观察者，不应打破幼儿行为"自然状态"的要求。

（4）观察记录不客观。我们倡导的观察记录为白描，即用最客观的语言来描述自己观察到的行为事件，避免使用解释性的言语，不做任何主观评判。然而现实中很多幼儿园教师与班级幼儿过于熟悉，在记录时不免会掺杂一些带有个人情感的语言，如当发现某个小朋友吃饭速度比较慢时，就在观察记录里写"估计在家吃过了""不太饿"等。这些都是教师对幼儿行为原因的主观猜测，与客观事实是不相符的。

（5）观察分析不科学。观察是为了解幼儿做准备的。但是很多幼儿园教师缺乏对记录进行分析、整理、剖析和解释的能力，无法推测可能发生的结果并提出适当的解决策略。这是由其对儿童行为观察相关理论及统计学知识掌握不够造成的，这项能力急需提高。

二、帮助教师提升观察能力的策略

观察是教师了解幼儿在发展水平、能力、经验、学习方式等方面个体差异的途径；是教师实施因人施教，努力使每个儿童都能获得满足和成功的重要前提；是一名合格幼儿园教师的重要专业技能之一。

但是通过前面的分析，我们可以看出当前幼儿园教师的此项能力亟待提高。园长应该怎么做呢？以下方法供大家参考。

（1）组织相关学习，夯实理论基础。之前我们提过观察属于知觉的高级形式，并不是任何人都能胜任的，需要进行专门的技术培训。针对已在职的幼儿园教师，园长可聘请精通"学前教育科学研究方法"的专家入园组织培训，提高教师对观察工作的认识，帮助其理解观察流程。

（2）通过培训，提高专业技能。园长应该把"幼儿行为观察"作为培项目之一,通过系列培训,重点让教师熟悉观察的操作方法(如观察前的准备、记录方法、时间取样、事件取样、逸事记录等)。另外,园长还可以选取一个幼儿行为片段,教会教师如何从身边实例出发做好幼儿行为观察工作,从而提高教师观察幼儿行为的专业技能。

(3)组建科研团队,营造良好氛围。园长要善于依托当地高校及科研院所,带动一线教师打造教学科研团队。借助于高校教师的加盟及其扎实的理论功底,园长可以帮助教师提升观察水平,探究幼儿行为背后的原因,讨论、交流正确的教育对策,进而提高教师观察的有效性和针对性。

(4)坚定正确理念,做好观察指导。园长一定要树立一个观念——"观察不应该只是某些教师的事,而应该是所有教师的常规工作"。园长一方面要帮助教师确立"终身学习"的理念,让教师在观察幼儿行为的实践中不断地反思与学习,在实践中积累经验,形成实践智慧,并最终促进幼儿健康、快乐地发展;另一方面要非常关注教师的观察工作进展,并给予相应的支持和帮助,如:随时进入班级参与教师的观察;组织观察交流会,了解教师在观察中遇到的困惑;购买相关书籍,给予新媒体技术支持等。

本条建议所说的观察,是教师通过感官或辅助仪器,有目的、有计划地对幼儿"自然状态"下发生的行为进行系统、连续地感知、记录和分析,并从中获得有关幼儿身心发展的实践知识,优化自身的知识体系,促进自身专业成长的研究方法。园长有义务为教师的专业发展助力,也有责任促进幼儿的全面发展。

【温馨提示】

1.园长可以为教师提供不同的观察记录方法,如表格法、图示法等,让观察变得更加有趣和有效。

2.园长可提醒教师利用计算机软件对观察资料进行整理,教师仅需设计好行为的编码,再将资料以代码形式输入计算机,即可进行排序、分类、计算等各种分析，方便又省力。

3．在进行观察的时候，园长要提醒教师不要任意干涉幼儿的活动，也不要主观判断、假设，要尊重幼儿的选择，在不需要帮助的情况下不参与、不误导，只有当幼儿发出"我需要帮忙"的信息时才给予帮助。

第38条　安全工作无小事

《幼儿园教育指导纲要（试行）》明确指出："幼儿园必须把保护幼儿的生命和促进幼儿的健康放在工作的首位。"该文件指明了安全保护是幼儿园的重要工作之一。在幼儿园中，我们接触到的都是3—6岁的幼儿，他们由于年龄小，生活经验有限，基本没有安全意识，缺乏自我保护能力，因此，很容易发生安全事故。

一般情况下，幼儿在园期间发生的意外伤害事故主要有以下几个方面：走失、受伤、中毒、异物误入。究其原因，主要是教师责任心不强，幼儿园的设施、材料及食品不达标，幼儿之间产生纠纷，幼儿自身好奇做出不恰当举动等。为了幼儿的安全，防止安全事故发生，在工作中，园长必须将日常的保教工作与安全教育有机地结合起来，始终把幼儿安全作为首要任务，贯彻于每日工作中，这样才能在安全的基础上开展教育教学工作，让幼儿在安全的环境中健康成长。

一、全园上下明确安全职责

幼儿来园后，其教育、管理工作就转交给幼儿园工作人员。幼儿园工作人员所处岗位不同，对其的安全要求也各不相同。园长一定要根据本园的实际情况，将与幼儿有密切联系的人员组织起来，制定安全措施，并提出安全要求（参见表38-1）。

表38-1　某园的工作人员安全职责

安全责任人	安全职责
园长	负责全园的安全管理工作，制定安全制度，落实安全措施，责任到人；有应对意外事件的预警方案，组织全体教职工演练；组织园内安全检查小组定期对全园的设施、设备及存在的安全隐患进行检查，发现问题及时整改。
教师	日常生活中注意观察幼儿的情绪状态，对情绪异常的幼儿要特别关注；严格按照幼儿在园一日活动安排活动，不得离岗、脱岗，与同事交接班时，要清点幼儿人数；如果幼儿在园发生事故，要第一时间向医务人员及园长汇报，教师还要如实向家长反映，通过诚恳的沟通争取家长的谅解。
保健医生	严格执行"晨检制度"，做到"一摸二看三问四查"；接受家长带来的药品时，要核对幼儿的病历并做记录，避免幼儿误服药物；严格全园消毒药品和杀虫剂的使用和保管；切实做好食堂食品的验收工作，避免食物中毒事件的发生。
厨师	制作食物时要将食物烧熟、煮透；不让幼儿吃隔夜、隔顿饭菜；餐具、盛具、刀具的消毒符合要求；菜肴要放置在熟食间到温度适宜后再发放给教师；厨房离人时要锁门。
门卫	除了接送时间外，幼儿园的大门都应关闭上锁；外人来访时严格按照幼儿园流程接待；幼儿入、离园时严格"一人一卡出入制"，并提醒家长拉紧幼儿的手，避免走失。

二、日常工作严守安全要求

幼儿大部分的时间都是在幼儿园里度过的，无论是学习还是游戏，他们都需要教师的正确引导和管理，这样才能避免事故的发生。园长可以根据本园情况制定教师的工作安全要求（参见表38-2）。

表38-2　某园的教师工作安全要求

工作环节	教师工作安全要求
如厕	根据厕所面积的大小和蹲位的多少对幼儿进行分组，避免拥挤和碰撞。
盥洗	幼儿洗手时，看护幼儿洗手，地面保持干燥；幼儿洗手后，要将地面及时拖干净，做干燥处理。
饮水	每日提前为幼儿准备充足的温开水，活动室内不设置开水壶，放置饮水桶的架子一定要稳固。

续表

工作环节	教师工作安全要求
进餐	给予幼儿的汤、菜、粥等食物，必须在不烫手的情况下才能端进活动室向幼儿发放；幼儿进餐的时候，要培养他们细嚼慢咽，不嬉笑、不打闹的进餐习惯。
午睡	午睡前，要拉上窗帘，窗帘的厚度要适中，颜色深浅适宜，符合幼儿心理需要；针对体弱、多病的幼儿，要将其床位安排在便于照顾的位置；每15分钟要巡视一次，以防止安全事故。
室内活动	根据幼儿人数，合理对活动室进行区域布置，减少幼儿追逐打闹的可能性；所有室内集体活动、游戏活动都要根据室内场地面积安排活动量，避免拥挤；幼儿在上下楼梯时，教师要做到一教一保、一前一后，以利于照顾并提醒幼儿注意安全。
室外活动	根据本班幼儿的年龄特点，选择适宜的大型玩具；幼儿玩耍前，教师要对大型玩具及活动场所进行检查，排查安全隐患，还要根据大型玩具的特点，在重点区域进行观察、保护；当幼儿做出危险动作时，保教人员要及时劝阻；活动中，教师要随时观察幼儿，发现异常要及时送医务室观察、诊治。
离园	每天幼儿离园时，教师要确认家长身份，并保证接领幼儿的人是家长指定的。如临时改变接领人，家长应事先通知教师。在未和家长联系确认之前，任何人不得接走幼儿。

三、面向全体开展安全教育

提起安全教育，很多园长会第一时间想到这是针对幼儿开展的教育。其实不然，幼儿园中开展的安全教育不应该只局限于幼儿，还应该包括管理者、教师和家长，只有幼儿接触到的所有人都联起手来，才能为幼儿创设安全的环境。

（1）面向教师开展安全教育。针对幼儿园教师开展的安全教育，其主要目的是让全体教职工都能树立"安全第一"的思想，并能始终坚持在这一思想的指导下开展各种活动。首先，园长可以定期面向全园教师开展有关安全方面的培训（如"幼儿突发事件的处理""常规工作中的安全注意事项""幼儿心理健康维护"等），通过这些专题学习，有效帮助教师了解相关知识，提升其安全意识。其次，园长可以将园内的各种安全制度，如《安全工作检查制度》《安全工作责任制和责任追究制》《食品安全管理制度》《疾病防控制度》《消防安全管理制度》等张贴上墙，让教师能够随时看到。最后，园长可以经常带领教师开展一些针对突发性的事件或灾害的实战演习（如"消防演习""地震演习""受伤演习"等），这些演习为参与者提供了模拟的场景，真实的操作能加深参与者的体验，提高教师应对紧急情况的能力。

（2）面向家长开展安全教育。园长要通过各种途径，提高家长的安全意识和应急能力，以便更好地做好家园共育，保护幼儿的生命安全。一方面园长应该通过不同形式，如在园家长培训、家长会、家长开放日、家园联系册、致家长一封信等，让家长了解相关的法律条款，肩负起孩子监护人的重要责任；另一方面，园长还要让家长了解幼儿园的各项安全管理制度并遵守这些制度，如：遵守《幼儿园接送制度》，凭接送卡接送幼儿；遵守《传染病幼儿隔离制度》，当孩子生病、发烧时，及时送医院诊治等。总而言之，园长要帮助家长树立正确的安全理念，形成对所有孩子负责的意识，只有这样，才能保证所有在园幼儿的安全。

（3）面向幼儿开展安全教育。幼儿的安全教育主要是帮助幼儿了解生活中基本的安全知识，培养初步分辨危险的能力，学习并掌握在紧急状态下避险和自救的简便方法，在紧急情况下能够撤离、疏散、逃生、自救和自护。

一般情况下，幼儿园开展的幼儿安全教育主要包括：食品安全，要教育幼儿不吃不安全的食品，以保证幼儿生命安全、身体健康成长；交通安全，要帮助幼儿形成初步的交通安全意识，养成遵守交通规则的良好习惯；消防安全，引导幼儿懂得玩火的危险性，不玩火并学习简单的自救技能；游戏安全，教给幼儿不同玩具的正确使用方法，教给幼儿在游戏过程或材料操作中的安全注意事项；防触电，防溺水，让幼儿知道电是危险的，不能随便玩电器，不用剪刀剪电线，不私自到河边、水塘边玩耍；生活安全，要教会幼儿认识一些生活中常见的安全标志，知道这些标志的含义，并严格按照标志控制自己的行为，懂得生活中不同的活动规则和公共场所秩序，了解一些与他人相处时的自我保护常识。

俗话说得好,"授之以鱼,不如授之以渔"。教师用各种方式来保护幼儿的生命安全固然重要,而让幼儿自己学会一些简单的安全知识,增强其自我保护能力,不但能够提高他们参与各种活动的安全性,而且对其一生的健康成长都具有积极意义。

【温馨提示】

1.园长可以为幼儿园班级配置幼儿医药箱,里面放置为急救而准备的医用棉球、创可贴、碘酒、棉签、纱布等医用品,也可以让幼儿在受到轻微的意外伤害时在教师的协助下自主处理。

2.园长应在幼儿园内设置"安全巡视小组",派专人定期巡视园内的各种设施设备并及时修整和修理,以保障它们的安全性。

第39条 制定带量食谱，保证膳食安全

现在的生活水平提高了，可是幼儿的体质却下降了。其主要原因在于：有些家长片面地追求高营养，过分崇尚鸡、鱼、肉、蛋等食品和补品、补药的营养价值，给孩子补充过量的营养品和高蛋白物质，使幼儿生长发育过快，成了一个个"小胖墩"，不爱运动、不能运动，身体协调性差，免疫力低；还有些家长虽然不一味地追求食品的高营养，但是由于溺爱，总是根据孩子的口味制作食品，使孩子养成了挑食的坏习惯，导致幼儿身体瘦弱，发育不良。

《幼儿园工作规程》提出，供给膳食的幼儿园应当"编制营养平衡的幼儿食谱，定期计算和分析幼儿的进食量和营养素摄取量，保证幼儿合理膳食"。一方面园长要贯彻落实国家的政策方针，另一方面鉴于当前幼儿令人担忧的身体状况，在幼儿园开展"带量食谱"势在必行。

一、什么是带量食谱

带量食谱是指根据我国居民每日膳食中各种营养素和热量供应量标准而制订的合理膳食的计划。针对幼儿制定的带量食谱（参见表39-1），需满足以下要求：一是要满足幼儿的机体营养需要；二是要符合幼儿所需热量及营养素之间的正确比例；三是要科学选择适于幼儿食用的食品种类和数量；四是要讲究合理的烹饪技术，即从根本上解决幼儿营养过剩或缺失，保证幼儿身体成长所需。

表39-1 某园的一周带量食谱

	星期一	星期二	星期三	星期四	星期五
早餐	蛋炒饭 面条汤	小馒头 蒸肠 小米粥	门丁肉饼 胡萝卜虾皮炒鸡蛋 玉米面菠菜粥	五仁包 卤煮凤尾虾 小米红薯粥	葱花卷 肉末鸡蛋羹 燕麦粥
早点	香蕉 梨 橘子 苹果	香蕉 梨 橘子 苹果	香蕉 梨 橘子 苹果	香蕉 梨 橘子 苹果	香蕉 梨 橘子 苹果
午餐	红薯米饭 红丝太阳肉 地三鲜 虾皮紫菜汤	二米饭 白菜豆腐粉条炖肉 炸鱼排 西湖牛肉羹	三鲜炸酱面（虾仁、肉、鸡蛋、黄瓜、豆嘴儿、胡萝卜） 原汤	肉龙 炝三丝 八宝粥	紫米饭 肉米豆腐 素烧甘蓝 香菜鸡蛋汤
午点	柠檬水	萝卜水	蒸麻山药	赤小豆黑豆大枣水	山楂水
晚餐	麻酱花卷 酱爆肉丁 番茄西葫 杂粮粥	排骨蒸饭 香菇油菜 紫米粥	米饭 胡萝卜炖牛肉 豆腐皮炒小白菜 南瓜蓉粥	香米饭 猪肝炒西芹 香肠烧冬瓜 疙瘩汤	火腿青菜炒饭 肉米双菇 红薯玉米粥

从表39-1中，我们可以看出幼儿的带量食谱一共有四个特征：

（1）根据《中国居民平衡膳食指南》组成合理膳食。从营养学角度来看，食物分为谷类及薯类、动物性食物、豆类和坚果、蔬菜水果和菌藻类以及纯能量食物五大类。每人每天需从带量食谱每一类食物中各选取2~4种适量食物。

（2）根据中国营养学会推荐的"儿童每日膳食中营养素推荐摄入量表"、《妇幼营养学》的"幼儿一日参考食物量"及《食物成分表》，合理供应食物（参见表39-2）。

表39-2　3—6岁幼儿每日所需的营养量

年龄（岁）	蛋白质（克）	脂肪（占总能量%）	热量（千卡）
3—6岁（全托）	45～55	30～35	1350～1700
3—6岁（日托）按全日供给量标准的70%计算	31.5～38.5	21～24.5	945～1190

（3）一周食谱中荤素尽量不重复，主食尽可能多地换花样，每周至少安排两餐杂粮饭。各种瓜果蔬菜轮流供应，这样不但营养全面，而且适合幼儿消化吸收，可增强他们进餐的兴趣。

（4）每日三餐中尽量增加早点、午点，将全天食物量恰当地分配到三餐三点中，以保证幼儿血液中有足够的糖原供给。如：早餐中一定要保证有足够的热量、蛋白质和碳水化合物的摄入，以满足上午活动和游戏的需要；午餐要配有富含蛋白质、脂肪和碳水化合物的食物；晚餐要稍微清淡一点，最好安排一些易于消化的谷类、蔬菜和水果。

二、如何指导后勤人员制定带量食谱

幼儿带量食谱的制定一般以本园的保健医生为主体，并且在后勤副园长、食堂工作人员和会计人员的共同参与下完成。

1. 前期准备

园长要组织相关人员开展膳食营养调查，为科学制定食谱做准备。一是统计全园幼儿的体格检查结果；二是通过查找资料，了解幼儿每人每日各种营养素的摄入量标准，为完善幼儿营养状况调查提供科学依据；三是食堂库管员查看库房剩余原材料并进行统计，以便将其合理地搭配和应用到食谱中，避免过期和浪费。

2. 制定过程

（1）食堂班组长听取保健医生的建议，结合季节特点制定初级食谱；保健医生对制定好的食谱给予评价和指导，保证营养达标。

（2）保健医生确认无误后，审批并将食谱报园长审阅。

（3）将修订完善的食谱发放给食堂工作人员，并张贴在幼儿园门口，以便工作人员、家长和幼儿了解。

当然，很少有食谱在制定过程中是一蹴而就的，大多数都需要反复修改和调整。当一份食谱改进完成后，园长还要带领参与人员查找不足，以便下次避免犯同样的错误。

三、如何保证带量食谱的落实

做好带量食谱的制定工作只是保证幼儿膳食科学、合理的第一步，如何让带量食谱落实到工作中，才是幼儿健康饮食、快乐成长的关键步骤。

1．要明确责任，把好食品采购、验收关

采购、验收工作是幼儿园食堂管理工作的重中之重，它要求采购员和验收员必须具有高度的责任感和事业心，认真履行岗位职责，严格执行采购验收制度和工作流程。相关工作人员需要对购进的所有货物做到严把"三关"——采购关、验收关、炊事员检验关；严验"五证一票"——送货商家营业执照、健康证、食品流通许可证、畜肉类要提供随批次的肉品品质合格证和检验合格证，冻品提供随批次的检验合格证，超市供货要提供水单和发票；严检"两期"——生产日期和保质期。鱼肉类食品原材料要由食品管理专业人员现场检测把关，严格执行出入库及验收工作，按要求建立健全"餐饮业出入库台账本"。

2．要规范操作，严格食堂工作流程

幼儿食品的制作都是由食堂人员完成的，在食品加工、餐具消毒等管理环节，园长必须将责任制落实到每一个人，各个流程环节的管理人员要各司其职，严格按照工作程序规范操作，使规范的操作流程成为每一名员工自觉遵守的行为准则。如：某园根据食物操作的流程，将食堂分为库房、择菜间、洗菜间、烹饪间、面点间、取餐间等，要求所有的食品按照一个方向向前流动，避免食材交叉污染；食堂工作人员在工作时间必须换工作服，洗净手，戴一次性手套，戴厨师帽和透明口罩，以保持食材干净、卫生。

3. 要熟悉食品卫生常识

园长应组织相关人员学习和领会《中华人民共和国食品安全法》《中华人民共和国食品卫生法》，严格按照上级主管部门的要求，做好食品留样工作。根据要求，幼儿园每餐、每样食品必须留足100克，而且留样食品必须保留48小时。工作人员在留样前后要注意对留样盒进行消毒，样本在进入消毒柜前要自然降温，防止因热气入柜产生大量水蒸气；认真填写留样记录（包括留样时间、留样内容、留样人、清理时间）；根据留样记录核对留样内容等。

4. 要加强委员会管理，实现家园共育

家长伙食管理委员会是后勤人员与家长进行正向沟通的有效渠道，由主管园长及主任、保健医生、教师代表、食堂班组长及家长代表组成，对幼儿伙食实行民主管理。

【温馨提示】

1．园长要定期对园内保健医生、食堂工作人员开展营养知识培训，制定带量食谱时保证色香味形量俱佳。

2．为便于操作，园长可以选择一些市面上的营养分析软件（如智慧树营养分析软件、小博士营养分析软件等）来协助制定食谱。

3．在制定幼儿带量食谱的过程中，为了节约开支，又保证幼儿营养素的摄入，幼儿园可以用以物代物的方式购买食材，如用较便宜的鸡肉代替较贵的牛肉、用时令水果代替反季水果等。

4．幼儿带量食谱中所列举的食品最好是园所自己制作的，如果园所条件有限，必须购买一些成品，一定要关注其是否含有过多的盐、糖、脂肪和添加剂，一定要为幼儿选择那些符合健康要求的食品。

第40条 严控传染病在园内传播

3—6岁幼儿正处于不断生长发育的阶段，各器官的生理功能尚不够完善，机体的免疫功能低下，在集体生活的环境中相互密切接触，极易引起疾病传播。因此，保护幼儿生命安全，为幼儿创造良好的集体生活环境，预防和控制传染病的发生，杜绝传染病的流行，是园长及全园教师义不容辞的责任。

一、幼儿园常见传染病的种类

传染病防控是幼儿卫生保健工作的重要内容，全园都应对此高度重视。幼儿园常见的传染病主要有以下几种（见表40-1）。

表40-1 幼儿园常见传染病列表

传染病名称	传播途径	主要症状	主要发病季节
水痘	通过疱疹浆液污染物、飞沫等途径传播。	发病初期，水痘呈红色丘疹，继而变成"露珠"状疱疹，很痒；1～3天后变干结痂，常在躯干、头皮成批出现，四肢较少见。	冬春
流行性感冒	通过飞沫等进行传播。	畏寒、高热，全身酸痛乏力，流涕、咳嗽且鼻塞，一般持续1周左右。	冬春
手足口病	经消化道和呼吸道飞沫传播，不小心接触到患病幼儿的皮肤、黏膜疱疹液也会被传染。	口痛、厌食和低热，口腔会生出小疱疹和溃疡，手脚有斑丘疹，继而转为疱疹，2～3天吸收，基本不留痂。	夏秋
流行性腮腺炎	通过唾液和飞沫传播。	腮腺会肿大疼痛，常以耳垂为中心向前、后、下肿大，微热，有触痛，不发红，无化脓。颊黏膜腮腺管口红肿，张口或咀嚼酸性物时疼痛加重。多有发热症状。	冬春

续表

传染病名称	传播途径	主要症状	主要发病季节
麻疹	通过呼吸道、接触传播。	初始症状像感冒，同时出现眼红、眼皮发肿、流泪、怕光、打喷嚏、咳嗽等；第4天起从耳后开始出现玫瑰色斑丘疹，2~3天皮疹遍及全身，随后疹退、脱屑，其他症状也逐渐消退。	冬春
猩红热	通过患病幼儿的玩具、书本、毛巾、衣服等传播。	发热头痛，咽部疼痛；发热后的24小时内出现皮疹，遍布全身。皮疹为弥漫性针尖大小猩红色小丘疹，疹间无正常皮肤，很痒；面部会潮红，可见"口周苍白圈""杨梅舌"。	冬春

二、幼儿园常见传染病的预防

由于幼儿园常见传染病具有暴发快、流行面广、辐射大等特点，园所最好"提前预防，防患未然"，把好接种关、体检关、晨午检关、卫生消毒关，将传染病的暴发消灭在萌芽状态。

预防接种是预防传染病的有效措施。为此，园长一定要与当地的预防接种机构联系，了解本园幼儿的预防接种情况，以便做出预测性判断，做好传染病的预防。例如，某些市区已经实现了医院与托幼机构联网，园长可以通过网络即时查验幼儿的预防接种情况，班级只要收取幼儿家园联系册，查验幼儿姓名、出生年月日、父母姓名及联系电话等信息，就可以在第一时间核对每名幼儿接种情况，并提醒家长及时为幼儿接种、补种。

体检关主要分为：新生入园前的体检和每年定期组织的幼儿全面体检。体检对象为在幼儿园内学习和生活的所有幼儿。体检项目根据《托儿所幼儿园卫生保健管理办法》的要求，包括视力、口腔、血色素、肝功能、乙肝等检查内容。新生体检和定期体检可以帮助园所了解每一名在园幼儿的身体健康状况，排除一些可能的健康隐患，促进幼儿健康成长。

晨午检是对在园幼儿的健康状况进行常态化管理的措施，幼儿园可以采取保健医生和班级教师检查相结合的方式。晨间，保健医生在晨检室观察来园幼儿的精神、健康状况，若发现异常及时询问家长并做好记录。对于发烧、患严重感冒和传染病的幼儿，保健医生应请家长及时将其带回进行护理和治疗；对于可以暂时留观的幼儿，保健医生要通知班级教师将其作为重点观察对象。幼儿进入班级后，教师应采用"一摸二看三问四查"的方法，全面把握幼儿的健康状况，并有针对性地进行照护。在传染病高发季节，保健医生和教师要有重点地对幼儿进行检查（如是否发热、咽喉是否红肿、腮部有无肿大、皮肤有无皮疹等）。保健医生负责对可疑病例进行确诊，发现问题及时联系家长并做有效的隔离处理。

做好与幼儿相关的各环节的卫生消毒能有效预防传染病。幼儿园的卫生消毒工作主要包括以下几个方面的内容（见表40-2）。

表40-2 某园卫生消毒工作要求

项目	要求
环境卫生	建立室内外环境卫生清洁制度和检查制度，每组全面检查不少于1次；室内有防蚊、蝇、鼠、虫设备，并放在幼儿接触不到的地方；保持室内空气清新，采取湿式方法清洁地面，厕所无异味，保持地面干燥、便池清洁；卫生洁具专用专放，抹布用后及时清洗干净并晾晒，拖布清洗后晾晒；保持玩具、图书清洁，每周至少清洗玩具1次、晾晒图书1次；被褥每月暴晒1～2次，床上用品每月清洗1～2次。
个人卫生	幼儿日常生活用品专人专用，保持清洁，每人2巾、2杯，消毒循环使用；培养良好的卫生习惯，饭前便后用流动水洗手，早晚洗脸、刷牙，饭后漱口，做到勤洗澡、勤换衣、勤剪指甲，保持服装整洁；工作人员仪表整洁，注意个人卫生，饭前便后、护理幼儿前用肥皂和流动水洗手，不戴戒指，不留长指甲，不吸烟。
环境消毒	幼儿活动室、寝室应经常开窗通风，保持室内空气清新，每日至少通风2次，每次至少10～15分钟，如天气不好不适宜开窗，每日应采取其他方法对室内空气进行消毒；餐桌每餐前消毒，水杯、毛巾每日清洗消毒；室内衣冠镜、橱柜门、水龙头、床围等幼儿易接触物体表面每日消毒1次。

三、幼儿园常见传染病的应对

在托幼机构中,低龄幼儿较为集中,传染病的防控是教育教学活动正常开展的基础。为了及时控制和消除传染病,保证幼儿和教职工的身体健康,根据《中华人民共和国传染病防治法》,幼儿园园长可以依据"预防为主、防治结合、分类管理"的原则,采取"早发现、早隔离、早治疗"等综合措施,以避免疾病大范围传播。

1. 控制传染源

幼儿园教师发现传染病患儿应立即向园内领导和保健医生汇报,并在第一时间将幼儿带到隔离室隔离,同时保健医生应在第一时间上报上级主管部门和疾病预防控制中心。保健医生能确诊的要及时与患儿家长取得联系,将患儿带走,回家隔离治疗;不能确诊的,待家长来园后将患儿带到医院检查,确诊后家长要及时通知班级教师和保健医生。对本班幼儿,尤其是与其密切接触的幼儿,教师要进行细致的观察,一旦发现可疑症状要及时隔离。

2. 切断传播途径

发现传染病患儿后,教师要立即打开活动室、寝室及卫生间的所有门窗,停止室内的集体活动;保健医生在卫生防疫部门专业人员的指导下对活动室及园内其他场所进行严格的消毒,对患儿使用过的器具要单独清洗和消毒。班级教师要对患儿接触过的幼儿进行随访;患儿返园时,须交给保健医生当地医院出具的病愈证明,教师方可接收。

另外,教师要每日对患儿进行电话追踪和记录,还要与患儿家长保持密切联系,做好其思想工作,稳定幼儿及家长的情绪。

3. 保护易感儿童

体质较弱、易反复感染的幼儿为幼儿园重点保护对象。在传染病高发季节,园长应加强晨检及全日观察的力度并采取必要的预防措施,如接种疫苗或药物预防等,合理安排幼儿生活,提供营养膳食,以提高幼儿对疾病的抵抗能力。

另外，幼儿园还应开展丰富多彩的户外体育活动，通过体育锻炼增强幼儿体质；均衡搭配膳食，让幼儿多吃蔬菜、水果；保证幼儿充足的睡眠，并且根据气候变化随时注意为幼儿增减衣服。这些都有利于幼儿自身免疫力的增强，从而避免传染病的发生。

【温馨提示】

1．园长可以在园内成立"幼儿园传染病管理领导小组"，制订幼儿园传染病预防控制计划和方案，落实与之相关的不同部门的职责，借此规范传染病防治工作，确保防治措施的执行和落实。

2．幼儿园要建立"幼儿传染病登记专册"，做好传染病病例的登记工作。

3．在现实生活中，有些家长由于面子问题会回避孩子请假不来园的原因。园长要提醒教师密切关注幼儿请假情况，了解幼儿请假原因，排除患病因素；另外要提醒家长在传染病高发季节，避免带孩子到人群密集区，以免孩子被传染。

第41条　后勤人员也是教育者

后勤人员是幼儿园教职工的重要组成部分。我们常说"兵马未动，粮草先行"，足以证明后勤保障的重要性。

然而，幼儿园的后勤人员只是完成一些服务性、辅助性的工作（如为幼儿园创设良好的环境条件、保障幼儿园保教活动的顺利开展等）吗？

我们认为，幼儿园的后勤人员不仅能为幼儿园教育教学工作提供保障，同时他们也是幼儿园中的教育者，他们的言行会对全园幼儿产生深远的影响。

一、为什么说后勤人员也是教育者

看到上面的论述，也许很多园长甚至很多后勤人员都会产生这样的疑问，即后勤人员从根本上来说就是为教学服务的，他们又不会和孩子接触，怎么会成为教育者呢？

（1）看似后勤人员不会像班级教师那样与幼儿每天都有接触，但是后勤人员所持有的教育理念会渗透到自己所接触的事物中，而这些事物是幼儿园环境的一部分。"环境是会说话的""环境是孩子的第三位教师"，所以环境的提供无疑会对幼儿产生或好或坏的影响。

神奇的水龙头幼儿园

香港灵粮堂幼儿园被很多幼儿称为"水龙头幼儿园"，其原因就是该所幼儿园里布满了各式各样的水龙头。这些水龙头从形状上分，有的像骆驼、有的像天鹅；从颜色上看，有蓝色、红色、白色、银色；从开启方式上分，有感应式、旋转式、扳手式等。每个水龙头都与其他的不同，需要幼儿进行观察与探索。

该园园长表示,"每天洗手都是孩子们最高兴的时刻,因为一个个形象可爱、颜色漂亮的水龙头在等待他们"。小朋友们也说:"我最喜欢去水龙头幼儿园了!"

(改编自周念丽教授的《图说幼教》)

在大多数人的印象里,幼儿园的水龙头都是一起采购、形制一样的。但是香港灵粮堂幼儿园不同,他们在幼儿园的基础设施上做出了创意,并表达了自己的教育理念。

(2)对于幼儿来说,幼儿园本身就是一个小社会,里面除了教师,还包括医生、厨师、维修工、保安、清洁员等工作人员。这些工作人员虽然处在一个园所里,但是其分工及工作特点各有不同,后勤人员本身就是幼儿社会化教学的素材。

我们都做"小厨师"

这段时间,中五班一直在开展"各行各业"主题活动。马上就要到中秋节了,孩子们都想自己当厨师,做月饼,还要把月饼送给小班的弟弟妹妹,和他们过团团圆圆的中秋节。

要想当厨师,首先要了解厨师的工作特点。郑老师就带领孩子们来到幼儿园的食堂,观看食堂叔叔的工作,并且了解月饼的制作方法。可是月饼制作工艺比较复杂,孩子们看过后根本没有学会,于是郑老师又邀请食堂叔叔来到班级,手把手地教给孩子们制作月饼的步骤。

这下,食堂叔叔就变成了老师,他首先介绍做月饼的原材料,然后逐一演示月饼制作的过程,最后再手把手地教给孩子们做月饼的技巧。经过叔叔的讲解,再加上孩子们的实践,最终大家都完成了月饼的制作。

黄澄澄的月饼在食堂叔叔的帮助下烤熟了,散发出浓浓的香味,孩子们都兴奋地跳了起来,说这是自己过得最快乐的中秋节。

(保定市青年路幼儿园 潘丽丽)

在本案例中，为了让幼儿了解月饼的制作方法，食堂工作人员走进班级，不仅指导幼儿制作月饼，还潜移默化地帮助幼儿了解厨师这一职业的工作特点，成为幼儿的教育者。

（3）后勤人员虽然没有固定到某个班级和幼儿接触，但是由于工作原因，他们会在园内游走，势必会与班级教师和幼儿接触。虽然后勤人员没有直接进入班级从事教育教学工作，但是他们的言行会"润物细无声"，并且对幼儿的身心健康产生影响。

喜欢串班的保健医阿姨

某园新来了一名医学院毕业的保健医生。她有个习惯，就是每天都会在幼儿进餐的时候走进各个班级。为此，小朋友们都亲切地称她为"喜欢串班的保健医阿姨"。

这一天，保健医生在早餐的时候来到了小一班。她发现茜茜小朋友正在对着碗里的胡萝卜炒鸡蛋发呆。于是，她蹲下来，轻轻地在茜茜耳边说："今天的胡萝卜好像是小白兔昨晚送过来的，你尝一尝，可好吃了！"听了保健医生的话，茜茜的眼睛一下亮了，她拿起勺子，盛了一勺菜放进嘴里，然后笑起来，说："这个胡萝卜真是甜的，小白兔下次来我一定要谢谢它。"

（保定市青年路幼儿园　刘秀坤）

这个保健医生熟知幼儿心理，当发现小班的幼儿不喜欢吃胡萝卜炒鸡蛋时，她没有直接说教，而是采用童话的方式来引起幼儿的兴趣，这样做不仅让茜茜接受了不喜欢的菜，还激发了她的想象力和感恩之心。

由以上案例可以看出，幼儿园后勤人员和幼儿之间存在某种必然的联系。虽然从表面上看，后勤人员好像与教育教学关系不大，但实际上，他们在幼儿园中始终都具有教育者的身份，并在无形中扮演着教育者的角色。

二、如何让后勤人员明确其教育者的身份

大多数幼儿园的后勤队伍还不能正确认识自己的角色定位和教育责任。许多后勤人员认为教育幼儿与自己的工作没有关系，例如，在工作中不管是在幼儿面前，还是在家长、教师面前，都不太注意自己的职业形象，穿着不得体，说话不注意（说地方话、脏话，高调门说话）等。而幼儿园后勤管理者也没有对此予以重视，长此以往就会使后勤团队降低对自己的职业要求，对幼儿的长期发展造成负面影响。因此，园长或后勤管理者要让后勤人员明确自己的教育者身份，从而激发后勤团队的服务热情和教育热情。

（1）通过工作肯定，树立其自信。领导重视、同事认可是树立自信的关键。如果园长和教师一直把后勤团队放在从属位置，其自信是很难建立起来的。要树立后勤人员的自信，园长首先要充分认可后勤团队在工作中的成绩和付出，充分重视后勤团队的潜力。园长一方面要在园中形成一种"尊重后勤人员的劳动"的舆论倾向；另一方面要努力改善后勤人员的工作条件，帮助其妥善处理与教师、领导之间的人际关系。只有和谐的人际关系才能让后勤人员解除后顾之忧，充满自信地参与到教育活动中。

（2）通过培训学习，提高其能力。幼儿园后勤人员大多"术有专攻"，他们对自己所负责的领域和内容比较熟悉，工作起来也比较得心应手。但是从教育教学的角度来说，他们大部分人并非毕业于学前教育专业，没有系统的理论学习和实践经验。因此，园长应组织他们学习并了解不同年龄段幼儿的学习特点，以便提高他们的应对能力，从而让教育教学活动顺利完成。

（3）通过搭建平台，发挥其特长。相信每所幼儿园中的后勤人员都有其独特之处，园长应从每个人的特点出发，帮助他们做好定位。

从"胡师傅"到"胡老师"的变化

胡禄喜小时候的理想是当一名老师，但是由于种种原因，这个理想一直

未能实现。2017年，胡禄喜应聘到杭州市滨江区滨和小学当了一名保安。学校刚开学没多久，胡禄喜要送儿子去大学报到，因为出门比较早，他就匆匆地写了一张请假条，托人转交给学校领导。

学校领导看见这张请假条后，第一反应就是"哎呀，这个胡师傅的字怎么写得这么好"。他们一致认为，"胡禄喜对工作有热情，对人也和蔼，每天都是笑眯眯地迎接孩子和家长，大多数家长的名字他都知道，而且他在学校的口碑非常不错"。于是，校领导班子通过会议决定，聘请胡禄喜为学校的书法教师。现在，每周四14:15—15:15，胡禄喜都要给孩子们上书法课，这时候，他的身份也从"胡师傅"变成了"胡老师"。

（改编自闽南网）

案例中杭州市滨江区滨和小学的领导在工作中发现了胡禄喜的特长，并利用这一特长，让"胡师傅"变成了"胡老师"。其实幼儿园的后勤人员中有很多像胡禄喜这样拥有特长的人。比如：食堂中的厨师掌握了教师不能媲美的美食烹制技巧；安全人员掌握了教师不具有的安全防护技能等。园长要善于发现他们的优点和长处，创造平台，让他们走进班级和幼儿互动，成为幼儿的教师。

总之，幼儿园的后勤人员与教师和幼儿都有着频繁的接触，后勤人员的一言一行很自然地会对幼儿、教师、家长以及社会产生潜移默化的影响。从这个意义上说，后勤人员也是幼儿园的教育者，他们的素质不仅决定一个园所后勤工作的水平，还反映幼儿园的形象。园长只有摆正后勤人员的位置，让其参与园所的建设和教学，才能让全园教职工拧成一股绳，促进园所的快速发展。

【温馨提示】

1．幼儿园要建立教学与后勤沟通机制，以保持信息畅通、协调一致。

2．园长要经常深入一线，了解后勤人员的特长，并根据每个人的特长鼓励其参与班级相应的教育教学活动。

第 42 条　增强家长对幼儿园的信任

《幼儿园教育指导纲要（试行）》指出："幼儿园应与家庭、社会密切合作……共同为幼儿的发展创造良好的条件。"在幼儿教育上，幼儿园与家庭应该是合作的关系，都应该在"以幼儿为本"的理念下促进幼儿的全面发展。

在幼儿园工作中，我们接触到的大多数家长还是比较通情达理，能够与幼儿园教育达成一致的。可是，我们也确实发现一些家长由于种种原因，对幼儿园采取不支持、不信任的态度，造成家园之间沟通存在障碍，不利于幼儿的发展。

一、家长不信任幼儿园的原因

为什么有些家长不信任幼儿园呢？主要是以下几个方面的原因。

1. 教育公平问题

这是很多家长普遍考虑的问题，同时也是社会问题。这个问题一方面来自幼儿入园前客观条件的限制，尤其是当今公办园数量偏少，教育资源紧缺，不能确保所有的幼儿都能享受到物美价廉的普惠性学前教育；另一方面来自幼儿入园后家长的担忧，由于幼儿存在个体差异，很多家长会担心"班级教师会不会因为我的孩子淘气就讨厌他""会不会因为我家孩子不好看就不喜欢他"等，尤其是当教师向家长传达幼儿的一些错误之后，家长的这种疑虑就更加深重了，从而形成一定的误解，出现信任危机。

2. 教育安全问题

这是大多数家长最为关注的问题。幼儿生活经验不足，自我保护意识差，在集体生活中很容易发生意外事故，导致或轻或重的伤害。很多家长在意外发生时能够给予包容和理解，但是有些家长认为孩子交给幼儿园，其出现的一切问题都应该由幼儿园负责，如果孩子出现意外伤害，就是教师责任心不到位，家长对教师的不放心也就演变成对幼儿园的不信任。

3. 教育内容问题

这是与家长期望值紧密相关的问题。虽然幼儿园阶段没有测验和考试，但是很多家长在"不让孩子输在起跑线"的思想影响下，总是希望幼儿园能够教给孩子更多的知识和技能。而当幼儿园教育无法满足家长的这种期待时，他们就会觉得幼儿园没有尽到教育责任，从而产生对幼儿园的不信任。

正由于幼儿园与家长之间对以上问题的考量不同、观点不同、看法不同，双方很容易产生矛盾。

二、让家长对幼儿园产生信任的方法

基于家长对幼儿园产生不信任的原因分析，我们认为：无论家长与幼儿园之间产生怎样的矛盾，园长都应该抱持开放和积极的心态，多站在对方的角度去思考问题，认真分析，寻求彼此之间的契合点，打破思想壁垒，共同把幼儿教育工作做好。

1. 出现教育不公平事件——亡羊补牢、为时不晚

纵观历史，无论是古希腊哲人柏拉图、亚里士多德，还是孔夫子，都把"教育公平""有教无类"作为人类理想社会的基础。如果幼儿园工作中出现一些与之不相符的事件，就会引起家长的不满。

为什么老师不搭理我们

清晨，曼曼像往常一样拉着妈妈的手走进幼儿园。在距离班级很远的地方，曼曼就看到吴老师站在门口迎接小朋友。妈妈提醒曼曼："见到老师别忘了问好。"快走到门口的时候，曼曼大声说："老师好！"可是吴老师好像根本没有看到她们母女，正抱着班级中长得最漂亮的倩倩，还亲了亲倩倩的小脸蛋。茜茜的眼圈一红，对妈妈说："我不想上幼儿园，我要回家。"

曼曼的妈妈看到此情此景，心里觉得很不舒服。她耐心地安慰了女儿的情绪后，就走到园长办公室，质问园长："为什么吴老师不搭理我们！"

园长首先为曼曼的妈妈倒了一杯茶，请她坐下；然后坐在她的旁边，仔细地倾听曼曼妈妈讲述事情的经过。

等到曼曼妈妈将心中的不满发泄完毕后，园长一方面表达了自己对曼曼妈妈心情的理解，另一方面表示会与吴老师沟通，看看是不是有什么误会，并提出会在两天内给曼曼妈妈一个满意的答复。

曼曼妈妈离开后，园长亲自来到吴老师的班级，询问吴老师晨间接待的情况，才知道这两天班级中倩倩的爸爸和妈妈离婚了，吴老师为了稳定倩倩的情绪，晨间在倩倩身上花了不少时间，没想到却忽略了曼曼。

园长了解了真相后，马上给曼曼的妈妈打了电话，曼曼的妈妈不仅打消了对吴老师的不满，还表示为自己的孩子能拥有这么有爱心的教师而深感欣慰。

（保定市涞水县幼儿园　金燕）

案例中的园长在遇到家长和教师之间产生矛盾时，并没有立即简单处理，而是通过访谈，了解事件的真相，再采取恰当的措施。这样的做法既体现了对家长的理解，又体现了对教师的尊重，值得我们学习。

在工作中我们发现，出现教育不公平事件的原因大多是教师工作不全面、思想不细致、意识不到位。要解决这样的问题，园长需要从以下两个方面入手，强化教师的意识，提升教师的工作能力。

（1）要经常召开理念培训会，帮助教师树立"尊重每个幼儿，公平对待每个幼儿，不忽略每个幼儿"的思想，并将其落实到教育教学的行动中。

（2）要提醒教师"细致工作、全面照顾"，以避免工作中出现不必要的疏忽。

2. 出现幼儿安全事件——同情理解、认真对待

随着现代社会的多元化发展，生存环境日趋复杂，安全隐患越来越多。尤其是近几年来，交通事故、走丢、冒领、高处跌落、器官异物、食物中毒等幼儿园不安全事件频频发生，也让家长们对幼儿园的安全工作产生了莫名的担忧。在自己孩子身上发生的安全事故，会成为家园矛盾的导火索，引发家长对幼儿园的不满。

易碎的玻璃门

深秋的一天中午，空气清新、阳光明媚。中班的张老师觉得这是难得的好天气，就决定带领孩子们去户外捡一些落叶，然后组织粘贴活动。

小朋友们听说要去外面玩，都很高兴，急匆匆地吃完午点，就在门口排好了队。也许是排在后面的小朋友着急了，有人使劲儿往前一推，站在队伍最前面的刚刚撞到门上，镶在门中间的玻璃随着掉落下来，扎破了刚刚的脸。

张老师看到此景，赶紧制止了孩子们的推挤行为，并马上带领刚刚来到医务室，保健医生经过简单查看后，认为伤口比较深、长，必须要去医院缝合。

张老师一边把情况上报给园长，和保健医生、园长一起带刚刚去医院，一边给刚刚的父母打电话。

十几分钟后，刚刚的父母赶到医院。妈妈看到儿子脸上的伤，抱住孩子破口大骂："你们是怎么当老师的，连这么小的孩子都保护不了！我们的孩子要是毁了容，你们要负责！"说完，她就大哭起来。

看到家长如此激动，园长制止了张老师想要解释的行为。她首先搬了一把椅子让刚刚的妈妈坐下，然后又递给她几张纸巾，抱了抱她的肩膀。待刚刚妈妈的情绪稍微稳定后，园长说："作为园长，我为今天的事情深感抱歉，您的心情我也特别理解。毕竟是孩子受到了伤害，我们当下最重要的事情是先把孩子的伤处理好。如果后期还有什么问题，咱们再商量。"

听了园长的话，刚刚的妈妈好像吃了一颗定心丸，她理了理思路，一边稳定自己儿子的情绪，一边和医生一起商量治疗的方案。

（保定市新华幼儿园　赵征）

案例中的事故想必很多园长都曾经历过，这位园长的表现冷静、理智，处理方式可圈可点：一方面她善于安慰家长的紧张情绪；另一方面她没有急于推卸责任。最重要的是，作为园长，她给予家长"如果后期还有什么问题，咱们再商量"的答复，打消了家长对后续问题的担忧，取得了家长的信任。

人们常说"患难见真情，遇事方知人"。当幼儿在园发生意外伤害事故时，园长一定要站在家长的角度去思考问题，理解家长的心情，消除家长的疑虑，这样才有利于问题的解决。

同时，园长也要善于反思事件背后的原因，如园内设施是否年久失修、教师组织是否规范合理、园所管理是否存在漏洞等，尽量减少安全隐患。

3. 发现教育理念不同的家长——晓之以理、动之以情

当前社会处于信息高速发展、广泛传播的时代，家长可以通过各种媒介了解当下最流行的教育理念及教育方法，也会根据自己对学前教育的"一知半解"来评价幼儿园的教育行为。如果发现与自己理解不相符的情况，他们就会觉得幼儿园的教育没有自己想象中那么好，继而对幼儿园产生不满。

你们为什么不教拼音？

妞妞和笑笑都是大班的小朋友，妞妞在一所公办园上幼儿园，笑笑在一所民办园上幼儿园。因为她们的妈妈是同事，所以从小她们两个人就总在一起玩。

这天离园后，妞妞受邀到笑笑的家里去玩，发现笑笑正趴在桌子上写拼音，已经写了一页了。

笑笑的妈妈介绍说："笑笑的班级这段时间已经把拼音的23个声母、24个韵母学完了，下面马上就要学拼读了。笑笑的老师说，这样等到孩子们上一年级的时候，就不用担心他们的学习成绩了。"

听了笑笑妈妈的话，妞妞的妈妈紧张得不得了，因为妞妞的老师到现在还没有开始教拼音呢！这要上了一年级孩子考不好可怎么办呀！

于是第二天一大早，妞妞的妈妈把孩子送到班级以后，就来到园长办公室，质问园长："其他园都学拼音了，你们园为什么还不教孩子，要是影响了孩子们以后的学习成绩，你们能负责吗？"

园长听了妞妞妈妈的控诉，没有急于辩解，而是找出了幼儿园毕业生的相册，说："你看这些孩子在幼儿园里的生活多么快乐呀！他们在幼儿园里一起寻找身边的科学现象，共同解决遇到的问题，和同伴一起分工合作，完成具有挑战性的任务。虽然他们没有在幼儿园里学习拼音，但是他们获得了良好的学习习惯和创新的思维方式，这样的品质会伴随他们一生，并让他们受益终身。现在他们中的一些人考上了"211""985"院校，有的已经参加了工作，成为对社会有贡献的人。也许他们在一年级的时候成绩并不是最好的，但是我认为他们成长得都很好。"

听了园长这番话，妞妞的妈妈觉得有点不好意思，她说："真是不好意思，我刚才有点太激动了。"园长语重心长地说："没关系，每个家长都希望自己的孩子成才，这种急迫的心情我可以理解。但是我们在教育中一定要思考清楚一个问题，那就是对于孩子的一生来说，什么是最重要的，是快乐的童年，还是学习成绩？我觉得您能够做出正确的选择。"

当妞妞的妈妈离开园长办公室时，她知道自己为女儿选对了幼儿园。

（保定市青年路幼儿园　李芳）

在上述案例中，当家长对幼儿园的教育理念产生疑问时，园长没有讲解大道理，而是以自己带过的幼儿为例，引导家长观察、思考，帮助家长转变不正确的观念。这样做不但易于家长接受，同时也让家长学会反思，帮助其在今后的教育问题上立足根本，不被他人左右。

园长不仅是幼儿园的管理者,更应是学前教育的优秀教师。只有熟谙学前教育的精髓,才能在应对各种教育问题时得心应手。因此,园长不仅要钻研业务,还要能对有关幼儿教育的各种问题做出专业性的分析、判断,为家长提供专业性的建议。

【温馨提示】

1. 本条建议中列举的都是典型的事例,在生活中我们会碰到各种性格、各种需求的家长,当和他们产生摩擦时,园长一定要认真分析、区别对待。

2. 无论家长向园长反映任何问题,园长都不要第一时间就进行解释或辩解,可以先让家长把想说的话都说完,等家长冷静下来后再处理问题。

第43条 让家长乐于参加家长会

家长会是由园长或教师发起的，面向家长，让家长与教师之间、家长与家长之间产生交流、互动或介绍性的会议。家长会的举办可以加强家园之间的联系，让家长了解幼儿园教育，理解并主动配合幼儿园和教师的工作，以便发挥家园教育合力，促进幼儿健康成长。

但是在工作中，我们经常会发现有些家长不喜欢参加家长会，具体原因有：一是他们觉得自己不太懂幼儿教育，孩子已经入园，由教师教导即可，不需要家长的配合；二是有的家长觉得自己平时工作很忙，根本没有时间开家长会；三是有的家长觉得自己的孩子在班级中经常惹事，担心教师会在会上批评，害怕参加家长会。其实这些想法都是错误的，因为教育幼儿不只是教师的责任，"家长是孩子的第一任教师"，家长在教育孩子方面有着不可推卸的责任。

那么，针对家长不愿意参加家长会的状况，园长该如何解决呢？

一、入园之初，强调家长会的重要性

虽然现在新媒体技术高速发展，很多教师和家长都能通过电话、互联网等方式互动，但这些方法都没有面对面交流效果好。家长往往不容易认识到这一点，园长就要从幼儿报名那天开始，通过发放温馨提示、短信通知等方式，让家长认识到家长会的重要性。

入园前的一封信

亲爱的家长：

您好！

很高兴您的孩子能选择我园。宝宝从家庭进入幼儿园，这是他（她）迈向社会的第一步，此刻的您，一定在激动的同时也掺杂着一丝紧张与焦虑。这样的心情是每个家长都会有的，因为宝宝即将迎来全新的集体生活，他（她）在生活习惯、生活方式和同伴交往方面会面临很大的转变，入园初期有可能会出现一定的适应问题。但是，请您放心，我们会像妈妈一样给予他（她）关心和爱。

在宝宝在园的这三年时间里，请您一定要积极参与我园组织的各种家长会，我们将会针对您有关宝宝教育的问题给予面对面的指导。希望我们精诚合作、携手共进，共同把宝宝教育好，让他（她）从小小幼苗成长为参天大树。

××幼儿园
×年×月×日

二、广泛调查，选择召开家长会的时间

当今社会竞争激烈，很多岗位的工作时间比较长，请假手续比较烦琐。这也是家长不能按时参加家长会的主要原因之一。幼儿园可以面向家长进行调查、统计，尽量将家长会安排在大多数家长时间允许的范围，以便家长参与。

有关家长会组织时间的调查

亲爱的家长：

您好！

为了更好地促进家园沟通，让幼儿园教育与家庭教育达成一致，我园计划在下个月组织全园及班级家长会。为了让更多的家长有机会参会，现面向全园家长进行调查，请您根据自己的实际情况回答以下问题。您的积极参与是对我们工作的最好支持！

1. 您所从事的工作类型是：
2. 您工作的日常状态是：　　非常忙　比较忙　一般
3. 您在单位请假的情况是：　　非常难　比较难　一般

4. 如果您有时间，是否会积极参加园内组织的各种家长会？　　是　否

5. 如果您想参加幼儿园的家长会，您期望家长会安排在：

　　周一　　周二　　周三　　周四　　周五　　周六　　周日

通过调查，我们就可以了解到园内大多数家长的工作状态，并分析其是否有时间参加家长会或无法参加家长会的缘由。在此基础上，园长就可以和教师共同商量召开家长会的确切时间，尽量为家长提供便利。

三、提前准备，保证家长会效果

如果幼儿园的家长会组织得比较拖沓、烦琐，很容易让家长失去兴趣，感到浪费时间。因此，无论是全园家长会还是班级家长会，会议组织者都要提前做好会议准备，保证会议效果。

（1）环境的准备。一般情况下，召开班级家长会最好的地点是活动室，因为教师可以通过主题墙和活动区向家长展示每个幼儿的手工作品、活动参与过程、活动区记录等，让家长看到幼儿的成长足迹；园级家长会最好选择在多功能厅等面积较大的场地。

（2）内容的准备。无论哪种家长会，通常都会包括以下方面的内容：上学期的精彩回顾，幼儿的进步、存在的问题，本学期的发展目标、工作重点、需要家长配合的事项，家长关注的共性教育问题讨论及解答等。会议组织者要尽量多准备一些幼儿在园生活和学习（如区域活动、大型表演活动、节庆活动等）的照片和视频，让家长看到幼儿园教育的成果，从而对教师教育好自己的孩子充满信心。

（3）人员的准备。在有条件的情况下，最好能请到外聘专家前来助阵。这样做能有效提高幼儿园在家长心目中的好感度。

（4）邀请函的准备。邀请函应包括召开家长会的时间、地点、时长、会议主题、温馨提示等内容。

某园给家长的邀请函

尊敬的各位家长：

您好！您是孩子的第一任教师，作为幼儿园教育的参与者、支持者和合作者，您在幼儿的发展中起着重要的作用，真诚地希望通过我们共同的努力把孩子培育好。

为了加强家园之间的沟通，提高家园共育水平，我班定于3月10日（星期三）18点在本班活动室召开家长会，届时将为您介绍本学期幼儿发展目标、活动安排、独立能力培养以及家园配合事宜等内容，会议大约持续2个小时，请您自带纸笔以便记录。我们真诚地邀请您在百忙之中抽出时间前来参与！感谢您的支持与配合！

小四班
×月×日

四、个别沟通，保证家长会参加人数

家长会是否能够开好，有两个决定因素：一个是教师，一个是家长。教师在家长会上扮演的是组织者的角色，家长扮演的是合作者的角色。

从不开家长会的伟伟妈妈

伟伟是某园小班的小朋友，已经入园一个多学期了。在此期间，郑老师在班级中召开了多次家长会，但是伟伟的妈妈从来没有参加过，每次都是让保姆来。每当郑老师询问原因时，伟伟的妈妈都说："放心吧！郑老师，我对咱们班级什么意见都没有，幼儿园需要我做什么就说话，我开了一个网店，从早忙到晚，实在是没有时间来参加家长会。"听了伟伟妈妈的解释，郑老师也觉得很无奈。

有一天园长转班的时候，郑老师把伟伟妈妈的情况汇报给了园长，希望园长能给予一些指导。园长获知这个信息后，因为和伟伟的妈妈比较熟，就在一次孩子入园之后找到了伟伟的妈妈，和她进行了一次深入的谈话，重点说了自己妈妈参加家长会和其他人代替对孩子心理的影响，听了园长的话，伟伟的妈妈改变了之前的态度，以后的每次家长会她都抽出时间来参加。

（保定市青年路幼儿园　赵保平）

针对那些不太愿意与幼儿园配合的家长，园长要主动与其沟通：一是了解其不想配合的原因；二是向家长介绍参加家长会的必要性，说服家长心甘情愿来参会。

家长参加家长会的必要性来自三个方面：

（1）只有参会才能了解幼儿园的教育目标、班级的教学内容和计划，认识同班幼儿的家长，为孩子更好地接受幼儿园教育、结识新朋友做好准备。

（2）如果孩子意识到其他小朋友的家长都能参会，而自己的父母却无法参会，他们的内心很容易产生孤独感、失落感，这种感受将会大大地伤害孩子的自尊，甚至会影响到亲子间的感情。

（3）在家长会上，教师通常会让家长们分享自己在家庭中的育儿理念与方法，参加家长会有利于与其他家长互动，丰富自己的育儿知识，提高自己的育儿技能。

总之，家长会是幼儿园家长工作的一部分，是家园互相了解的有效平台，园长要帮助教师提高组织家长会的能力，运用各种方法保证家长出席，只有这样才能让家长会有意义、有实效、有价值。

【温馨提示】

1．园长要引导教师把家长会开成鼓励大会，不仅表扬幼儿，还表扬家长，不遗漏任何一个孩子，不忽略任何一位家长。

2．在家长会上，园长和教师谈论任何问题都要以幼儿为出发点和立足点，充分体现陈鹤琴先生提出的"一切为儿童"的理念，方方面面要渗透出教师对幼儿的关心，甚至比家长还要细致，尽最大可能地感动家长，把家长会开到家长的心窝里。

3. 在家长会前，会议组织者可以准备一些水果、干果，将桌椅摆成圆形，以示对所有家长的尊重。

第44条 让家长成为幼儿园的好帮手

家园共育，强调一个"共"字，体现的是幼儿园与家长在教育上平等、支持的关系。而在实际工作中我们发现，家长往往处于被动的状态，参与幼儿园的教育形式比较单一、参与活动的积极性不高，致使家园合力达不到预期的效果。

2007年，深圳市第一家非营利性社会公益团体"红岭小学家长义工站"注册成立，其理念与做法为我们提供了参考与借鉴。幼儿园园长可以考虑从家长入手，转变家长"教育旁观者"的观念，让其成为幼儿园的好帮手、教师的好帮手，走进幼儿园，为促进幼儿的发展而努力。

一、幼儿园家长资源利用的现状分析

相对于幼儿园其他资源来说，家长资源是一种隐形资源。如果园长能够将其有效利用，不仅能帮助幼儿园解决一些实际问题，还能促进家园之间的了解。但是在现实生活中，每个园所面对的家长群体不同，所拥有的家长资源也各不相同，其效果也有所区别。

（1）家长群体从事的工作不同，所提供的资源也不相同。如：一些高等院校附属幼儿园的家长大多是教师；一些高档小区中的家长大多为自由职业者；一些社会名园的家长大多数是公务员、医生、经理人等。这些家长各有特色，园长要提前对家长所能提供的资源进行了解，在充分掌握的基础上根据本园的教学需要加以选择。

（2）家长仅仅以"助教"的形式出现，利用率不高。在工作中我们发现，幼儿园中的家长资源利用大多体现在"助教"上，相关家长的职业主要是医生、警察、糕点师等，家长来到幼儿园，往往只是以讲座、上课的形式参与一下幼儿的一日活动。这导致很多家长存在完成任务、走过场的心态，主动性、参与度不高，大大降低了家长资源的利用率。

（3）家长参与意识不强，应付了事比较多。在幼儿园开展的各种活动中，我们能够发现以下几种现象：一是妈妈的数量比爸爸多；二是爷爷奶奶的数量比爸爸妈妈多；三是很多人参与活动不能坚持到底，中途退场比较多。这些行为都大大降低了家园共育的有效性。

二、幼儿园家长资源利用的主要途径

《幼儿园工作规程》明确指出，幼儿园要"发挥家长的专业和资源优势，支持幼儿园保育教育工作"。幼儿园利用园内的家长资源来支持保教工作的途径一共有四种：一是组织家长委员会，让有经验的家长参与幼儿园的管理，为幼儿园发展献计献策；二是组织家长进课堂活动，让家长学习并了解幼儿教学的基本原理，走进课堂教学；三是组织家长志愿者团队，让其根据幼儿园的需要为园所提供力所能及的服务，协助各项活动顺利开展；四是成立家长社团，根据幼儿的兴趣组织社团演出，提高幼儿的艺术修养。

1. 家长委员会

家长委员会是幼儿园编外的管理团队，是幼儿园家庭教育指导工作的有力保证。

红岭小学家长委员会

红岭小学家长委员会成立于2007年，有自己的章程和组织机构。其秉承"促进家校沟通，搭建合作平台，共创育人蓝天"的理念，努力发挥学校和家庭之间的桥梁和纽带作用，有力地推动了学校各项工作的开展。

学校家长委员会主要负责以下几方面的工作：一是校门口站岗执勤工作；二是校内大型活动（如六一庆祝活动、献爱心募捐活动、亲子游活动、新生招生入学、新义工招募培训等）的协助、服务工作；三是家长委员会工作，如"优秀家长"评选活动的策划与组织等。

（案例素材来源于深圳市红岭小学网站）

案例中介绍的是红岭小学的家长委员会。幼儿园的家长委员会工作内容和组建方式与学校类似，但也因园而异。例如，保定市青年路幼儿园的家长委员会成员来自园所内的幼儿家长，学期初由每班教师推荐两名家长组成。家长委员会的职能是参与并商讨幼儿园的各项活动计划，为幼儿园日常管理及规划管理提供意见和建议，从而促进幼儿园管理。

一般情况下，幼儿园会在每学期初、末召开两次家长委员会会议。学期初向家长介绍各部门的学期计划，征求家长意见；学期末向家长介绍工作开展情况及取得的成绩，汇报和解决家长关心的问题等。除了幼儿园成立家长委员会，有些幼儿园也会在班级成立"家长委员会"，他们的主要职责是帮助教师策划班级活动，为班级提供所需要的帮助和支持，如提供外出乘坐车辆、参观活动的场地等。同时，他们也能向教师反映家长意愿，或代替教师出面澄清一些事实。通过参与这些工作，教师和家长之间架起了沟通的桥梁。

2．家长进课堂

"父母是孩子的第一任教师"。虽然很多家长认为将孩子送到教育机构后，教育孩子就是教师的首要任务，但是家长的教育者身份并没有改变。园长也应该树立这样的意识，让更多的家长走进园所，走进班级。

红岭小学家长义工站之"四点半课堂"

在红岭小学，家长也是教育者，很多家长利用下午4点30分之后的时间走进课堂当起了老师。这样的方式，既帮助双职工家庭解决了放学后孩子无人看管的后顾之忧，又适当地弥补了学校一些特色教育师资不足的问题。如：专业乒乓球运动员出身的家长周楠，从2007年下半年开始，就利用每周五的放学时间，在红岭小学办起了免费的乒乓球培训班。培训班的学生人数在最高峰时曾达到了41人。每次上课,周楠都会进行长达2个小时的高强度训练,这样的工作量把她和另外几位负责捡球的家长义工累得够呛。但看到孩子们的进步,他们都觉得自己的付出值得。

(案例素材来源于深圳市红岭小学网站)

"家长进课堂"活动在幼儿园中是必不可少的,是教师根据主题、季节、节日等向家长发起的一个自由参与、提前预约的活动。

其主要的操作步骤为:教师首先在学期初张贴"家长进课堂计划",家长可以根据自己的时间与特长自愿报名;其次,在家长报名后,教师会根据家长的授课内容进行有针对性的指导(包括语言的运用、活动环节的设置和过渡、教具与材料的准备等方面的指导);最后,在家长授课过程中,教师要全程追踪,帮助家长解决授课时出现的突发问题或困难。

3. 家长志愿团

家长志愿团是由有时间、有精力的家长组成的,不为物质报酬地帮助幼儿园组织活动、为幼儿提供教育服务的团队。这个团队会根据幼儿园工作的需要,贡献自己的力量:随时来到孩子们身边,做为他们"挡风的翅膀";随时来到教师的身边,做他们"得力的助手"。

红岭小学家长义工站之家长志愿团

每天上学、放学都是红岭小学教师和家长最为担心的时候。一是因为红岭小学30个班级、1600多名学生集体出动;二是因为红岭小学地处闹市,门前双向两车道,人车混杂、险象环生,存在很多的安全隐患。

为此,学校的家长们组成了"交通义工"。每天孩子们上下学的时段,他们都会穿着靓丽的"红马甲",在学校门口维护交通秩序,并引导孩子们排队过马路。

(案例素材来源于深圳市红岭小学网站)

上述案例介绍的是红岭小学家长志愿团协助学校进行安全管理的事例，除了这些，家长志愿团还可以参与很多的幼儿园活动。如：某园在组织与开展各项大型活动（体育健身月、六一儿童节、京剧艺术节、图书漂流月）时，一些身披红色绶带的身影会忙前忙后，他们就是家长志愿团的成员在做安全监督员和活动督导员；在班级活动中，一些家长志愿者也经常会为孩子们制作教具、清整环境卫生并协助教师教学。家长志愿者在参与幼儿园活动的过程中，对幼儿教育有了更深的了解，对教师的职业有了更多的尊重，对孩子的教育有了更好的方法和策略。这样的沟通方式让家长解放了思想、解放了双手，为家园共育找到了新的突破口。

4. 家长社团

社团是具有某些共同特征、爱好的人组成的互益组织。家长社团是幼儿园为了满足家长支持教育、回馈社会的美好愿望，为家长提供展示自己的平台而设立的共同爱好者的组织。

红岭小学家长义工站之家长社团活动

为了帮助学校解决放学后有些孩子不能及时被接走而诱发的安全问题，红岭小学的家长们结合自己的特长，在不破坏校内教学原则、教学秩序及教学规律的前提下，组织了十大"爱心社团"。

社团内容包括：书吧、未来之星小舞台、围棋、手工、管乐、作业辅导、绘画、拉丁舞、小主持人、合唱。

每天放学后孩子们都可以根据自己的兴趣选择不同的社团参与活动，这样不仅从各个方面促进了孩子们能力的提高，还减轻了教师的负担，为不能及时离校的孩子提供了安全保障。

（案例素材来源于深圳市红岭小学网站）

案例中提到的红岭小学家长社团为园长们提供了很多的思路。除了这些，还有一些幼儿园的家长社团工作也能给予我们一些好的借鉴。

例如，保定市青年路幼儿园也有家长社团组织。他们的社团从家长的兴趣爱好出发，大致分为故事社团、戏剧社团、美食社团、合唱社团等。社团的活动主要由团长（家长担任）来召集；幼儿园会根据家长社团的活动内容给予一定的支持（如场地、设备、材料等）；家长要在社团中相互学习、优势互补，并根据幼儿园的需要为幼儿开展相应的活动（如"爸爸妈妈故事会""家长童话剧表演""美食品尝会"等）。通过组织家长社团，幼儿园不仅深入挖掘了家长资源，让家长有效地参与到幼儿园教学中，还为家长提供了一个与孩子零距离接触和沟通的机会，既有利于增强家园间的交流与合作，也密切了家园关系。

三、幼儿园家长资源利用的保障措施

如果一个幼儿园的家长工作不好开展，或者家园共育形同一纸空文，一定是幼儿园管理思想的滞后与不信任家长酿成的苦果。在家长资源利用上，园长一定要站在家长的角度想问题，通过以下三种方式，充分利用家长资源。

（1）通过调查，了解家长的情况，为家长找到适宜的"工作"。首先，园长可以根据家长的受教育程度、兴趣爱好、个人意愿等设计调查问卷，面向有意愿的家长开展调查；其次，要根据调查结果对家长资源进行分工，如可以邀请教育程度较高的家长加入家长委员会，社会经验丰富的家长加入家长志愿团，专业性较强（警察、医生、教师等）的家长加入"家长进课堂"的队伍等。通过这样的方式，园长可以最大限度地发挥每位家长的优势，激发他们的内在需求。

（2）通过培训，提高家长的各项能力，让家长发挥其作用。将家长适当分组后，我们并不是就可以高枕无忧地组织家长参与活动了。为了更好地利用家长资源，最大程度地激发家长的潜力，园长还要根据家长参与活动的不同，邀请一些园内教师和园外专家对家长进行培训。如：针对家长社团，园长要邀请专业的戏剧、朗诵教师为家长做表演及语言方面的培训；针对要走进课堂的家长，园长要请班级教师为他们做授课培训等。这些具有针对性的培训不仅能让家长了解自己的工作内容，也能提升家长参与幼儿园活动的专业性和主动性。

（3）通过激励，激发家长的服务意识，让家长感受到自我价值。园长可以根据家长参与活动的时间、质量和现场的反馈情况来组织"家长之星评选"，将评选出来的家长照片、姓名张贴在幼儿园的"家长园地"里，激励更多的家长主动参与。园长还可以组织"家长年度人物评选"，以鼓励过去一年中在某一方面表现特别突出的家长，如设置"家园沟通积极奖""教育理念先进奖""支持学校建设奖""最佳榜样示范奖""最佳智慧文明奖""最佳倾情奉献奖""最佳爱心帮扶奖"等。除了颁发荣誉证书与幼儿园纪念章之外，幼儿园还可以为其提供一次亲子优惠活动，如免费拍亲子照、免费绘本阅读、免费亲子游园、采摘等。这种高度的精神认可与物质激励，能够大大调动家长参与幼儿园管理、共建园所文化的热情，为家园共育打开友善合作之门。

【温馨提示】

1．无论是"家长之星评选"，还是"家长年度人物评选"，园长都要综合所有班级教师、大型活动组织者、园领导和家长委员会成员的意见，全面合理地开展评价，做到公开、公正、公平。

2．每一次家长参与的园内活动，幼儿园都要提前通知家长活动的具体时间和内容，并在活动前开展有针对性的实践培训，提出环境创设、着装、注意事项等方面的要求，以提高家长参与的实效性。

第45条 运用新媒体技术打造家园教育共同体

教育家苏霍姆林斯基说:"教育的效果取决于学校和家庭的教育影响的一致性。如果没有这种一致性,那么学校的教学和教育过程就会像纸做的房子一样倒塌下来。"《幼儿园教育指导纲要(试行)》指出:"家庭是幼儿园重要的合作伙伴。应本着尊重、平等、合作的原则,争取家长的理解、支持和主动参与,并积极支持、帮助家长提高教育能力。"

一、传统家园互动模式的不足

在工作中,幼儿园教师通常会采取多种方法与策略,以达成家庭教育与幼儿园教育的同步。如:运用"家长园地""家园联系册""幼儿成长手册",幼儿离园、入园时的简短谈话,家访、电话访问等方式增进双方对幼儿学习特点、生活习惯等个性内容的了解;运用家长会、亲子活动、家长开放日、家长学校、专题讲座等,让家长了解幼儿园的教育教学理念、班级开展的各种活动、幼儿各方面的发展状况;向家长宣传科学的育儿知识,宣传家园共育的重要性和必要性。通过这些途径,幼儿园不但能够转变家长的一些错误的教育观念,也能有效促进家长与教师、家长与幼儿之间的相互了解,最终促进幼儿的全面、和谐发展。

同时,我们也发现传统的家园互动模式存在很多弊端和问题。

(1)幼儿园和家庭地位不平等。例如,家长会、家长开放日、家长学校等活动,大多数都以幼儿园教育为中心,家长只是参与和配合,家长需要方面的考虑比较少。

(2)家园互动效果有限。现在很多家长都是双职工,平时接送孩子以祖辈为多,造成教师与家长交流沟通的机会比较少,家园互动效果不能及时体现。

（3）信息具有滞后性。例如，有些教师需要家长为班级提供一些游戏材料，但是很多家长不能在第一时间获知这样的信息，往往在活动结束后才了解班级的需求。

（4）信息具有个别性。例如，那些经常来园的、喜欢主动与教师沟通的家长，获得的和幼儿园有关或和自己孩子有关的信息就多，而那些忙碌的、不善于与教师沟通的家长知道的就比较少，后一部分家长与幼儿园之间的教育一致性会受到影响，不利于其幼儿的发展。

在信息技术高度发达的今天，我们可以将家长工作的视角转向新媒体产品，让其成为幼儿园与家庭的桥梁，帮助家庭了解幼儿在园的状态，帮助家长提升家庭教育方法和理念。

二、利用新媒体开展家长工作的好处

运用新媒体技术与家长互动，有效地解决了家长与教师沟通少、沟通难的问题，为家园共育提供了方便、快捷、有效的平台。其优势主要体现在以下几个方面。

（1）新媒体技术的运用，不但使教师们的工作效率大幅提高，还让家长工作变得更加节能、环保。例如，在传统的家长工作中，教师为了向家长展示幼儿在活动中的精彩瞬间，往往需要大量的纸张和照片。有了新媒体技术的支持，教师就不用再去把这些照片一一打印出来，只需直接上传到一定的板块，家长就可以便捷地看到自己孩子的精彩瞬间。再如，在传统的家长工作中，为通知家长一些紧要的信息，教师往往会采用"打电话"的形式，现在有了新媒体技术，教师可以直接登录校讯通通知，不但更及时，也避免了资源的浪费。

（2）给予家长更多的发言权。在竞争激烈的现代社会中，大多数家长的日常工作都比较忙，这就使教师与家长之间进行一一交流很难实现。通过新媒体技术（如QQ群、微信中的群聊平台等），教师可以有效地解决这个问题。教师可以选择家长们都比较空闲的时间，发起一个大家都感兴趣的话题进行讨论，给予家长更多的发言机会。另外，由于教师创设的是一个虚拟的空间，会让那些日常碍于面子或者面对面不方便说的内容，在QQ群或微信中得到充分讨论。

（3）引起社会对幼儿园的更多关注。新媒体技术的运用，不单单使家长能够通过这些信息的发布直观地了解到自己需要的内容，也将幼儿园的特色工作与亮点工作呈现给社会，从而引起更多人的关注。

三、运用新媒体开展家长工作的方法

当前的社会已经进入网络时代。利用网络平台开展家园共育的方式和途径有很多，大多数幼儿园已经使用并反馈较好的平台有以下几个。

1. 公共网站为宣传介绍提供了平台

幼儿园网站是幼儿园向家长和社会展示的一个平台。这个平台不仅能让家长了解到幼儿园的办学理念、办学特色、师资结构，还可以让家长知悉幼儿园的动态和各种活动，从而对幼儿园整体工作有全面的认识，满足了家长与教师交流、沟通和理解的需要。

例如，河北省某园于2005年在中国互联网络信息中心申请了域名，并自己动手创建了幼儿园的公共网站。网站共开设了8个主要栏目，分别是：反映园内外最新幼教动态的"园内资讯"栏；交流教育心得和经验总结的"交谈传真"栏；介绍父母科学教育妙策、保育知识的"父母茶座"栏；针对社会上未入园的0—3岁幼儿家长开设的"亲子俱乐部"栏；针对幼教工作中的热点、难点问题进行讨论的"BBS（Bulletin Board System，电子公告牌系统）论坛"；及时反映孩子的童言趣语、美术作品、玩耍瞬间、一日作息的"快乐一天"栏；介绍园况、园长、各班教师的"本园概况"栏；关于招生通知及录取新生名单等内容的"公告栏"。另外，网站还有留言本、教师信箱等设置，每个栏目下又开设了若干个子栏目。这些栏目内容侧重点不同，各具特色，突出了全、新、活、趣的特点。

2. 校讯通成为快速送达园所消息的工具

校讯通开创性地将新兴的移动通信技术、网络技术、WAP（Wireless Application Protocol，无线应用协议）技术和通信终端技术引入校园，运用短信的形式，有效地提高教师的工作效率，避免此前在传达信息过程中遗漏信息或者信息传达不准确的情况，使幼儿园信息能够及时送达。

校讯通面向家长提供的信息内容包括：一是"生活小提示"，如当秋季天气转凉时，可以提醒家长"天气转凉，请来园时为孩子穿上适宜的衣物"；二是"保健小常识"，如春季流行疾病暴发时，可以告诉家长"现在正是流行性感冒和手足口病的高发期，请您多给孩子饮水，注意孩子的体温"；三是"班级小通知"，如在组织幼儿去植物园游玩前，通知家长"我园定于本周五带孩子去植物园春游，请您提前为孩子做好携带物品及穿着服装的准备"；四是"宝宝小信息"，如在小班幼儿刚入园的时候，为让家长了解孩子在园情况，告知家长"您的孩子顺利地度过了幼儿园生活的第一周，大部分孩子适应得都很好，希望您能和我们及时沟通，让孩子尽快地度过分离焦虑期"。

3. QQ群是家园频繁互动的媒介

QQ群是网上流行的一种交流方式，它运用起来灵活、便捷，能有效地实现教师和家长之间、家长和家长之间的沟通和交流，为共同探讨育儿方法、总结育儿经验、共同促进幼儿健康发展搭建家园互动的新平台。

通常在幼儿园创设的QQ群以班级为单位，并以追求"双向互动"的方式，为教师和家长搭建交流和沟通的平台。如：教师可以通过与家长协商，设立"公告栏""精彩瞬间""安全工作""明星宝宝"等栏目；针对幼儿近期存在的普遍性问题，教师可以在QQ群中开展"健康宝宝大比拼""家长进课堂"等活动。这些内容可以促使家长们和教师主动交流，双向互动，发挥家长们的自主性，带动家长们积极参与班级工作。

4. 微信云平台成为幼儿档案的完美收集者

微信是一款快速发送文字和照片、支持多人语音对讲的手机聊天软件，用户可以通过手机或平板电脑快速发送语音、视频、图片和文字，并能随时进行保存。幼儿电子成长档案不仅要用大量的照片、录像、声音、动画等全方位、最大信息量地记录幼儿的成长过程，还要记录幼儿在园、在家的进步、改变和成长。幼儿电子成长档案的建立不仅仅是教师单方面的工作，家长的参与也必不可少。利用微信云平台，教师和家长能够记录幼儿成长过程中的一点一滴，让其成为幼儿成长的见证者。

园长可以在幼儿园设立自己园所的微信云平台，教师每天通过教师端把幼儿在幼儿园活动的照片、视频、幼儿的作品上传到幼儿电子成长手册。家长可以在家长端把孩子在家的信息通过照片、视频、文字的形式上传，一个学期刻一次盘永久保存。另外，教师还可以通过微信平台帮助家长设计幼儿电子成长档案的内容（包括我的自我介绍、我的作品、我的活动、我在长大、老师眼中的我、爸爸妈妈眼中的我等）。

如上所述，新媒体技术可以使教师指导家长的单项活动，转变为家长与教师、家长与家长之间的互动沟通。这样的做法，不但使育儿成为教师、家长共同关注和讨论的话题，还在无形中拉近了教师与家长、家长与家长之间的距离，实现了家园互动平台的人性化、人文化、及时化和有效化。

【温馨提示】

1．目前很多教育科技类公司都在开发与学前教育相关的网络产品，园长可以在园内引进当前比较先进的幼教云平台，为幼儿园打造全新的信息化工作网络。

2．在家园共育工作中，班级教师和家长是主体；在幼儿园教师中，年轻教师接受新鲜事物比较快，而年纪大的教师比较慢，园长可以开展一些相关的培训，让每一位教师都能熟练掌握这些新媒体技术，以便其更好地开展家长工作。

第 46 条　善于与媒体打交道

媒体是指传播信息的媒介。传统媒体主要包括：电视、广播、报纸、期刊（杂志）、户外媒体（路牌灯箱）等。这些年随着科学技术的发展，媒体又逐渐衍生出诸如 IPTV（Internet Protocol Television，交互式网络电视）、电子杂志等。利用高科技且具备信息传播功能的产品就是"新媒体"。新媒体与传统媒体相比，具有传播速度更快、覆盖面积更广的特点。

习近平总书记在党的新闻舆论工作座谈会上强调，"领导干部要增强同媒体打交道的能力，善于运用媒体宣讲政策主张、了解社情民意、发现矛盾问题、引导社会情绪、动员人民群众、推动实际工作"。但是在日常工作中，作为领导干部的园长却很容易出现"怕媒、躲媒、排媒、反媒"等情况，不愿意或不擅长与媒体打交道，甚至加剧"媒体事件"，给自身工作和社会秩序带来不利的影响。由此可见，园长必须努力提高与媒体打交道的能力，使之能够为园所的发展服务。

一、转变观念，正确认识媒体

分析一些园长不喜欢与媒体打交道的原因，可以总结出以下几点：一是思想上认识不足，他们认为媒体是宣传政策导向的，而政策层面的问题是上级领导的事，是职能部门的事，与自己无关；二是他们多秉持"高调做事、低调做人"的理念，认为只要干得好没有必要到处宣扬，因此一再放弃"出镜"的机会；三是他们认为如果遇到了一些与自己园所相关的"新闻事件"，最好不说、少说，以免给幼儿园或上级主管部门带来负面的影响，"多一事不如少一事"。

什么记者？我不见！

每年的 7 月中旬都是某园的招生季。

园长首先通过幼儿园微信公众号和纸质布告提示的方式发放了招生公告，公告明示幼儿园将于 7 月 15 日面向社会招生，招生的条件为：截至××年 6 月 30 日年满 3 周岁；拥有本市户籍和永久性住房；面试合格。

公告贴出后，很多附近居民慕名而来，早早就在园门口等候。

招生工作进行到一半时，一名男性家长突然与招生教师发生冲突，原因是他的孩子户口为外市，教师拒绝了他的材料申请。他非常生气，明确表示："为什么都是中国人，还要分户籍，这是教育不公平，我要向媒体举报！"

果不其然，第二天下午，园长就接到幼儿园门卫打来的电话，说有当地日报记者来园，希望能够对其进行采访。园长听到这一消息后，坚决回绝："什么记者？我不见！"

（保定市青年路幼儿园　赵景亨）

案例中的园长之所以不想与记者见面，一方面是因为园长认为这是闹事家长举报的结果，另一方面是因为园长不了解媒体的作用，对媒体人存在片面的理解。这样的做法只会加剧媒体对幼儿园的误解，不利于问题的解决。

为了与媒体做好沟通，园长必须从自身做起，从两个方面树立正确的媒体观。

（1）媒体的职能是宣传舆论，其体现的是一种社会责任。无论是传统媒体还是新媒体，传播信息、制造舆论是它们与生俱来的社会职能，而追求快速、新奇、独特则是媒体人的最基本特征。当今时代，各种媒体已经广泛而深入地渗透到人们的生活中，并对人们的工作和生活产生着潜移默化的影响。如果没有媒体的发展，就没有今天快捷的信息和发达的资讯；如果没有媒体的发展，社会舆论与监督也不会像今天这样有力量、有效果。因此，园长一方面要接受媒体快速发展的这一现实，另一方面要深刻认识到媒体在宣传舆论方面的作用。媒体作为信息传播的载体，本身不具备道德意义，是利器还是凶器，关键看谁在用、怎么用。案例中的园长完全可以痛快地接受记者的采访，将拒绝这位家长的理由表达出来，不仅会让社会对这件事有公正的看法，也会让更多的家长了解到幼儿园是遵守原则的。

（2）无论园长自身还是园所，都能自觉接受媒体的监督。媒体监督是人民群众监督的重要渠道，也是人民民主的具体实现形式。任何机构、任何部门、任何人员，无论其地位高低、职务大小，都必须自觉接受人民群众的监督，也即接受媒体的监督。

二、提高技能，善于应对媒体

一般情况下，幼儿园针对媒体的工作内容主要有两项：一是新闻发布，二是接受采访。新闻发布主要是政府或某个社会组织定期、不定期或临时举办的信息和新闻发布，其作用在于发布政府政策或组织信息、解释政府或组织的重大政策和事件。其工作要点包括：一是要做好搜集舆情的工作；二是要做好新闻点的策划；三是要注意使用媒体语言；四是要遵循"三三原则"，即核心信息不超过三个要点，每个问题的回答一般不超过三分钟。由于新闻发布主要针对政府部门或社会组织，幼儿园工作中涉及的比较少，这里就不再赘述。

接受采访是幼儿园园长与媒体打交道最多的方式。如果有媒体人想要对园长进行采访，园长该如何应对呢？

张园长的"今日有约"

张园长为某市颇有影响力的资深园长，其不仅善于管理，对幼儿教育的策略与方法也非常精通。

当地电视台最近创办了一个有关家庭教育的栏目——"今日有约"，专门邀请一些相关方面的专家为家长答疑解惑。

这天，他们向张园长发出了邀请。接到这个邀请后，张园长表示自己一定会全力以赴，完成电视台交给的光荣任务。

到了晚上，张园长穿戴整齐、妆容精致地来到电视台参加节目，解答了很多家长关心的问题。

很多园内的教师和家长都观看了这期节目，并且在微信上为张园长点赞。张园长此举不仅为家长提供了帮助，更提高了幼儿园的影响力。

（保定市青年路幼儿园　徐顺心）

案例中的张园长在面对电视台的采访时，始终给予积极的回应，并取得了良好的效果。

针对媒体的采访，园长可以参考以下建议。

（1）查验证件，明确身份。现在媒体比较多，不免鱼龙混杂。为了避免上当受骗，当有记者提出要采访时，园长一定要先请其出示记者证或采访介绍信，了解记者的来处、姓名，验证其身份后再考虑是否接受采访。

（2）了解意图，做好准备。一般情况下，园长接受媒体的采访有三种：一是针对大众普遍希望了解的有关学前教育方面的问题，希望园长给予介绍；二是针对本园发生的事件，希望园长给予解释；三是针对其他园发生的事件，希望园长能够给予评价。无论是哪个方面的采访，园长都要提前与记者沟通，明确采访意图，做好相应准备。另外，如果采访内容涉及本园或上级部门的敏感问题，园长要及时请示或报告上级领导，由领导来决定是否接受采访、可以采访到何种程度等。

（3）镇定自若，沉着应对。园长不仅代表本园形象，从另一个层面来说，只要是出现在公众媒体，就成为这一行业的代表。因此，在接受采访时，园长的衣着和言谈举止一定要得体，谈话内容要客观，不该说的、不知道或知道不详细的内容不能乱说。特别是面对摄像机镜头的时候，园长更要保持自己的良好形象，不能说过头的话、做过激的事。一般情况下，媒体都会客观公正地报道。无论媒体要采访的是哪个方面的问题，园长都要沉着冷静、自然应对。

（4）处好关系，深层结交。作为园所的带头人，园长可以利用自己的社会地位，多结交一些有水平、有影响的媒体记者，与他们建立业务上的联系。例如，可以邀请他们帮幼儿园录制宣传片，做幼儿园主题活动的宣传报道，制作招生广告等。俗话说"一回生，二回熟"，在工作中多沟通信息，在生活上给予适当关心，长此以往，园长就能和媒体记者建立起友谊，这样不但能推动和改进幼儿园的工作，还能避免其轻易成为媒体批评的对象。

三、面对质疑，积极面对媒体

在生活中，我们经常会听到人们说"防火防盗防记者"。为什么要防记者呢？因为来自媒体的报道，除了正向的、积极的以外，还有很多是丑闻，是负面报道。

教师打孩子之后

某园是某市的私立园，园内大多数教师都是幼儿园面向社会自主招聘的。最近两年，由于幼儿园教师供不应求，赵园长就降低标准，从当地职业中学招聘了几名非学前教育毕业生担任幼儿园教师。

刚开始，这几名教师表现得还不错，但是和他们接触多了，赵园长发现这些年轻教师普遍缺乏幼儿教育常识，教育理念也存在一定问题。

结果在某一天，几名家长怒气冲冲地来到幼儿园，说班级的小王老师昨天用手打了自己孩子的屁股和脸，这属于体罚幼儿，让幼儿园给个说法。

赵园长非常生气，马上和小王老师谈话，扣罚了其工资，并准备将其辞退。

家长们在盛怒下将此事透露给当地报社，报社记者为了了解事情真相，希望对赵园长进行采访，但是赵园长觉得这是一件丑事，没有答应。

记者在无奈之下，联系到当事的几名幼儿家长，根据其说法撰写了一篇报道，并刊登在报纸上，在该市引起了不小的轰动。

（保定市青年路幼儿园　李海涛）

案例中发生的事件无疑会给幼儿园带来不好的影响，甚至有损教师队伍的形象。很多园长在面对这样的事件时，第一个想到的就是"家丑不可外扬"，不愿接受媒体的采访。这种消极应对的态度不利于问题的解决，也让园所处于更加不利的地位。

那么园长该怎么办呢？

（1）客观地对园内发生的事情进行公正的评价。园长一定要明白"人非圣贤，孰能无过"，任何地方、任何单位都不可能没有一点问题，有了问题被媒体披露是很正常的，要学会用包容的心态做积极的考量。既然问题已经产生，那么解决问题、让问题产生的影响最小，才是化解矛盾的正确方法。

（2）及时对失实的报道予以纠正和澄清。真实是新闻的生命。遇到问题的时候，园长决不能抱有"事实就是事实，任由他人评说"的态度，这样既对自己不负责，也对公众不负责。如果信息报道有偏差，园长一定要及时站出来纠正、澄清，还原事情的本来面目，让公众获得真实的信息，并做出公正的判断。

（3）不要存在"花钱摆平"的侥幸心理。我们经常听到有些园长为了避免针对本园的负面报道，就想给媒体或记者"新闻费"，期望通过花钱将事情摆平。这样是不正确的，主要在于：一方面正规的媒体和记者是有职业操守的，那些敢收取"新闻费"的媒体和记者应该都不正规，或者说是违背其职业道德的，这样的贿赂毫无价值；另一方面如果什么事情都可以用金钱来解决，必然会刺激或助长个别媒体、个别记者违反新闻道德，甚至违法犯罪。这也是教育者不希望看到的。

（4）要学会运用法律武器维护自己的尊严。虽然就职业规范来说，即使是负面报道，媒体和新闻记者也要根据工作程序来开展工作。但是我们也会在生活中遇到一些不讲规矩、不按套路出牌的媒体工作人员。如果他们没有基于客观事实说话，没有经过本人同意就擅自公开相关人员的隐私，甚至诬陷、侮辱他人，损害他人名誉和精神健康等，园长一定要拿起法律的武器，帮助园内教师伸张正义。

总之，媒体机构作为与幼儿园相关的社会机构，其对幼儿园的宣传和评判势必会对园所的发展产生重要影响。园长一方面必须带领全体教师从自身做起，不让事故发生，不让媒体抓住"把柄"；另一方面还要看重、尊重、珍重媒体，增强和媒体打交道的能力，增强自身对宣传舆论的引导，增加对园所的正面宣传，推动幼儿园工作向好的方向发展。

【温馨提示】

1．幼儿园可以利用互联网、手机等载体，建好自己的网站、网页等信息发布渠道，构建自己的媒体平台。

2．园长要特别慎重地对待电话采访，可将其改为邀访、约访或根据采访问题回复传真、电子邮件、短信、微信等，以免造成误会和新闻失实。

第47条　警惕隐性的学前教育"小学化"

国务院于2010年印发的《关于当前发展学前教育的若干意见》明确提出，幼儿园要"坚持科学保教，促进幼儿身心健康发展"。为了更好地促进幼儿的发展，让每个孩子都能度过一个快乐的童年，教育部于2011年印发了《关于规范幼儿园保育教育工作，防止和纠正"小学化"现象的通知》，提示所有的教育主管部门和幼儿园开展杜绝学前教育"小学化"的专项治理工作，标本兼治、疏堵结合，大力防止和纠正学前教育"小学化"。

提到学前教育"小学化"，很多园长认为就是不让幼儿在学前教育阶段学习拼音、运算、书写、识字等内容，只要保证自己的园所里没有相关内容的学习就可以了。

其实，这种认识是片面的。在现实生活中，还有很多幼儿园存在一些隐性"小学化"的现象，只是这些现象比学习拼音、运算、书写、识字更加普遍，以至于园长根本没有发觉其存在。因此，仅仅不教授幼儿小学阶段的学科知识是远远不够的，园长还需要更深入地理解学前教育"小学化"的含义，从多方面入手，把那些看不见的问题挖出来、改过来，让学前教育真正成为幸福幼儿一生的教育。

一、幼儿园与小学的不同

幼儿园教育和小学教育存在很大的不同，它们在教育内容和教育方式上也存在很大的差异（见表47-1）。

表47-1 幼儿园教育和小学教育区别表

项目	幼儿园	小学
教育任务	贯彻国家的教育方针，按照保育与教育相结合的原则，遵循幼儿身心发展特点和规律，实施德、智、体、美等方面全面发展的教育，促进幼儿身心和谐发展。	教育必须为社会主义现代化建设服务，必须与生产劳动相结合，培养德、智、体等方面全面发展的社会主义建设者和接班人。
学习环境	有活动室、寝室、专项教室、操场；园所有丰富的环境，班级有区角及各种活动材料。	有教室、操场、图书馆和专项教室；班级有黑板、桌椅、多媒体展台等。
学习方式	以游戏为基本活动。	以课堂教学为基本活动。
师生关系	保教结合；教师的角色为观察者、支持者、引导者。	传道授业；教师的角色为教导者。
教学方法	玩中学、学中玩。	以教师的传授、讲解为主。

通过表47-1可以看出，幼儿园和小学在教育任务上存在本质的区别，幼儿园教育的主要目的是促进幼儿身心和谐发展，而小学教育是为培养全面发展的社会主义建设者和接班人而服务。另外，二者在学习方式上也存在很大的不同，即幼儿园的孩子每日活动以游戏为主，其行为更加自由、自主，而小学的孩子则以学习为主要活动，学习成为孩子对社会承担的义务。

可是当前很多园长并没有认识到这个问题，很容易将幼儿园教师也定位为"传道授业解惑"，如果没有真正将幼儿园教育与小学教育区分开，就不能从根本上解决学前教育"小学化"的问题。

总结学前教育隐性的"小学化"，其主要体现在以下方面：幼儿班级中书本多、活动材料少；集体教育活动中教师讲得多、幼儿做得少；一日活动安排中上课时间多、游戏时间少；活动组织中幼儿被禁锢多、自由与快乐少。

二、学前教育隐性"小学化"的危害

学前教育不仅要杜绝小学知识的下移，还要避免不适于幼儿的活动形式、学习方式、学习内容等诸多方面。最重要的是园长要基于幼儿的生理特点与学习特点，考虑幼儿阶段什么对其是最重要的、什么样的因素会影响其一生的发展。

（1）不适宜的组织形式对幼儿身体的正常发育不利。在具有"小学化"倾向的幼儿园中，我们经常会看到这样的景象：活动室里的桌椅摆成四五排，三四十个孩子正襟危坐在小椅子上，身板挺直、小手背后……这样的"板凳学习"无疑对孩子们的骨骼和肌肉都提出了新的挑战，让他们的神经系统处于紧张状态，长久来看势必会影响幼儿的身体健康和发育。

（2）高控制的学习方式对幼儿的个性发展与社会性培养不利。3—6岁的幼儿爱玩耍、好动，游戏是他们与生俱来的兴趣和能力。但是在具有"小学化"倾向的幼儿园中，教师的授课方式大多为"教师讲、幼儿听""教师做、幼儿看"，这样的教学方法无疑限制了幼儿的思想，束缚了幼儿的手脚，让孩子变成了教师为完成教学而存在的附属品。这样的环境不仅不利于幼儿自主、自信品格的养成，还使幼儿之间缺乏必要的交流、合作和体验，导致幼儿的个性和社会性很难得到健康发展。

（3）超前的学习内容对幼儿的兴趣培养不利。我们经常能够从小学教师那里获得这样的信息："很多在幼儿园里熟练地掌握了拼音和运算技能的孩子，到了小学再学习相同内容的时候，其兴趣点就降低了，结果就是上课不认真听讲，回家的作业也不好好完成。"同时，我们也听到很多家长抱怨："我们的孩子在幼儿园里提前学了拼音和运算，一、二年级学习成绩都很好，可是到了三年级，这些幼儿园阶段已经学会的内容用完了，学习成绩很快就下来了。"究其原因，主要在于：有些孩子因为在幼儿园阶段就已经学会了一年级的课程，在思想上存在骄傲自满的情绪，上小学后对学习不认真；还有些孩子靠着幼儿园之前学会的知识暂时能够在学习成绩上领先，可是由于这些超前学习并不是基于孩子本身的兴趣，是被动学习与机械记忆的结果，枯燥的学习让孩子产生厌烦和抵触的情绪，越是到了高年级，这种情绪就越发凸显，造成成绩下降。

三、如何杜绝学前教育隐性"小学化"

为了杜绝学前教育"小学化",近几年,教育部采取了一系列举措。例如,教育部办公厅《关于开展幼儿园"小学化"专项治理工作的通知》指出,幼儿园要"通过自查摸排、全面整改和专项督查,促进幼儿园树立科学保教观念,落实以游戏为基本活动,坚决纠正'小学化'倾向,切实提高幼儿园科学保教水平,促进幼儿身心健康发展"。那么,园长应该通过哪些方法来杜绝学前教育"小学化"呢?

1. 深刻了解造成学前教育"小学化"的原因

学前教育"小学化"之所以存在,一定有其生长的"土壤"。仔细分析一共有两个方面的原因:一是家长需求方面。在工作中,我们经常会听到家长说:"×××幼儿园的孩子们都学拼音了,你们幼儿园什么时候开始学呀?""你们幼儿园不教孩子拼音,我们上学跟不上怎么办呀?"……通过调查,我们了解到大约有75%的家长认为孩子在幼儿阶段学拼音、识字、写字、算术等很有必要,如果幼儿园不教授相关知识,他们就有可能选择送孩子去其他园所或学前班学习,以便为其升入小学做好准备。正是为了迎合家长的这些需求,很多园长选择在幼儿园内开设小学的课程,在无形中助长了学前教育"小学化"的倾向。二是教师素养方面。我国到2021年幼儿园教师和保育员缺口预计会超过300万人,而目前在职的幼儿园教师,尤其是乡镇幼儿园的教师绝大多数为小学转岗教师。这些教师从小学教师转变为幼儿园教师,大多数不具备幼儿园教师应有的专业知识和基本素质。更多的教学经验来自其在小学时的工作,其教学不可避免地倾向于说教,教学的方法也比较单一,很难开展高质量的游戏教学。正是很多幼儿园教师这种"穿新鞋走老路"的做法,让学前教育隐性"小学化"成为很多幼儿园(尤其是乡镇幼儿园)的普遍现象。

2. 认真开展杜绝学前教育隐性"小学化"的工作

（1）从家长入手，转变教育理念。家长是幼儿教育的合作者，只有得到家长的支持，幼儿园各项工作才能顺利开展。园长应该利用各种活动，帮助家长更正"揠苗助长"的错误理念，还给孩子一个快乐的童年。

如：邀请幼儿教育专家入园为家长开讲座，向他们宣传幼儿教育的理论，让他们了解幼儿教育阶段的主要任务和幼儿全面发展的要求；利用学期初的家长会，让教师教给家长一些基本的幼儿教育方法，帮助家长树立正确的育儿观；邀请小学教师入园，以案例的形式向家长介绍学前教育"小学化"的严重后果，提醒家长要遵循幼儿身心发展的规律，珍惜幼儿童年的独特价值，揠苗助长只能适得其反。

（2）从教师入手，提高教育素养。教育改革的关键在于教师，而幼儿教育的成败主要取决于幼儿园教师素质的高低。园长一定要多组织教师参与培训与学习，加强教师教育理念、专业知识、思想品德和文化修养等方面的提升，让教师懂得每个幼儿都是独特的个体，任何活动都应该从幼儿出发，遵循幼儿的身心发展规律，超出幼儿理解范围的知识和技能都不适于幼儿学习，要以游戏为主要形式来开展各种活动，寓教育于游戏之中，培养幼儿良好的性格，激发其兴趣，陶冶其情趣，锻炼其意志，为发展幼儿的兴趣创造良好条件，并且有目的、有意识地引导幼儿兴趣的发展。

总之，无论是显性的还是隐性的学前教育"小学化"，对幼儿来说都"有百害而无一利"。无论园长还是教师，都应该关注这件事情，并从自身做起，从本园做起，严格遵循《关于开展幼儿园"小学化"专项治理工作的通知》，落实"严禁教授小学课程内容""纠正'小学化'教育方式""整治'小学化'教育环境""解决教师资质能力不合格问题"等措施，为幼儿身心健康发展营造良好的环境。

【温馨提示】

1．教育部针对学前教育"小学化"发布了多个文件、通知，园长可以将这些政策以不同的方式进行宣传，以促进家长观念的转变。

2．园长要切实加强本园新教师入职培训、转岗教师岗位培训、教师专业技能补偿培训和有关师德师风方面的培训等，全方位提升教师素质，有效杜绝学前教育隐性"小学化"。

第48条 "社""园"携手，共育幼苗

陶行知先生的教育思想包括三个基本观点，其中很重要的一条就是"社会即学校"。它的含义即社会是生活的场所，亦是教育的场所，社会离不开学校，学校更不能脱离社会。教育应让学生超越书本，走出学校，投入生活，投入社会，把笼中的小鸟放到天空中任其翱翔。

幼儿园是社会的一部分，不可能脱离社会而单独存在。因此，幼儿园应该立足本园需要，多与周边社区联手，丰富幼儿的教育资源，促进他们的成长。

一、甄选社会资源，为我所用

社会实践活动是人类认识世界、改造世界的各种活动的总和。幼儿的社会实践活动主要以认识世界为主。幼儿园可以根据本园的教学内容，结合社会资源，以园所为主导、社区为依托、家庭为基础，开展社会教育实践活动，让全社会共同参与，形成家庭、幼儿园、社会三位一体的社会化教育网络体系。

1. 带领幼儿"走出去"

要想利用社会资源，必须走出园所，走进社会。我们鼓励有条件的幼儿园根据园所需求有目的地选择一些单位（如超市、部队、交警中队、消防中队、社区服务中心等），建立"幼儿社会实践活动基地"，让幼儿园的社会实践活动在基地专业人员的协助和指导下有条不紊地开展，帮助幼儿和教师了解更多领域的专业知识与技能。

珍爱生命，关注消防

为了增强幼儿对火灾的认识，使其了解消防员的工作特点，园长和本园

"实践活动基地"（附近的消防中队）取得联系，约定时间带领中班的幼儿前往消防中队，开展"珍爱生命，关注消防"的观摩活动。

教师带领幼儿如约来到消防中队，消防员们亲切地迎接了这些小朋友。在活动中，消防员首先带领幼儿参观消防展厅，引导幼儿观看墙壁上的消防标志和宣传图片，请幼儿说说标志的含义，并对幼儿不知道的标志做出解释。接下来，消防员又带领幼儿进入器材室，为幼儿详细地介绍消防器材的名称和使用方法。最后，消防员带着孩子们来到他们最喜欢的消防车前，把消防车内的装备给孩子们一一展示，并邀请孩子们进入消防车看一看。这样的活动不仅增强了幼儿对消防员的了解，还丰富了他们的消防安全知识与经验，孩子们都称赞消防员叔叔了不起，有的孩子说自己长大了也要当消防员。

（保定市青年路幼儿园　姚志涛）

在案例中，园长根据园内教师的教学需要，与实践基地进行沟通，并确定参观时间，幼儿在参观的过程中更好地接受了相关的教育。

当然，幼儿园中的各种教育活动内容比较多，形式也比较丰富。园长可以提前与班级教师沟通，了解班级开展教学的内容、目标及需求，然后再决定哪些内容需要依靠实践基地、哪些内容不需要。了解之后，园长需要自己出面与实践基地的负责人联系，沟通活动内容和时间，以示对此次活动的重视。最后，园长要提醒教师在组织活动时一定要注意安全，还要外派安全员全程跟随，以便遇到特殊情况可以进行紧急处理。

2．特殊人才"请进来"

家长是重要的合作伙伴，园长应吸收家长主动参与幼儿园的教育工作；社会上的各种能人、艺人也是幼儿教育的良好合作伙伴，是宝贵的人力资源。

爸爸的公开课

近期，中五班的小朋友们正在开展"小医院"的主题活动。为了让孩子们更好地了解医生的工作特点和自我保护的重要性,班级教师准备引进一位特殊人才——班级中涵涵小朋友的爸爸,请他到幼儿园为孩子们上一节精彩的公开课。

这一天很快就到来了。为了便于孩子们更形象地理解,涵涵的爸爸特意准备了生动有趣的漫画、动画,还用通俗易懂的儿歌"两手臂,垂直放,收小腹,挺胸膛,眼平视,看前方,脚并拢,站姿棒"教给孩子们促进骨骼强健的方法。然后,涵涵的爸爸带领小朋友们做起了"我是小医生"的游戏。5个小朋友有的扮演爸爸,有的扮演妈妈,有的扮演孩子,还有的扮演医生和护士。在涵涵爸爸的指挥下,小朋友们有模有样地玩了起来。涵涵的爸爸一边引导小朋友止血、去医院、处理伤口……一边告诉他们去医院看病的基本流程。时间过得很快,就在孩子们沉浸其中的时候,公开课已经上完了。小朋友们都说以后还欢迎涵涵的爸爸来上课。

(保定市青年路幼儿园　冯铁刚)

在案例中,教师根据班级教学的需要,邀请以医生为职业的家长来园为幼儿上课,这样的方式不仅能引发幼儿的兴趣,让其更专注地参与活动,还能调动家长的积极性,让其了解教师日常的付出,为家长和教师之间搭建互动交流、互相学习的平台。

当然,民间艺人也是幼儿园可以利用的社会人群。例如,某园在端午节的时候把当地的秧歌队请到幼儿园中,请他们为幼儿表演划旱船、扭秧歌等节目,让幼儿在感受节日快乐的同时,也对我国的民间艺术有了初步的了解。

二、利用园内资源,为社区服务

幼儿园作为社会整体系统的一部分,既依靠社会、社区的支持而发展,又承担着服务社会,特别是为所在社区服务的职能。幼儿园为社区服务的内容主要有两个方面:一是幼儿园要充分利用本园的教育资源,实现资源共享,为社区居民与儿童提供更多的教育和服务；二是幼儿园作为专门的学前教育机构，还应担负起向所在社区及社区居民宣传党和国家的教育方针、给予正确的指导和传授科学育儿知识的任务。

1. 开展亲子教育，让教育延伸到家庭

我国正逐渐步入"独带独"的时代，第一代独生子女在养育下一代独生子女时，必然会面临更多的焦虑和困惑，社会对0—3岁婴幼儿的早期教育有着强烈的需求。另外，《国家中长期教育改革和发展规划纲要（2010—2020年）》中也特别强调要重视0—3岁婴幼儿的早期教育。幼儿园拥有开展早期教育的大量资源，可以通过开办亲子班的形式，让婴幼儿实施走读教育，从而帮助社区解决0—3岁婴幼儿早期教育的问题，也有利于帮助父母形成正确的亲子观，并在游戏活动中促进孩子在体能、智能、个性、习惯等方面全面和谐发展。

对于亲子班的管理，园长可以从以下几个方面着手：一是在教师选择上，可以先由幼儿园教师自愿报名，然后根据报名教师的个性特点和特长，以经验比较丰富、气质比较甜美的教师优先的原则来筛选；二是在教师培训上，可以选择内部培训（如每个学期组织亲子班教师学习"0—3岁婴幼儿的心理及学习发展"），也可以选择外出培训（如每个学年可以选派亲子班中的骨干教师到北京、上海、南京等一线城市参加亲子教学的培训活动）；三是在家长管理上，每次亲子活动都要让家长、幼儿及教师之间产生交叉互动，家长可以与孩子一起游戏、学习，既做孩子的教师，又当孩子的玩伴。家长的游戏态度、一举一动都将对孩子产生深远的影响，并直接关系到教育目标的达成。因此，亲子班的教育目的不单单是帮助婴幼儿发展，还有一个重要的内容就是教家长"学习做一名合格的家长"。

另外，幼儿园还可以成立"亲子班家长学校"，定期开展家长培训，增强家长对自己孩子的了解。

2. 做好教育宣传，将理念落实到社区

幼儿园教育必须与社区教育相结合，才能在最大范围内产生影响。幼儿园要主动为社区服务，应该坚持互利互惠、平等交流的原则。只要社区重视教育，而且理解并接受正确的教育观，幼儿园就可以与之合作，发挥幼儿园的教育辐射功能，形成区域性的学前教育中心，达到幼儿园与社区资源共享、互相服务、服务幼儿之目的。

社区安全宣传

交通事故是威胁人们生命安全的最主要的隐患。为了增强社区居民对交通安全的重视，6月的一天，迎着似火的骄阳，某社区迎来了一批特殊的小客人——某园中班的小朋友，他们戴着红色志愿者绶带，走进社区，为社区的叔叔阿姨和爷爷奶奶宣传交通安全知识。活动前，孩子和教师、家长一起许下庄严的承诺——交通出行要守法，安全出行要循规。活动中，幼儿园的教师、孩子与家长志愿者向社区居民、过路行人讲解交通安全内容，宣传文明交通理念，提醒社区居民文明行车、文明驾驶、文明行走，引导居民文明礼让，自觉遵守交通安全法律法规，抵制各类交通违法行为。社区居民纷纷表示：在以后的生活中，要争做文明出行的倡导者、实践者和推动者。

（保定市青年路幼儿园　徐晶）

在案例中，教师带领幼儿走进社区，针对交通安全进行宣传，不但再一次让幼儿强化了有关交通安全的知识，而且把"遵守交规，爱护生命"的理念带给了更多的社区居民，做到了幼儿园、家庭和社区教育的一体化。

无论是利用社会资源来丰富幼儿园的教学，还是运用幼儿园的资源来服务社会，我们都可以了解到：幼儿园已不限于单纯履行保教职能，还可尽可能地为家庭和社区提供优质服务；家庭则通过合作进一步了解幼儿园的教育理念，并为幼儿园提供支持与协作；社区则尽可能地为幼儿园提供各种便利，以发挥幼儿园的教育辐射作用。幼儿园与家庭、社区的关系已经发生了变化，三者加强了联系，构建了共育平台，并共同承担了保教责任。

【温馨提示】

1．在进入社区进行教育宣传时，园长要提醒教师提前做好展板，宣传形式要多样，以引发社区居民参与的兴趣。

2．园长可以与社区联合举办各种交流或联谊活动，并把其作为宣传幼儿园的窗口。

3．园长要关注社区内的低收入家庭，根据幼儿园实际情况，为其提供早教信息、举办家教讲座、施行特困家庭幼儿保育费减免等，以便让每个孩子都能享受到优质的学前教育。

第49条 运用网络技术提高工作效率

目前正处在信息爆炸的互联网时代,随着新媒体技术的广泛应用,越来越多的旧知识、旧意识和旧做法被新知识、新意识和新做法取代。园长既要善于利用网络技术帮助自己办公教学,完成管理工作;也要学会运用网络技术,方便自己的学习与积累,以适应时代的需求,让自己获得更好的发展。

一、用脑图构建课程体系

脑图又称思维导图或心智地图,是一种图像式思维的工具以及利用图像式思考辅助工具来表达思维的工具。它首先由一个中央关键词或想法开始,并用辐射线形连接所有的想法、任务和其他关联的项目。

在幼儿园的管理中运用脑图的地方有很多,如班级主题活动的开展(见图49–1)、幼儿园园本课程的构建、幼儿园大型活动的组织等。脑图的绘制可以让思维和逻辑变得更加有条理,思路变得更清楚,也更有利于活动的进展和完成。

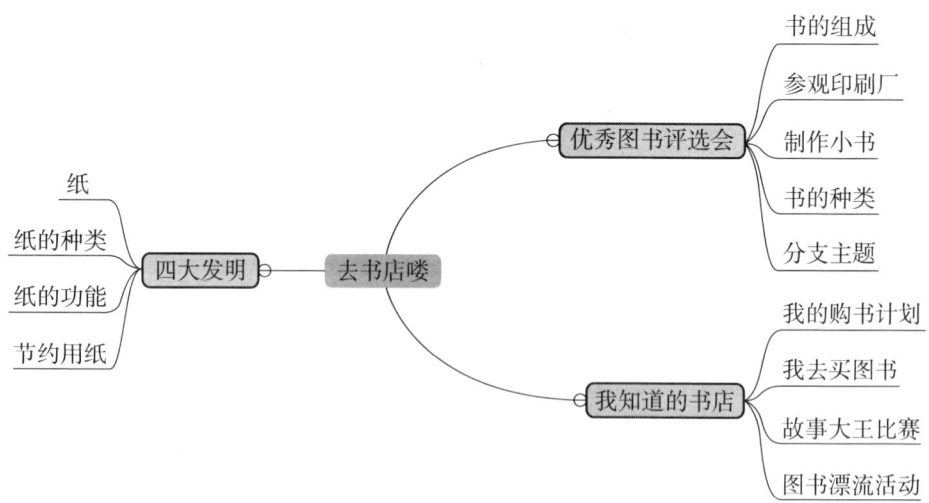

图 49–1 "班级主题活动的开展"脑图

但是，在以往的脑图绘制中，我们使用的多为 Word 中插入文本框和符号的方式，这样的方法比较烦琐，修改起来也比较费事。

现在我们可以利用一些新的网络技术来做类似的事情，百度脑图就是一款非常好的软件，而且它的使用是免费的。

1．百度脑图的特点和用途

百度脑图是百度公司旗下的网站，其宗旨是"控制创意，如此简单"。百度脑图的操作非常简单，而且极具直观性，可以将教师头脑中的一些复杂的东西表现出来，便于其他教师和园长理解与梳理。

2．百度脑图的使用

首先要在百度搜索中输入"百度脑图"；随后找到百度脑图的官网；进入百度脑图的官网后，在其首页上会看到"马上开启"（见图49-2），此时需要登录百度账号（如果没有账号，可以自行注册一个）；登录后，会在右上角看到自己的头像，点击头像，里面有"我的文档"和"个人中心"两个界面（其中"个人中心"里罗列的是个人的一些资料，可以自行填写；"我的文档"是对相应文件的记录）。

图 49-2　百度脑图首页

同时，在页面的左上角可以看到"新建脑图"，点击就会弹出创建脑图的页面（见图49-3），这时就可以创建自己的脑图了。

图 49-3　脑图创建页面

在创建脑图的过程中，可以利用页面上方的文字提示操作。首先可以通过页面左上角的"插入下级主题"操作，并可以利用"上移""下移"移动不同的主题方块。其次，如果需要在主题里插入图片，就依次在工具栏选择"图片"和"插入图片"，然后选择一张本地或者网络上的图片插入。最后，还可以给每个主题插入序号，这样可以标注出完成的次序，让脑图更加清晰。

二、用绘图平台确定工作流程

目前很多幼儿园已经借鉴了企业的流程管理，并将流程应用在工作的各个领域。在流程管理中，流程制定是否科学、可行是工作是否能够顺利完成的重要影响因素。一款能够让工作人员进行统一协作的绘图平台就显得尤为重要，而 Process On 就是这样一款在线协作绘图平台，它为用户提供了最强大的、一学就会的绘图工具，并能支持幼儿园中应用到的流程图、思维导图、原型图、组织结构图等不同图形的制作，使用起来方便又快捷。

1. Process On 的特点和用途

Process On 是一款基于 HTML5 Canvas 开发的在线作图工具。与其他作图工具相比，它具有以下特点：一是其属于完全在线操作，只要计算机处于联网状态，就可以登录网站操作，省去了占用大量内存的烦恼；二是 Process On 中编辑的文件内容可以实时保存至云端，不用手动操作，可以大大提升用户的工作效率；三是 Process On 支持在线协作，多名用户可以同时在同一个文件内修改和编辑，并可以在作图过程中一起讨论、完善，免去了多人协作中"文件下载—发送—打开修改—再发送确认"等繁复的操作，所有参与人均可在网站内进行修改，既节约使用、修改成本，又避免同一文件反复修改以致弄混的尴尬。

2. Process On 的使用

Process On 具有绘制多种图表的功能，在幼儿园中运用最多的是绘制流程图。其具体的操作方法如下。

首先，创建自己的账号，其步骤如下：一是登录 Process On，注册账号；二是设置自己的基本信息（本内容可以跳过）；三是打开个人中心，这是第一次使用 Process On 的新手引导指南，可以跳过，也可以学习一下。通过这些步骤就在 Process On 中成功地建立自己的账号，并且可以继续进行操作。

其次，在 Process On 中创建文件（见图49-4）：点击左上角的"新建"会出现文件的类型（如流程图、思维导图等），可以根据自己的需要选择，点击后就会进入相应的绘图页面。

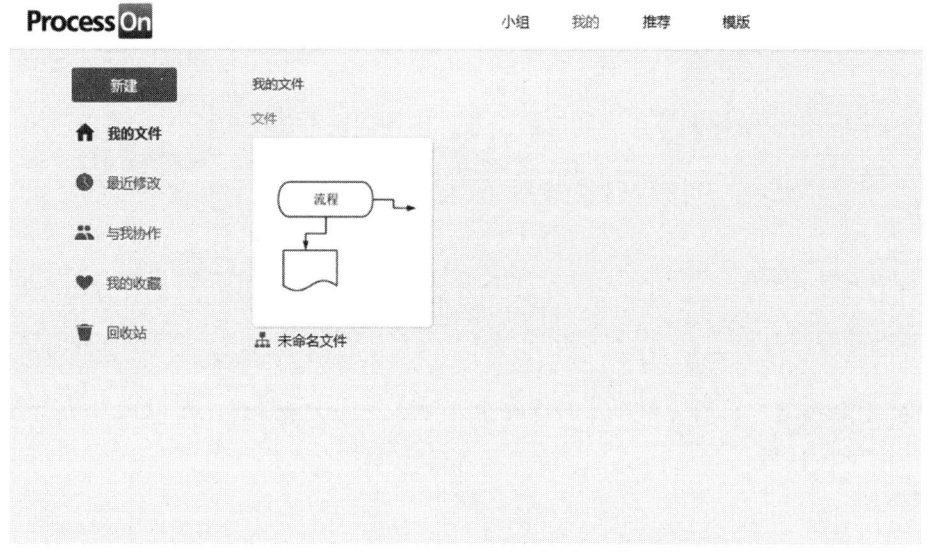

图 49-4　Process On 创建页面

因为要绘制的是幼儿园的工作流程,所以选择进入流程图绘图模板,点击后自动进入绘图页面,如图 49-5 所示,可以看到文件名、导航栏、工具栏和图形样式等。

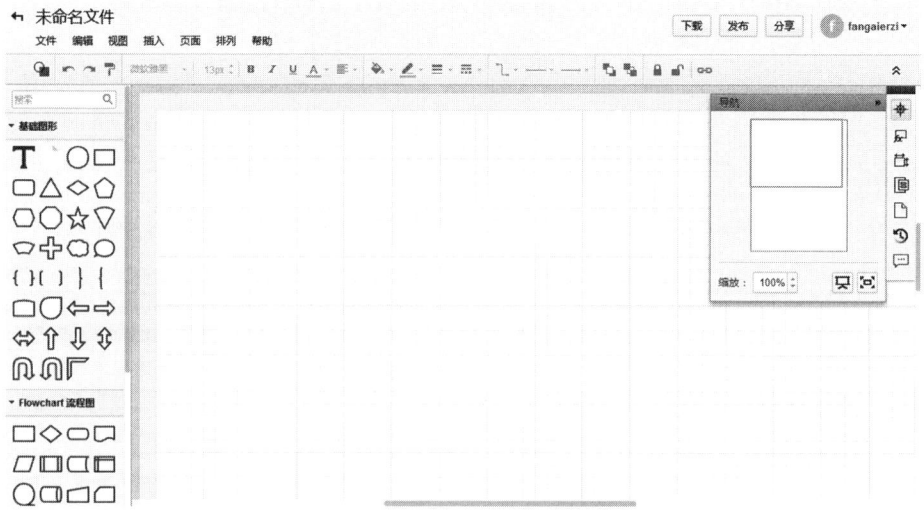

图 49-5　Process On 绘图页面

在绘制流程图时，可以按照以下步骤：一是用鼠标左键选中某个图形样式，拖动到画板想要存放的位置；二是通过反复拖动，将选好的图形都放在相应的位置；三是将鼠标左键放在图形边框上的圆点位置，稍微拖动就会出现连线，用鼠标左键向想要连接的位置拖动，即可把两个位置用箭头连接起来。需要说明的是，这些默认的连线都能够90°弯曲，同一水平线上会以直线形式展示，否则以直角形式展示。另外，连线箭头的起点和终点都是可以修改的，没箭头或者双箭头都可以。

双击需要添加文字的图形，就会出现输入的光标，可以录入相应的文字，另外，还可以编辑文字的大小、粗细和修改字体。

为了让流程图更加美观，可以为图形填充颜色，步骤也是先选择某个图形，然后点击"填充样式"，选择具体的颜色。线条的颜色也可以选择，只要用鼠标左键点击相应的图形，再点击"线条颜色"即可修改、填色。

最后，流程图绘制完毕，如果想把它截取备用，为了让图画效果更好，可以将默认的网格背景删除。删除网格背景的方法是：选择"页面"，把"显示网格"前面的"√"去掉。通过这样的方法就可以获得简洁干净的流程图了。

Process On 具有协作效果，在 Process On 页面的左下角可看到"邀请协作者"，点击可以邀请自己想要邀请的人。同时，Process On 中所有的绘图都是自动保存的，所以在完成绘图之后可以直接退出系统，等下次再打开时，所做的流程图仍保存完好而不会丢失。

三、用网络文档保存重要文件

在生活中，我们经常会经历由于撰写的文稿没有及时保存而丢失的情况，例如：笔记本突然没电了，而周围又没有电源；在撰写文稿的过程中，计算机突然死机；好不容易积存下来的文件资料由于病毒感染而打不开等。每到这个时候，我们就希望有一款让文件永远不会丢失的软件，最好这个软件还可以实现多人实时协作，这样既可以提高工作效率，又不怕断电和病毒。

1. 石墨文档的特点和用途

石墨文档是我国第一款支持云端实时协作的办公服务软件。它可以实现多人同时在同一文档或表格上编辑和修改，同步响应速度达到毫秒级，因此，它是团队协作的最佳选择。

石墨文档备受欢迎，其主要特点如下：一是具有实时保存功能。在使用石墨文档撰写文稿或设计表格时，文档会将操作实时保存在云端，完成"即写即存"。而在编辑过程中，文档页面上方还会实时提示文档的状态，包括正在保存、保存成功和最后更新时间等。二是具有互助分享功能。在使用石墨文档时可以添加协作者一起操作，也可以自行控制文档或表格的协作权限（如只读、可写、私有或协作、私密等）。三是具有实时协作功能。在使用石墨文档时可以要求同伴同时在线编辑文档和表格。四是具有还原历史功能。在石墨文档上编辑的所有痕迹都会自动保存，而且可以随时追溯查看。

2. 石墨文档的使用

与所有的云平台一样，使用石墨文档前首先要注册自己的账号。先进入石墨文档网站，然后点击右上角"免费注册"按钮，可以选择"邮箱注册"或者"微信注册"。建议用邮箱注册，这样可以直接把邮箱地址发给其他人，有利于今后开展工作。

其次，在进入石墨文档后，可以点击右上角的"墨客"，查看自己的账号。在右侧可以看到"新建"和"导入"（见图49-6），"新建"中有"文档""表格""文件夹"和"模板"等选项，可以根据自己的需要进行选择，其中"模板"中有"会议记录""简历""项目策划案"等多个选项。

图49-6　石墨文档创建页面

最后，可以在自己选好的"文档""表格"或相应的模板中开始操作。如果想要与其他人一起完成工作，可以在撰写页面的右上角点击"添加协作者"。

需要说明的是，石墨文档有基础版、高级版和企业版，基础版只能供5人同时操作，协作者如果超出5人，就需要其中1人"升级石墨"，变成"高级版"或者"企业版"，而高级版需要付费购买。

四、用网络笔记随时记录

俗话说得好"好记性不如烂笔头"。幼儿园中的事情比较烦琐，很多事情需要园长及时思考、判断并做出决策，园长需要记录的事件也比较多。通常情况下，很多园长会使用计算机或笔记本记录，但是这样的方式很容易造成遗失或记不清楚。因此，用什么样的方式既能做到及时记录，又能保证可以随时查看呢？在此给大家推荐一款记录软件——印象笔记。

1. 印象笔记的特点和用途

印象笔记可以记录文字信息、保存网页和照片、截取屏幕图像，还可以安全地保存。印象笔记的Logo是一头大象，其寓意为"大象永远不会忘记事情"。

印象笔记可以做以下事情：一是保存会议记录，可以在同一位置保存所有的会议记录，也可以保存会议当时的白板照片，以供以后调阅；二是管理名片，可以用手机为自己的名片拍照，同步到计算机上，以便保存和查找；三是制作购物清单，可以使用复选框创建清单，让生活和工作更有条理；四是计划一段旅行，可以利用印象笔记截取网页、地图和路线，还可以记录旅行中的所见所闻；五是进行项目策划，可以在印象笔记中收集项目资料，制作项目计划，并用"印象笔记共享笔记本"管理团队项目计划。

2．印象笔记的使用

印象笔记的使用方法相对简单：首先，需要从网上下载并安装相应的软件，然后注册一个账号（注册时需要邮箱验证），账号注册完成后即可登录；登录印象笔记后，首先看到的就是"欢迎界面"和"操作说明介绍"，可以选择了解，也可以略过。

其次，进入印象笔记页面后（见图49-7），点击左上角的"+"号，便会弹出一个空白的类似文本编辑器的页面，可以在这里记录笔记，还可以给自己的笔记定义标题，这样更方便记忆。

此外，可以在笔记中修改文字的样式和颜色，添加图片、作者、来源或笔记的创建时间。如果想让朋友也看到这篇笔记，还可以共享。共享的方式有两种：一种是直接通过邮箱发送，另一种是共享链接。

印象笔记最主要的特点是能够将记录及时地同步到服务器，再次登录后可以继续操作，不会丢失。

以上是我们给大家推荐的一些网络软件或平台，其实，在现实生活中

图49-7　印象笔记创建页面

类似的产品还有很多,由于篇幅的关系,不再赘述。未来的时代是互联网时代,是高科技的智慧时代,园长也应该紧跟时代潮流,让四通八达的互联网"为我所用",方便我们的管理,成为我们的帮手。

【温馨提示】

1．园长可以提醒教师利用手机来帮助自己完成工作。如:借助于微信小程序中的"形色识花",通过扫描花朵查询相关资料;将"宝宝巴士"中的动画、游戏、玩具等内容,作为工作中的素材加以使用。

2．园长千万不要"把鸡蛋放在一个篮子里",园所的关键信息一定要借助于云端网盘、U盘、移动硬盘、光盘等不同工具备份。

3．园长在工作中要经常提醒教师借助于计算机、投影仪、电子白板等先进的多媒体工具进行授课活动,充分发挥多媒体网络的功能,优化课堂教学的信息传递,激发幼儿的兴趣和积极性。

第50条　勤于自律，做有担当的园长

"自律"是指在没有人现场监督的情况下，自己要求自己，变被动为主动，自觉地遵循法度，约束自己的一言一行。

一、自律对于园长的重要意义

自律，无论对于一个人的生活还是工作而言都是非常重要的。美国第26任总统西奥多·罗斯福说："有了自律能力，没有什么事情是你做不到的。"创新工场董事长兼首席执行官李开复曾说："对自己严格一点，时间长了，自律便成为一种习惯，一种生活方式，你的人格和智慧也因此变得更加完美。"只有懂得自律、勤于自律的人才能在工作中获得更大的自由，更充分地体现出自身价值，并在此基础上感受到工作和生活的乐趣。

成就"洋思奇迹"的蔡林森校长

提起江苏省洋思中学，就让人不由得想起该校的老校长——蔡林森老师。他出身富农，成分不好；中文专科毕业，学历不高；1960年参加工作，1986年才由民办教师转成公办教师。但就是这样一位普通的农村教师，却在洋思中学缔造了闻名全国的教育神话，这与其严于律己、勇于坚持、不断努力、勤于改革是分不开的。

蔡校长在工作中有三个突出的习惯：一是他喜欢住在学生宿舍。二是他作息规律固定：不管晚上睡得多晚，每天凌晨三四点钟必须起床，先将学校里的事情在头脑中过一遍，然后洗漱；5点时起身，轻手轻脚地一层一层查看学生的宿舍，再把学校的角角落落巡视一遍；6点和全校师生一起晨练，接着就是一天紧张而有序的工作。三是他在中午时间很少休息，也几乎没有节假日，他将自己的时间全都奉献给自己热爱的教育事业。

近些年，蔡校长先后在《中国教育报》《人民教育》等报刊上发表了10多篇长篇论文，并且撰写了《教学革命——蔡林森与先学后教》《蔡林森：学校管理变革》《蔡林森从洋思到永威》等书。蔡林森校长曾荣获全国劳动模范和先进工作者、江苏省中学特级教师、江苏省首届名校长等荣誉。2017年，他被评为"乡村教育家"。

（案例素材源自百度百科）

蔡校长所取得的成就与其独特的习惯密切相关，而这些习惯恰恰表现出蔡校长对自己的严要求、勤自律。

二、园长的自律培养策略

那么，园长应该运用什么样的方法来培养自律呢？

1. 善于制订计划

"凡事预则立，不预则废"，自律管理也是如此。要想做一个自律的园长，首先要明确自己的工作目标和具体步骤，要清楚地了解自己需要朝哪些方向努力、完成哪些任务、获得哪些能力，将计划制订得清楚、明了、具体，这样才能在以后的工作中有条不紊地实施，增强工作的主动性，减少盲目性，让目标最终变成现实。

转岗上任的胡园长

胡老师师范毕业后就一直在某小学担任班主任兼语文教师，其所带班级的成绩总是在区小学中名列前茅。由于工作突出，在区教育局的统一安排下，胡老师被调配到区某园担任园长一职。

到幼儿园工作后不久，胡园长就深切地感受到幼儿园教育与小学教育的不同。她压力很大，难以适应，家人都劝其放弃，但是胡园长是个不愿意认输的人。她首先找到了自己在中学时的同学——在某园担任园长的范园长，虚心向其请教有关幼儿园教育和管理方面的问题；其次，为自己制订了每周工作计划和每日工作要点并严格实施，内容包括每周听课不少于5节、阅读学前教育类文章不少于4篇，每日撰写工作日志不少于1篇等。

通过几年的努力，胡园长不仅成为当地学前教育方面的专家，还将幼儿园带入了一个新的发展时期。

（保定市涞水县赵各庄镇白涧幼儿园　赵丽军）

案例中的胡园长从自身查找不足，并根据自己的发展目标制订了具体的落实计划，经过不懈坚持，最终获得了专业性发展。

园长们在制订自身发展计划时，要注意以下几点：一是要了解自身存在的缺陷和不足；二是最好把计划进行阶段性划分，可以以年、月、周、日为单位，将日常任务清单化，这样更有利于执行；三是在执行计划的过程中，可以根据自己的需求对任务清单进行优化，以更好地适应自己的需要和发展；四是为了保证计划的落实，每天需要针对清单进行检查，做到"每日任务日日清，每周任务周周清"，做好自我监督。

2. 远离消极诱惑

常言道，"人生最大的敌人是自己""一个人征服世界并不伟大，能征服自己才是世界上最伟大的人"。很多家庭背景、个人禀赋差不多的人，所获得的成就却大不相同，其根本原因就在于其意志力量存在差异。有些人在勤奋与懒惰中选择了前者，在妥协与坚持中选择了后者，勇于面对困难，严厉拒绝诱惑。一个人有了坚强的意志，才能战胜自身的弱点，走向成功。

与众不同的王园长

某县有4所县直园，在任的4位园长不仅是幼儿师范学校的同学，更是无话不说的好朋友。

最近几年里，4位园长都已经年近50，眼看就要到退休的年龄了，很多时候大家聚在一起谈论的话题就是退休后的生活。每当说到这里，王园长就发现其他园长都已经对退休后的养老做好了规划，而自己却没有这样的打算。为此，她总是遭到同学们的调侃，如："你还想当一辈子园长呀？""幼儿园的工作还没有干够呀？还是多想想回家怎么看孙子吧！""干了这么多年园长，你落什么好了？等你不在这个位置上了，谁也不会搭理你。"

虽然其他园长也是出于好意，但是王园长却有自己的想法，她觉得只要自己还在园长的位置上干一天，就要尽好园长的本分，带领教师们把幼儿园的各项工作做好。

她没有听从朋友们的建议，新年刚刚结束就带领教师们制订了新学期的计划，组织全园教师参与团队建设，还申报、主持了当地的名师工作室，用自己的经验带动其他教师共同成长。

（保定市青年路幼儿园　刘雅楠）

案例中的王园长已经快到退休的年龄，如果此时她像其他园长一样放松对自己的要求也是无可厚非的。但是她没有松懈，而是像生长在山坡上的竹子，永远保持努力向上的力量。

园长在工作中会经历各种各样的困难、挫折，还会遇到不同的诱惑。有人说"人的天性是自私的"，还有人说"人天性懒惰"。如果园长想要做出一番事业，取得一些成就，就必须想办法克服自私和懒惰，像王园长一样将那些消极的想法排除在外，积极面对工作。

3. 讲究劳逸结合

提到自律，很多人马上就会联想到这是一件"苦行僧"一般的差事。其实不然，自律讲究的是科学的方法和良好习惯的养成。

张弛有度的李园长

某市直园是全省非常有名的园所，李园长在任的十几年间，幼儿园先后荣获了很多国家级、省级荣誉称号。

李园长在日常工作中是个非常自律的人。她每天早晨都会在 7:20 来园，先对幼儿园进行整体巡视；然后于 7:50 到幼儿园门口迎接孩子们的到来；8:30 入班了解幼儿入园和教师站位情况；9:00 随机抽查班级教师组织教育活动情况；11:00 回到办公室处理其他行政事务……12:30 午睡半小时；13:00 欣赏音乐、看书；14:30 入班了解幼儿午睡起床情况……17:30 下班，到附近网球馆打网球。

（保定市青年路幼儿园　陆红）

可以看出，李园长的一天既紧张忙碌，又秩序井然。她除了高效利用时间完成入班、听课、处理日常行政事务外，还运用中午和下班后的时间午休、娱乐和锻炼，这样的作息安排不仅能够保证其充沛的工作状态，还能够保障其身体健康。

子曰："知之者不如好之者，好之者不如乐之者。"对于自律这件事情也是如此，要想做成一件事，只靠毅力是不够的，只有在工作中感受到了乐趣，才能坚持长久。而要想让工作有乐趣，最重要的就是劳逸结合。

看了以上论述，也许有些园长会觉得做到自律很难。但是，"能力越大，责任越大"。园长不仅自身要进步，更应带领园所中每个成员进步，其不仅肩负着个人的未来，还肩负着幼儿园的未来，乃至学前教育的未来。这份责任不可推卸。

【温馨提示】

1. 园长可以为自己准备一个小记事本，每天对自己完成工作的情况进行总结，并为下一步工作做准备。

2．如果按计划完成了一些事情，如某一时间段撰写了论文、看完了几本书等，园长可以给自己一些奖励，如欣赏一部电影、买身新衣服等。

3．园长还可以通过不同途径（如参加读书会、名师工作坊等），寻找一些和自己有相同需求和目标的人，和他人一起相互勉励、相互监督，将他律与自律相结合，努力向成功迈进。

万千教育 学前教育类书目

书号	书名	著、译者	定价(元)
幼儿园园所管理			
2102	破解幼儿园园长的50个管理难题	苏晓芬 等 著	48.00
1784	幼儿园危机管理策略与实例	周丛笑 等 编著	52.00
1596	幼儿园安全管理策略	张春炬 李芳 主编	42.00
0039	园本培训促进幼儿教师专业发展	晏红 著	32.00
9883	幼儿园教研活动设计与实施	莫源秋 著	32.00
9620	幼儿园保育员工作指南	伍香平 等 主编	20.00
9438	幼儿园园长的领导艺术	任民 李迎春 著	32.00
9006	幼儿园园长临场应变技巧50例	卢俊 著	20.00
9012	幼儿园园长易犯的80个错误	伍香平 主编	25.00
幼儿园园所管理合计			303.00
幼儿园家长工作指导			
2345	幼儿成长揭秘——常见问题分析与家园共育策略	王普华 等 著	48.00
1934	幼儿教师与家长沟通之道（第二版）	晏红 著	46.00

364	幼儿园家长工作技能与艺术	莫源秋 编著	45.00
806	破解家园沟通的44个难题	胡剑红 主编	35.00
9610	幼儿教师的家长工作技巧	张春炬 主编	34.00
9592	幼儿园家长开放日活动设计与实践指导	卢筱红 主编	25.00
9322	幼儿园家庭教育指导形式与方法	晏 红 著	34.00
幼儿园家长工作指导合计			**267.00**
幼儿园教师教育技能与活动指导			
2096	让幼儿都爱听你说（第二版）	马希武 等 译	36.00
1707	有力的师幼互动	王连江 译	36.00
9903	幼儿教师与幼儿有效互动策略	莫源秋 等 编著	35.00
1197	幼儿教育中的心理效应	莫源秋 等 编著	32.00
9950	让幼儿都爱听你说 ——幼儿教师说话的艺术	马希武 等 译	20.00
8953	幼儿教师实用教育教学技能	莫源秋 等 著	30.00
784	幼儿教师必须掌握的教育技巧	莫源秋 著	35.00
193	跟蒙台梭利学做快乐的幼儿教师	刘 文 主编	58.00
2599	做幼儿喜爱的魅力教师（第二版）	莫源秋 著	48.00
7303	老师，你在听吗？ ——幼儿教育活动中的师幼对话	汪寒鹭 等 译	28.00

……
欲了解更多图书信息，请登录：www.wqedu.com
联系地址：北京市西城区三里河路6号院2号楼213室　万千教育
咨询电话：010-65181109，65262933
*本目录定价如有错误或变动，以实际出书为准。